TransLatin
트랜스라틴 총서 05

1492년 타자의 은폐

'근대성 신화'의 기원을 찾아서

1492. El encubrimiento del otro: Hacia el origen del "mito de la modernidad"
by Enrique Domingo Dussel

1492년, 타자의 은폐
'근대성 신화'의 기원을 찾아서

초판1쇄 펴냄 2011년 5월 20일
초판5쇄 펴냄 2022년 10월 13일

지은이 엔리케 두셀
옮긴이 박병규
펴낸이 유재건
펴낸곳 (주)그린비출판사
주소 서울시 마포구 와우산로 180, 4층
대표전화 02-702-2717 | **팩스** 02-703-0272
홈페이지 www.greenbee.co.kr
원고투고 및 문의 editor@greenbee.co.kr

편집 신효섭, 구세주, 송예진 | **디자인** 권희원, 이은솔
마케팅 육소연 | **물류유통** 유재영, 유연식 | **경영관리** 유수진

學問思辨行: 배우고 묻고 생각하고 판단하고 행동하고
독자의 학문사변행을 돕는 든든한 가이드 _그린비 출판그룹

그린비 철학, 예술, 고전, 인문교양 브랜드
엑스북스 책읽기, 글쓰기에 대한 거의 모든 것
곰세마리 책으로 크는 아이들, 온 가족이 함께 읽는 책

TransLatin
트랜스라틴 총서 05

1492년
타자의 은폐

'근대성 신화'의 기원을 찾아서

엔리케 두셀 지음
박병규 옮김

RISTOPHER COLUMBUS
Americas' First Terrorist
w.UnitedNativeAmerica.com

그린비

서언

이 강연에서는 '근대성 신화'의 기원을 찾아보려고 한다. 근대성에는 합리적이고 해방적인[1] '개념'이 포함되어 있는데, 우리는 이를 긍정하고 또 포섭할 것이다. 이와 동시에 근대성은 폭력의 정당화라는 비합리적인 신화도 발전시키는데, 이는 우리가 부정하고, 극복해야 한다. 후근대론자들(postmodernos)은[2] 이성이라는 이유로 근대 이성을 비판하지만 우리는 비합리적 신화를 은폐하기 때문에 근대 이성을 비판할 것이다. 근대성 '극복'의 필요성, 이것이 바로 이 강연에서 얘기하려는 요점이다. 그렇다면 '통근대성(transmodernidad): 미래의 기획'이라는 제목을 붙

---

1) 두셀은 'emancipación'과 'liberación'을 구별하여 사용한다. 전자가 유럽중심적이고 정치적인 '해방'이라면, 후자는 탈유럽중심적이고 철학적인 '해방'이다. 그런데 번역어로는 양자의 구별이 용이하지 않고, 또 민족해방(emancipación nacional), 해방신학(teología de la liberación), 해방철학(filosofía de la liberación)이 우리말로 굳어진 점을 고려하여 이 책에서는 두 단어(형용사 포함) 모두 '해방'으로 옮기되, 두셀 사상의 핵심적인 어휘인 'liberación'과 이 명사의 형용사형은 고딕체로 표기한다('해방철학'은 제외). 그래도 독자의 혼란을 초래할 우려가 있을 경우에는 원어를 병기하였다. —옮긴이
2) 이 책에서 '근대'(moderno), '근대성'(modernidad)과 관련된 단어는 다음과 같이 옮긴다. '전근대'(premoderno), '반근대'(antimoderno), '후근대'(postmoderno). 그리고 지금까지 '트랜스모더니티'로 옮기던 'transmodernidad'는 '통근대성'으로 옮긴다. —옮긴이

일 수도 있겠지만, 이 강연은 어디까지나 서론이고, 서설이므로 역사적 성격을 드러내는 제목이 더 낫다고 생각한다.

1492년은 근대성이 '탄생한' 해이다.[3] 이것이 우리의 핵심 명제이다. 물론 이때 근대성이 잉태되었다고 하더라도 태아와 마찬가지로 자궁에서 성장하는 데는 시간이 필요하다. 근대성은 자유롭고 창조성이 넘쳐나던, 중세 유럽의 여러 도시에서 연원했다. 그러나 근대성이 '탄생한' 때는 유럽이 타자를 마주하고, 타자를 통제하고, 타자를 굴복시키고, 타자에게 폭력을 행사할 때였다. 또 근대성을 구성하는 타자성을 발견하고, 정복하고, 식민화하는 자아로 자신을 정의할 수 있던 때였다. 어쨌거나 저 타자는 타자로 '발견'된 것이 아니라 '동일자'(항상 유럽이다)로 '은폐'되었다. 따라서 1492년은 개념으로서 근대성이 탄생한 순간이자 특유의 희생 '신화', 폭력 '신화'가 '기원'한 순간이며, 동시에 비유럽적인 것을 '은폐'한 과정이다.

프랑크푸르트에서 강연을 했기 때문에 이 도시와 관련 있는 위대한 사상가들이 떠오른다. 청년 시절을 이 도시에서 보낸 헤겔과 프랑크푸르트학파이다.[4] 이 강연에서는 1492년이라는 역사적 사건의 성찰에서 도

---

3) 필자는 근년에 이 주제와 관련된 논문을 몇 편 발표했다. Enrique Dussel, "La cristiandad moderna ante el otro: Del indio 'rudo' al 'bon sauvage'", *Concilium* 150, 1979, pp. 498~506; "Expansión de la cristiandad, su crisis y el momento presente", *Concilium* 164, 1981, pp.80~89; "Del descubrimiento al desencubrimiento: El camino hacia un desagravio histórico", *Concordia* 10, Frankfurt, 1986, pp.109~116; "Otra visión del descubrimiento: El camino hacia un desagravio histórico", *Cuadernos Americanos: Nueva época* vol.3, núm.9, México: UNAM, 1988, pp.34~41; "1492: Diversas posiciones ideológicas", eds. Heinz Dieterich and Gioconda Belli, *1492-1992, La interminable conquista: Emancipación e identidad de América Latina*, México: Joaquin Mortiz, 1990, pp.77~97; "Las motivaciones reales de la conquista", *Concilium* 232, 1990, pp.403~415.

출된 담론을 소개할 것인데, 추후 훨씬 비판적으로 발전시켜야 할 것이다. 그리고 카를 오토 아펠(Karl Otto Apel)과 필자가 이미 시도한 바 있는 철학자 간·문화 간 대화의 가능성도 살펴보려고 한다. 몽테뉴나 리처드 로티를 비롯하여 많은 사람들의 견해에 따르면, 다양한 문화의 경험적인 삶, 즉 여러 생활세계(Lebenswelten)는 소통불가능하고, 통약불가능하다. 강조하지만, 우리의 과제는 문화 간 '의사소통'에 필요한 해석학적·역사적 가능성의 조건들에 대한 '이론', 바꿔 말해서 피억압자, 의사소통에서 소외된 자, 배제된 자, 타자의 '해방철학'(Filosofía de la Liberación)의 일부로서 '대화철학'을 발전시키는 일이다. 이런 점에서 아펠의 선험화용론은 윤리 원칙의 적용 문제를 둘러싼 논쟁에서 보듯이 난점을 안고 있다. 반면에 타자성으로부터, '강권을 받은 사람',[5] 즉 구체적이고 역사적인 맥락에서 '배제된 자'(착취당하는 피지배 문화)로부터 출발한 '해방철학'은 타자성을 긍정하는 관점에서, 이와 동시에 타자성

---

4) 여담이지만, 내 조국 아르헨티나의 어떤 유대인이 초기 자금을 기부한 덕분에 호르크하이머(Max Horkheimer) 등은 프랑크푸르트 사회연구소 설립에 필요한 경비를 충당할 수 있었다. 다시 말해서, 아르헨티나 팜파에서 밀을 경작하던 일꾼과 목축을 하던 가우초(gaucho)의 객관화된 가치가 독일로 이전되어 유명한 프랑크푸르트학파의 초석이 되었다. 아르헨티나의 반(半)인디오, 가난한 사람, 가우초의 일생이 대농장주와 대지주의 상품으로 객관화된 것이다(프랑크푸르트학파 연구소 설립 자금을 제공한 유대인 가문도 대영제국과 교역했다). 나는 저 사람들의 이름으로, 자신들의 삶을 어떤 용도로 사용했는지 알고 싶어 청구서를 요구하는 저 사람들의 심정으로 지금, 이 자리에서 강연을 하려고 한다. 이곳에서 불과 몇 킬로미터 떨어진 슈바인푸르트암마인(Schweinfurt am Main)에서 사회주의자이자 루터파로 가난하게 살던 목수가 일자리와 안정과 평화를 찾아 1870년 저 땅, 부에노스아이레스에 도착했다. 그 사람의 이름은 요하네스 카스파르 두셀(Johannes Kaspar Dussel)이었다. 아르헨티나에서 아무런 제약 없이 온갖 기회를 잡은 그 사람은 가정을 이루었고, 끝내는 그 땅에 묻혔다. 바로 필자의 증조부이다. 그런데 지금 독일 땅으로 들어오는 수많은 외국인들은 배척받거나, 추방되거나⋯⋯ 마치 투르크족 같은 대접을 받고 있다. 19세기 다른 나라가 가난한 독일인에게 베푼 환대를 이 나라는 벌써 잊었는가!

5) 1550년 바야돌리드 논쟁에서 사용된 '강권하다'(compellere)의 의미는 5강 1절을 참고.

을 부정하는 관점에서 ──다시 말해서 '배제된 타자', 피지배 타자는 '논 증'은 고사하고 리처드 로티가 주장한 '담화'(conversation)에도 '사실상' 개입할 수 없다는 구체적이고 경험적인 불가능성의 관점에서 ──대화 가능성의 조건들을 보여 주려고 한다. 로티는 진정으로 합리적인 대화의 가능성을 부정하고(우리는 그런 가능성을 추구하지만), 배제된 자, 즉 타 자의 비대칭적 상황을 진지하게 고려하지 않는다.[6)

이곳 세비야에서 강연 원고를 퇴고하면서 이 서언을 쓰고 있자니 생 각나는 일이 있다. 세비야는 저 비극적인 1492년 1월 6일까지 무슬림의 땅, 무어인의 땅이었다. 그러나 스페인의 가톨릭 양왕이[7) 유럽 땅의 마 지막 술탄 보압딜을 축출하고 아름다운 그라나다를 점령하면서, 중세도 종말을 고했다. 이즈음 기독교 야만인(코르도바 칼리프령 사회의 관습, 교 육, 세련미와 비교할 때) 진영에서 가톨릭 양왕에게 아이디어를 팔아넘긴 지중해의 담대한 항해자가 있었다(그 계약서가 바로 산타페협약이[8) 아니 겠는가). 이슬람 세계의 주변부로서 서지중해의 '마지막' 항해자가 된 이 사람이 그때까지만 해도 부수적인 바다에 불과하던 대양(Mar Océano), 이른바 대서양을 건너 인도로 가겠다고 나선 것이다. 어제 말라가에서

---

6) 로티의 출발점은 '우리 자유 아메리카인'이다. '코르테스(Hernán Cortés)와 마주 선 우리 아 스테카인'이나 '1992년 미국인과 마주 선 우리 라틴아메리카인'이 아니다. 이런 경우에는, '담화'조차 불가능하다.

7) 중세 스페인에는 여러 왕국이 존재했으며, 이런 왕국이 점차 하나로 통합되어 현대 스페인이 생겨났다. 이 과정에서, 아라곤 왕국의 페르난도(Fernando) 왕자와 결혼한 카스티야 왕국의 이사벨(Isabel) 공주가 1474년 뜻밖에도 카스티야 왕국의 왕위를 계승함으로써 아라곤·카 스티야 연합 왕국이 탄생했으며, 부부는 각자 상속받은 왕국을 통치하였다. 이 두 왕을 한꺼 번에 지칭할 때는 '가톨릭 양왕'(Reyes Católicos)이라는 표현을 사용한다. ── 옮긴이

8) 산타페협약은 1492년 4월 17일 콜럼버스와 가톨릭 양왕이 그라나다 지방의 산타페에서 맺 은 계약이다. 콜럼버스를 제독으로 임명하고, 스페인 왕실은 일정 몫의 교역 이익을 챙긴다 는 등 1492년의 콜럼버스 항해와 관련하여 양측의 권리를 명시하고 있다. ── 옮긴이

강연하면서 생각난 일인데, 1487년 말라가를 점령한 기독교 세력은 안달루시아의 무슬림을 참수했다(마찬가지로 새로 '발견된' 대륙의 주민, '인디오'도 똑같은 일을 당했다).[9] 동맹과 협정이 제대로 이행된 적은 없었다. 피정복민의 엘리트를 제거하고, 끝없이 고문하고, 죽이거나 추방한다고 위협함으로써 종교와 문화를 포기하라고 요구하고, 땅을 빼앗고, 재정복에[10] 참여한 기독교군 대장에게 주민을 나눠 주었다. 이곳 안달루시아에서는 몇 세기 동안 이런 폭력적인 방법이 동원되었다. 이처럼 무고한 사람을 희생제물로 삼는 파괴적인 폭력이 콜럼버스의 항해와 더불어 긴 여정에 오른 것이다.

세비야의 과달키비르 강에는 '황금탑'(Torre del Oro)의 그림자가 어른거린다. 이 탑의 이름에서 황금세기, 베네수엘라의 진주해안, 파나마의 황금해안, 코스타리카, 푸에르토리코, 아르헨티나라는 단어가[11] 떠오른다.[12] 이 탑을 통해서 "이곳[멕시코]에서 캐낸 수많은 은은 저곳(유

---

9) 페드로 데 알바라도(Pedro de Alvarado)도 1520년 5월 23일 아스테카 제국의 수도 테노츠티틀란(Tenochtitlán)에서 이와 동일한 방식으로 인디오를 학살했다.
10) 재정복(Reconquista)은 이베리아 반도에서 전개된 십자군운동이다. 711년 지브롤터 해협을 건너온 이슬람 세력에게 영토를 거의 다 내주고 스페인 북부 산악 지방으로 피신한 게르만 왕조의 유민들이 718년부터 산발적으로 전개하기 시작한 영토 회복 투쟁을 재정복이라고 한다. 재정복은 알람브라 궁전이 함락된 1492년 1월 6일에 공식적으로 끝났으므로 무려 7세기가 소요되었다. 이 기간을 기독교 세력의 이슬람 세력 축출 과정으로만 이해하면 역사를 오도할 우려가 있다. 스페인에는 알 안달루스(Al Andalus) 왕국이 엄연히 존재했을 뿐만 아니라, 때로는 기독교 세력과 이슬람 세력이 동맹과 협정을 맺는 등 현실의 정치적 역학관계는 매우 복잡하게 전개되었기 때문이다. 아무튼 재정복 말기에 기독교 세력은 이슬람 세력의 영토를 정복한 사람을 통치자로 임명하고, 주민들을 사적인 목적에 동원할 수 있는 권리를 부여했는데, 이 방법은 후일 신대륙 정복에서도 그대로 적용되었다. ― 옮긴이
11) 뒤셀의 언어유희다. '황금세기'는 스페인 문학의 황금기를 일컫는 말로 16세기에서 17세기에 이르는 기간이다. 이 시기에 속하는 가장 유명한 작품은 1605년에 첫선을 보인 세르반테스의 『돈키호테』이다. 그리고 코스타리카는 '부유한 해안', 푸에르토리코는 '부유한 항구', 아르헨티나는 '은의 땅'이라는 뜻이다. ― 옮긴이

럽)의 여러 왕국으로 흘러들어 간다. 그들은 인디오의 피로 혜택을 누리고, 인디오의 살가죽으로 몸을 감싼다".[13) 인디오가 생산한 부는 이 탑을 거쳐서 플랑드르로 가고, 다시 영국으로 갔다. 아프리카의 부도 이 탑을 거쳐 인도와 중국으로 갔다. 이 탑에서 새로운 '신'은 우상처럼 숭배받고, 폭력성을 만족시킬 희생자를 요구했다. 그리고 1992년 현재까지도 여전히 희생자를 요구하고 있다.

1992년 10월 12일, 아니 매년 10월 12일 우리는 무엇을 기억해야 할 것인가? 이것이 이 강연의 주제이다. 프로파간다 때문에, 피상적인 논쟁 때문에, 정치적·종교적·금융적 이해관계 때문에 진부해졌으나 세계사의 이정표임에는 틀림없는 저 역사적 사건 앞에서 우리의 이성적 또는 윤리적 선택은 어떤 것이어야 하는가?

끝으로, 1992년 8월에서 12월까지 8회에 걸쳐 이 강연을 할 수 있도록 자리를 마련해 준 프랑크푸르트 요한볼프강괴테 대학교와 1991년 가을학기에 강의를 개설해 준 밴더빌트 대학교(미국 내슈빌)에 감사드린다.[14) 아울러 멕시코의 메트로폴리스 자치 대학교(UAM) 철학과와 '멕시코국립연구제도'의 지원으로 이 주제에 전념할 수 있었다. 이 자리를 빌려 심심한 사의를 표한다.

---

12) 유럽인, 즉 스페인인은 아무것도 없는 곳에서도 황금을 자주 보았다. 세계적인 중상주의 태동기에 화폐나 다름없는 황금 신기루를 보았던 것이다.

13) 멕시코 미초아칸의 주교, 후안 데 메디나 이 린콘(Juan de Medina y Rincón)의 1583년 10월 13일자 편지(*Archivo general de Indias*, Sevilla, México, 374).

14) 필자는 1991년 10월 스페인 세비야와 폰테베드라에서 1492년의 의미에 대해서 강연했다. 같은 주제로 미국 뉴욕시티 부근의 메리놀, 테네시 주의 밴더빌트 대학교 '콜 렉처'(Cole Lectures), 스위스의 프리부르 대학교를 비롯하여 독일, 오스트리아, 멕시코, 볼리비아, 콜롬비아 등지에서도 강연했다.

차례

| 일러두기 |

1 이 책은 Enrique Dussel, *1492. El encubrimiento del otro: Hacia el origen del "mito de la Modernidad"*, Bogotá: Ediciones Antropos, 1992를 완역한 것이다. 필요한 경우 영역본 *The Invention of the Americas: Eclipse of the "Other" and the Myth of Modernity*, New York: Continuum, 1995를 참조했다.

2 본문의 주석은 모두 각주로 표시되어 있다. 옮긴이 주는 끝에 '— 옮긴이'라고 표시했으며, 표시가 없는 것은 지은이 주이다. 그리고 본문의 대괄호([ ])는 옮긴이가 삽입한 것이다.

3 단행본·정기간행물은 겹낫표(『 』)로, 논문·신문기사 등은 낫표(「 」)로 표시했다.

4 외국 인명이나 지명, 작품명은 2002년에 국립국어원에서 펴낸 외래어 표기법을 따르는 것을 원칙으로 했으나, 현지 발음을 고려하여 옮긴이의 재량으로 표기한 부분도 있다.

1부

유럽 '자아'로부터
: '은폐'

첫 강의에서는 의도적으로 유럽의 관점에 서려고 한다. 이는 방법론적으로 여러 관점 가운데 하나이며, 앞으로 가능한 한 완전하게 발전시킬 것이다. 이 짧은 강연에서는 개괄만이 가능하다. 여러 주제를 제시하겠으나 철저하게 다룰 수는 없다. 이런 이유로, 여기서는 자아(ego)라는 근대 '주체' 형성과정의 추상적 '형태들'(Gestalten)을 살펴볼 것이다. 근대성의 '역사적 구성' 첫 순간에 해당하는 이 시기는 1492년부터 1637년 데카르트가 『방법서설』에서 '생각하는 자아'(ego cogito)를 분명하게 제시한 때까지다.* 15세기 말엽의 스페인과 포르투갈은 전형적인 봉건 세계가 아니었다(논의가 지나치게 확대되지 않도록 포르투갈은 다루지 않겠다). 그보다는 르네상스 국가였다. 정확하게 말하면, 근대성을 향한 첫걸음을 내딛고 있었다. 스페인과 포르투갈은 유럽에서 최초로 '주변부'에 대한 '중심'의 지배, 즉 정복자의 지배를 받는 피지배 타자의 형성이라는 독특한 '경험'을 했다. 유럽이 세계의(지구라는 의미에서) '중심'을 형성했다. 이것이 바로 근대성의 탄생이며, 근대성 '신화'의 기원이다!

근대성의 탄생 과정을 논할 때, 스페인을 반드시 포함해야 한다. 이유는 15세기 말 외부 영토를 '정복'할 힘을 갖춘 유일한 유럽 강국이었기 때문이다(그라나다의 '재정복'으로 이를 증명했다). 이로써 라틴아메리카 역시 근대성의 역사에서 자기 '위치'를 재발견한다. 우리 라틴아메리카는 근대 유럽의 첫 '주변부'였다. 다시 말해서, 라틴아메리카는 기원부터 지구적** '근대화'(당시에는 이런 단어를 사용하

---

* 헤르만 마르키네스 아르고테는 「해석학 모델로서 데카르트의 '코기토'에 대한 해석」이라는 학위논문에서, '신세계 발견'이라는 사실 앞에 직면한 의식과 관련하여 '생각하는 자아'(ego cogito)가 아니라 '정복하는 자아'(ego conquiro)라는 필자의 사상과 데카르트의 유명한 저서들을 비교하여 연구했다(Germán Marquinez Argote, "Interpretación del 'Cógito' cartesiano como modelo de hermenéutica", Bogotá: Universidad S. Tomás de Aquino, 1980).

** 두셀이 구별하여 사용하는 용어 가운데 하나가 '지구적'(global)과 '세계적'(mundial)이다. '지구적'은 유럽중심적 시각에서 본 세계이며, '세계적'은 비유럽중심적 시각에서 본 세계이다. 그러나 이 책에는 '세계'라는 단어의 명사형, 형용사형, 부사형이 끊임없이 등장하는데, 대부분은 철학용어이다. 따라서 지리적인 의미의 '세계적'이라는 단어(파생어 포함)가 등장할 때만 스페인어를 병기하기로 한다.— 옮긴이

지는 않았지만)를 경험했으며, 이후 아프리카와 아시아도 마찬가지였다. 1489년 로마에서 제작한 헨리쿠스 마르텔루스(Henricus Martellus)의 세계지도를 보면 알 수 있듯이, 아메리카는 이미 알려진 대륙이었다. 그러나 오로지 스페인만이 페르난도 왕의 정치적 수완과 콜럼버스의 대담성 덕분에 항해와 관련하여 여러 가지 권리를 부여받고, 공식적이고 공개적으로(포르투갈과 노골적인 경쟁을 벌이며) 대서양으로 뛰어들어 인도로 갔다. 이런 과정은 일화도 아니고, 단순한 역사적 사실도 아니다. '근대 주체 형성'의 기원이 된 과정이다.

1강_유럽중심주의

세계사는 동에서 서로 향한다. 유럽은 틀림없는 세계사의 끝이다. ······ 세계사는 길들여지
지 않은 자연 그대로의 의지를 훈련시켜 보편성과 주체적인 자유로 이끈다.

근대성의 해방적 '개념'에는, 앞으로 이 강의에서 논의할 '신화'가 은폐
되어 있다. 그러나 이보다 먼저, 일반적으로 유럽과 미국의 다양한 이론
적 입장과 철학적 성찰의 저변에 가로놓여 있는, 미묘하고 위장된 요소
를 논하려고 한다. 바로 '유럽중심주의'와 이에 수반되는 '발전주의 오
류'이다.[2] 오래전인 1784년에 칸트가 쓴 「계몽이란 무엇인가」에 대한 답
변」부터 살펴보자.

---

1) Georg Wilhelm Friedrich Hegel, *Vorlesungen über die Philosophie der Geschichte*,
1837.
2) 스페인어 'desarrollismo'(발전주의)는 독일어나 영어로는 번역이 불가능하다. 독일어 'Ent-
wicklung'이나 영어 'development'로는 경멸, 부정, 과장을 표현하는 파생어를 만들 수 없
다. 예를 들어, '과학'의 경우 스페인어로는 경멸적인 의미를 담은 파생어 'cientificismo'
(과학주의)나 'cientificista'(과학주의자)가 가능하다. 이런 예를 따르면, 'desarrollismo'는
'developmentism'이나 'developmentalism' 따위로 번역해야 할 것이다. 그런데 우리가 얘
기하고자 하는 것은 존재론적인 입장으로, 유럽이 거쳐 온 발전(desarrollo=desarrollismo)
은 모든 다른 문화도 단선적으로 따라가야 한다는 사고이다. 그러므로 '발전의 오류'(falacia
del desarrollo), 즉 '발전주의 오류'(falacia desarrollista)라는 표현은 사회학이나 경제학 범
주가 아니라 기본적인 철학의 범주이다. 헤겔에게 발전이란 존재의 '필수적인 운동'이다. 즉,
존재는 불가피하게 '발전'한다. '유럽중심주의'는 '발전주의 오류'에 빠지는데, 양자는 '동일
자'의 두 측면이다.

16 1부_유럽 '자아'로부터: '은폐'

계몽(Aufklärung)이란, 인류가 책임져야 할 미숙함(verschuldeten Unmündigkeit)에서 스스로 벗어나는 것이다.[3] …… 대부분의 인류가 미숙한 상태에 안주하는 이유는 나태하고 비겁하기 때문이다.[4]

칸트가 보기에 '미숙함', 즉 '미성년'은 '책임져야 할'(verschulde-ten)[5] 일이다. 나태와 비겁은 미성숙한 존재의 에토스이다. 오늘 우리는 칸트에게 이런 질문을 던지지 않을 수 없다. 아프리카에 살거나 18세기 미국의 노예로 있었던 아프리카인, 멕시코의 인디오나 후대의 라틴아메리카 메스티소는 책임져야 할 미숙한 상태에 있다고 생각해야 하는가?

이 문제에 헤겔이 어떻게 대답했는지 살펴보자. 헤겔은『역사철학 강의』에서 세계사(Weltgeschichte)가 어떻게 변신론(Teodicea, 辯神論)이고,[6] 이성과 자유(Freiheit)의 자기실현인지를 보여 준다. 사실 세계사는 계몽을 향한 과정이다.

세계사란 …… 정신이 자신의 자유에 대한 의식을 '발전'시키는 과정이자 그러한 의식을 통해서 자유가 실현되는 과정을 나타낸다. '발전'은 '일련의 단계', 자유에 대한 일련의 규정을 포함하며, 이러한 일련의 규

---

3) 칸트는 '벗어나는 것'(Ausgang), '탈출'을 해방 과정으로 보았다.
4) Immanuel Kant, "Beantwortung der Frage: Was ist Aufklärung?", *Berlinische Monatsschrift*, 1784, A481 [「계몽이란 무엇인가에 대한 답변」,『칸트의 역사 철학』, 이한구 옮김, 서광사, 2009].
5) 이 단어는 '죄나 과실이 있는'(culpable)이라는 뜻이다. 이 책에서는 가능하면 '책임져야 할'로 번역한다. 두셀은 반대말로 'inocente'를 사용하는데, 이 단어는 문맥에 따라서 '무고한, 죄가 없는, 무죄의' 또는 이에 상응하는 명사로 번역한다. ─옮긴이
6) 헤겔은『역사철학강의』끝부분에서는 이런 말을 한다. "세계사는 …… 정신의 전개 과정이다─역사 안에 신이 존재함을 증명하는, 진정한 변신론이다."

정은 사물의 개념, 다시 말해 여기서는 자신을 의식하게 되는 자유의 본성에서 생겨난다. …… 이러한 필연성과 순수하고 추상적인 개념 규정의 필연적 계열은 논리학에서 연구한다.[7]

헤겔 존재론에서 '발전'(Entwicklung) 개념은 중추적 역할을 한다. 발전은 '이념'에서 정점에 도달할 때까지(미규정 존재에서 『논리학』의 절대지에 이르기까지) '개념'(Begriff)의 자기 운동을 결정한다. '발전'은 변증법적인 직선으로, 원래는 존재론의 범주이지만(오늘날은 사회학적 범주이지만 여기서는 본래의 철학적 의미를 되짚어 보려고 한다)[8] 세계사에 가장 잘 들어맞는다. 아울러 이러한 '발전'은 공간적 방향성을 가진다.

세계사는 동에서 서로 향한다. 유럽은 틀림없는 세계사의 끝이다. 아시아는 시작이다.[9]

그러나 이러한 동에서 서로의 이동은, 한눈에 알 수 있듯이, 애초부터 세계사에서 라틴아메리카와 아프리카를 배제하고 있다(아시아는 본질적으로 '미숙한' 상태, 또는 '어린아이'[10] 상태에 머물고 있다).

---

7) Georg Wilhelm Friedrich Hegel, *Die Vernunft in der Geschichte*, Zweiter Entwurft (1830), C, c, ed. Johannes Hoffmeister, *Sämtliche Werke*, Hamburg: F. Meiner, 1955, p.167. 다음 책도 참고하라. Martin Bernal, *Black Athena: The Afroasiatic Roots of Classical Civilization*, New Brunswick: Rutgers University Press, 1987~1991 [『블랙 아테나』, 오흥식 옮김, 소나무, 2006]. 특히, 헤겔의 『역사철학강의』에서 '세계사 발전 경과' 참고.

8) 헤겔의 '발전' 개념은 마르크스로 이어지고, 마르크스에서 다시 '발전'의 경제학과 사회학으로 이어진다. 따라서 오늘 우리는 이 단어의 '철학적' 의미로, 가장 오래된 의미로 되돌아가고자 한다. 헤겔에게 '저발전' 국가는 존재론적으로 '비(非)근대적'이고, 전(前)계몽적이다.

세계는 구세계와 신세계로 나뉜다. 신세계라는 이름은 아메리카가
…… 얼마 전까지만 해도 유럽인들에게 알려지지 않았다는 데서 유래
한 것이다. 그러나 이러한 구별이 순전히 외적이라고 생각하지는 않는
다. 여기서 구분은 본질적이다. 이 신세계는 상대적으로 새로울 뿐만
아니라 절대적으로 새롭다. 그 세계 고유의 자연적·정치적 성격 모두
가 그러하다. …… 남아메리카에서 아시아 사이에 펼쳐진 다도해는 미
성숙을 드러낸다. …… 뉴홀랜드[오스트레일리아]도 이에 못지않은 지
리적 청소년기의 특징을 보여 준다. 왜냐하면 영국령에서 내륙으로 들
어가면 아직도 하상(河床)을 형성하지 못한 큰 강을 발견하기 때문이
다. …… 아메리카에 관해서, 특히 멕시코와 페루의 문명 수준에 관해서
는 많은 정보를 입수하고 있다. 이들 문화는 매우 특별한 문화로 발전
했으나 정신이 접근하자마자(sowie der Geist sich ihr näherte) 소멸했
다. …… 이 사람들의 열등성은 모든 면에서 너무나 분명하다.[11]

'미성숙'(Unreife)은 자연 전반에 걸쳐 있다(식물과 동물조차도 훨

---

9) Hegel, *Die Vernunft in der Geschichte*, Annex 2, p.243. 다음에 논의하겠지만, 역사가 동
   에서 서로 '발전'한다는 것은 순전한 '이데올로기'이다. 다시 말해서, '유럽중심주의'의 형성
   계기이다. 그럼에도 불구하고 유럽이나 미국뿐만 아니라 라틴아메리카, 아프리카, 아시아의
   모든 역사교육 현장에서는(고등학교와 대학교) 이렇게 가르친다. 그뿐만 아니라 여러 사회주
   의 혁명도 유감스럽지만 종종 '유럽중심적'이다. 마르크스 역시 적어도 1868년까지는 유럽
   중심주의에 젖어 있었다(Enrique Dussel, *El último Marx(1863-1882)*, México: Siglo XXI,
   1990 참고). 이 해 마르크스는 다니엘손(Nikolai Daniel'son)과 러시아 민중주의자들 덕분에
   '주변부' 러시아 문제를 다루었다.
10) Hegel, *Die Vernunft in der Geschichte*, C, b, p.161; ibid., Annex 2, p.244. '어린아이'
    (Kindheit) 의식의 '직접성'(Unmittelbarkeit)은 '가능성'과 같은 것으로, '중심'은 될 수 없
    다. '주변'이 될 뿐이다.
11) Hegel, *Die Vernunft in der Geschichte*, Annex 1-b, pp.199~200.

씬 원시적이고, 사납고, 기괴하다. 간단히 말해서, 훨씬 허약하고, 퇴보적이다).[12] 이것이 (라틴)아메리카의 모습이다.

이러한 요소로 볼 때, 아메리카는 아직도 완전히 형성되지 않았다.…… 그러므로 [라틴]아메리카는 미래의 땅이다. 장래 역사에서는 중요성이 드러날 것이다. …… 그러나 미래의 나라로서 아메리카는 우리의 관심사가 아니다. 왜냐하면 철학자는 예언을 해서는 안 되기 때문이다.[13]

그러므로 라틴아메리카는 세계사의 바깥에 머문다. 아프리카도 마찬가지이다. 비록 세 대륙(유럽, 아시아, 아프리카)이 일종의 삼위일체를 형성한다고 할지라도 아프리카는 여전히 무시된다.

세계의 세 부분은[14] 서로 본질적인 관계를 유지하며 하나의 전체성(Totalität)을 형성한다. …… 지중해는 세계의 세 부분을 통합하는 요소이며, 그렇기 때문에 세계사의 중심점(Mittelpunkt)이 된다. …… 지중해는 세계사의 중추이다.[15]

---

12) 안토넬로 게르비의 『인디아스 누에바스의 자연』에 따르면, 헤겔을 포함하여 유럽인들은 인디아스(Indias)의 동식물과 지질학적인 면(암석)까지도 훨씬 거칠고, 원시적이고, 야만적이라고 생각했다(Antonello Gerbi, *La naturaleza de las Indias Nuevas*, México: Fondo de Cultura Económica, 1978 참고). ['인디아스'란 식민시대 스페인과 포르투갈이 아메리카 대륙의 식민지를 지칭하던 말이다. ─옮긴이].
13) Hegel, *Die Vernunft in der Geschichte*, Annex 1-b, pp.209~210.
14) 2강에서 살펴보겠지만, 세계의 삼등분은 중세적이고 전근대적인 사고방식이다. 헤겔은 콜럼버스와 마찬가지로 이런 사고방식에서 벗어나지 못하고 있다.
15) Hegel, *Die Vernunft in der Geschichte*, Annex 1-c, p.210.

여기서 세계사의 '중심'이라는 개념이 생겨났다. 그러나 전체성을 형성하는(이미 라틴아메리카는 무시된다)[16) '세 부분'에서 두 부분은 인정받지 못한다. 헤겔은 아프리카에 대해서 몇 페이지 더 기술하는데, 피상적인 이해와 끝없는 우월감으로 점철된 인종차별 이데올로기의 정수를 드러내고 있으므로 읽으려면 상당한 유머감각이 필요하다. 아무튼 헤겔은 19세기 초 유럽의 정신 상태를 잘 드러내고 있다.

본래의 아프리카는 폐쇄된 지역이며, 이러한 근본 성격을 유지하고 있다.[17) ……흑인의 특징은 의식이 어떤 확고한 객관성을 직관하는 데까지 이르지 못했다는 점이다. 그러므로 인간의 의지가 관여하고, 인간의 본질을 직관하도록 해주는 신이나 법률이 그들에게는 없다. …… 흑인은 자연 그대로의 인간이다.[18)

세계 철학사에서 가장 무례한 페이지이다. 이어서 헤겔은 이렇게 결론을 내린다.

이러한 존재 방식은 아프리카인이 이상할 정도로 쉽게 광신적으로 변하는 이유를 설명해 준다. 정신의 통제는 너무나 미약하며, 정신은 너무나 강렬하기 때문에(das Reich des Geistes ist dort so arm und doch der Geist in sich so intensiv) 그들 마음에 떠오르는 생각을 실현하는 것

---

16) "신세계와 신세계에 관련된 여러 가지 꿈은 모두 서술하였으므로, 이번에는 세계사의 무대인 구세계로 눈을 돌려 보자"(ibid., p.210).
17) ibid., p.212.
18) ibid., p.218.

은 모든 것을 하나도 남김없이 모조리 파괴하는 것이 된다. …… 아프리카에는 …… 역사라고 할 만한 게 없다. 따라서 아프리카에 대한 고찰은 이것으로 끝내고 앞으로 더 이상 언급하지 않겠다. 아프리카는 세계사의 일부가 아니며, 어떤 움직임도 역사적 발전도 없기 때문이다. …… 우리들이 정확하게 이해한 아프리카는 고립되고, 역사가 없으며, 지금껏 완전히 자연 그대로의 정신에 사로잡혀 있다. 따라서 세계사의 문턱에 있다고 말할 수밖에 없다.[19]

유럽의 오만은 위에 인용한 글에서 얼개가 드러난다(키르케고르는 '주제넘은' 헤겔을 여러 차례 조롱했다). 그러나 아시아 또한 결국에는 세계사의 '발전'에서 서론적이고, 예비적이고, 유아적인 역할을 담당할 뿐이다. 세계사가 동에서 서로 움직이므로, 헤겔은 라틴아메리카와(라틴아메리카는 극동의 동쪽에 위치하는 것이 아니라 대서양의 서쪽에 위치한다), 아프리카(야만적이고, 미성숙하고, 식인을 하며, 짐승 같은 남쪽)를 제쳐둘 필요가 있었다.

아시아는 [세계사의] 시작을 확인할 수 있는 세계의 일부이다. …… 그러나 유럽은 구세계의 절대적인 중심이고 끝이다.[20] 그런 의미에서 유럽이 서양이라면 아시아는 절대적인 동양이다.[21]

---

19) Hegel, *Die Vernunft in der Geschichte*, Annex 1-c, pp.231~234.
20) 후쿠야마의 '역사의 종말'은 헤겔에게서 따온 것이다(Francis Fukuyama, "The End of History?", *The National Interest*, Summer 1989 참고). 후쿠야마의 주장은, 1989년 북반구 현실 사회주의 붕괴 이후, 미국과 자본주의 자유시장만이 추구해야 할 유일한 모델이라는 것이다. 이것이 '역사의 종말'이다. 헤겔에게는 유럽이 역사의 종말이었고, 아울러 '중심'이었다.

그러나 아시아에서 정신은 유년기에 머물고 있으며, 전제정치에서는 '한 사람'(황제)만 자유로울 뿐이다. 아시아는 새벽일 뿐, 세계사의 정점은 결코 아니다. 역사의 '시작'과 '끝'은 유럽이다. 그런데 다양한 유럽이 있다. "피레네 산맥 남쪽 땅"(das Land südlich der Pyrenäen),[22] 다시 말해서 프랑스와 이탈리아의 남쪽에 위치한 남유럽이 있다. 북유럽이 '미개 상태'(unkultiviert)에 있던 고대에, 정신은 남유럽을 고향으로 삼고 있었다. 그러나 남유럽은 "본래 뚜렷한 핵심(Kern)이 없다".[23] 따라서 운명은 북유럽에 자리한다. 그런데 북유럽도 둘로 나뉜다. 북동쪽에 위치한 폴란드와 러시아는 항상 아시아와 관계를 맺고 있다. 그렇다면 이제 애기할 만한 유럽은, 북유럽의 서쪽 지역이다.

독일, 프랑스, 덴마크, 스칸디나비아 국가가 유럽의 심장(das Herz Europas)이다.[24]

이제 헤겔은 감동하기 시작한다. 자신의 말에 바그너의 트럼펫 음색을 부여한다.

게르만 정신(germanische Geist)은 새로운 세계(neuen Welt)의[25] 정신

---

21) Hegel, *Die Vernunft in der Geschichte*, 1, c, beta, p.235.
22) ibid., 1, c, gamma, p.240. 이로써 15세기에서 17세기에 이르는 중상주의 시대의 중요성이 사상(捨象)되는데, 중상주의 시대야말로 이번 강연의 대상이다.
23) ibid., p.240.
24) ibid., p.240.
25) 헤겔은 부지불식간에 15세기 말엽 '신세계'의 '발견'으로 유럽을 뒤흔든 감동의 파토스로 돌아간다. 그리하여 '근대적인' '신세계' 개념을 게르만의 과거에 투사하고 있다. 신세계는

이다. 그 목적은 자유의 무한한 자기규정으로서 절대 진리의 실현이다. 다시 말해서, 절대적 형식 자체를 내용으로 삼는 자유의 실현이다. 게르만 민족의 사명은 기독교 원리의 담지자가 되는 데 있다.[26]

헤겔은 우리가 증명하려는 명제와 정반대의 명제를 제시하면서 게르만 민족을 이렇게 기술한다.

최고의 이상적인 의미작용은, 둔감한 의식에서 빠져나와 자신으로 되돌아가는 정신의 의미작용이다. 기독교의 자유를 재건함으로써 자신의 존재를 정당화하려는 의식이 나타난다. 기독교의 원리는 저 무서운 문화적 시련을 이겨 냈다. 이런 외적 환경은 '아메리카의 발견과 더불어' 종교개혁이 마련한 것이다. …… 여기에서 자유로운 정신의 원리가 세계의 기치가 되며, 이 원리에 의거해서 이성의 보편적인 원칙들이 전개된다. …… 관습과 전통은 이제 쓸모가 없다. 갖가지 요구도 이성적 원칙에 의거해야 정당화된다. 이로써 정신의 자유가 실현된다.[27]

즉 다시 말해서, 헤겔이 보기에 근대 기독교 유럽은 다른 세계, 다른 문화로부터 아무것도 배우지 않았다. 스스로 세운 원리를 완전하게 실현했다.

라틴아메리카와 함께 출현했음에도 불구하고 라틴아메리카는 헤겔의 세계사에서 아무런 자리도 차지하지 못한다(나중에 등장하는 앵글로색슨 '아메리카'는 헤겔에게 제2의 서유럽이며, 따라서 세계사에서 모종의 위치를 차지한다).

26) Georg Wilhelm Friedrich Hegel, *Vorlesungen über die Philosophie der Geschichte*, in *Werke*, vol.12, Frankfurt: Suhrkamp, 1970, p.413.

27) ibid., pp.413~414.

원리는 이미 완성되었다. 따라서 최후의 날도 이미 도래했다. 기독교의 이념이 완전하게 실현된 것이다.[28]

게르만 세계의 3단계는 그러한 정신의 '발전'이다. 성부의 왕국이고, 성자의 왕국이고, 성령의 왕국이다.[29] 그리고 "게르만 제국은 전체성의 왕국이며, 이 왕국에서 이전의 시대가 반복되고 있음을 우리는 알 수 있다".[30] 1단계는 로마 제국 시대의 게르만족 이동이고, 2단계는 봉건적인 중세인데, 문학과 예술의 르네상스, 아메리카의 발견, 아프리카 남단의 희망봉을 통한 인도항로 발견이라는 3대 사건으로 모든 것이 종결된다. 그러나 3대 사건은 중세의 끔찍한 어둠을 끝냈으나 새로운 시대를 '구성하지는' 못한다. 3단계, '근대성'은 루터의 종교개혁, 정확하게 말해서 독일의 종교개혁으로 시작하며, '계몽주의'와 프랑스혁명에서 완전하게 '발전한다'. 이제 근대성은 정점에 도달하는데, 헤겔은 그 공적을 영국인에게 돌리고 있다.

영국인들은 전 세계의 문명 전도사(Missionarien der Zivilisation in der ganzen Welt)가 되기로 스스로 결정했다.[31]

이러한 북유럽 앞에서(현재 미국 앞에서 그러하듯이) 그 누구도 모종

---

28) ibid., p.414.
29) 헤겔의 '요아킴주의'이다(ibid., p.345 참고). [피오레의 요아킴은 역사를 삼위일체에 비유하여 '성부의 시대', '성자의 시대', '성령의 시대'로 나누고, 1260년부터는 평화와 화해의 새 시대('성령의 시대')가 시작된다고 보았다. 5강 각주 24번을 참고하라.—옮긴이]
30) ibid., p.417.
31) ibid., IV, 3, 3, p.538.

의 권리를 주장하지 못하리라. 헤겔은 『역사철학강의』에서 이렇게 표현한다.

> 역사란 정신의 형태가 사건으로 드러나는 것이므로,[32] 그런 요소를 자연적 원리로 받아들이는 민족은 …… 그 시기 세계사를 지배하는 민족이 된다. …… 세계정신의 발전 단계에서 현재의 담지자가 보유한 절대적인 권리 앞에서 다른 민족의 정신은 '아무런 권리도 갖지 못한다(rechtlos)'.[33]

그런 민족, 북쪽, 유럽(헤겔에게는 독일과 영국)은 이처럼 '절대적인 권리'를[34] 가지고 있다. "세계정신의 발전 단계(Entwicklungsstufe)에서 현재의 담지자(Träger)"이기 때문이다. 이 앞에서는 그 어떤 민족도 "아무런 권리를 갖지 못한다". 이는 '유럽중심주의'에 대한 최상의 정의일 뿐만 아니라 남쪽, 주변부, 과거의 식민지, 종속적 세계에 대한 북쪽의 제국주의 권력, 즉 중심의 권력을 신성화하는 것이기도 하다. 다른 설명은 필요 없을 것이다. 원문이 섬뜩할 정도로 잔인하고, 야멸친 냉소를 담고 있기 때문이다. 이런 냉소는 계몽된 '이성'으로 '발전'한다.

---

32) Hegel, *Vorlesungen über die Philosophie der Geschichte*, §346.
33) ibid., §347.
34) 헤겔은 『철학강요』에서 이렇게 말하고 있다. "정신의 해방과 이 해방의 일이야말로 최고이자 절대적인 법이다. 정신은 이 해방 속에서 자기 자신에게 도달하고 자기의 진리를 실현하게 된다. 어느 특정한 민족의 자의식은 보편적인 정신이 그의 현존재에서 그때의 발전 단계를 담지하는 것이며, 정신이 자기의 의지를 그 속에 던지는 바의 객관적인 현실성이다. 이 절대적 의지에 반대해서는 다른 특정한 국민 정신의 의지는 권리를 잃는다. 그러한 민족은 세계를 지배하는 자이다"(Georg Wilhelm Friedrich Hegel, *Enzyklopädie der philosophischen Wissenschaften im Grundrisse*, Hamburg, 1969, §550, p.430).

게다가 수많은 헤겔 주석가와 비판자들이(마르크스를 포함하여) 간과한 것이 있다. 헤겔에서 국가는 '식민지'를 가진 덕분에 '시민사회' 모순을 극복하지만, 식민지는 그러한 모순을 떠안고 있다는 사실이다.

고유한 변증법에 떠밀려 가는 그러한 사회는 그 사회 '바깥으로' 새로운 소비자를 찾아 나선다. 따라서 그 사회에서 과잉 상태의 자원 — 일반적으로는 산업 — 은 열악한 다른 민족들에게서 생존 방법을 찾는다.[35] 이러한 폭넓은 연계는 식민화를 통해서 달성된다. 발달한 시민사회는 — 산발적으로든 조직적으로든 — 식민화에 박차를 가한다. 이를 통하여 시민사회의 인구 일부는[sic] 새로운 땅 위에서 가족 재산의 원리로 복귀하고, 동시에 새로운 노동 가능성과 일터도 얻게 된다.[36]

유럽의 '주변부'는 이처럼 '자유로운 공간'을 제공하기 때문에 자본주의의 산물인 가난한 사람은 식민지에서 자본주의적 소유주가 될 수 있다.[37] 아무튼 위르겐 하버마스는 『현대성의 철학적 담론』에서[38] 동일한 주제를 다루면서 이렇게 얘기한다. "주체성의 원리를 고취시킨 핵심적인 역사적 사건은 종교개혁, 계몽주의, 프랑스혁명이다."[39] 헤겔과 마

---

35) Hegel, *Rechtsphilosophie*, §246.
36) ibid., §248. 따라서 유럽은 타인의 영토를 "점유한다"는 것인데, 헤겔은 이 말의 의미가 다른 민족의 영토를 강탈하는 것이라고 생각하지 않는다.
37) 유럽은 '과잉 인구'를, 다시 말해서 가난하고 불쌍한 사람들을 제3세계로 내보냈다. 오늘날 유럽은 제3세계 인구 유입을 막으려고 국경을 닫아 놓고 있다.
38) Jürgen Habermas, *Der Philosophische Diskurs der Moderne*, Frankfurt: Suhrkamp, 1988[『현대성의 철학적 담론』, 이진우 옮김, 문예출판사, 1994].
39) ibid., p.27.

찬가지로 하버마스에게도 아메리카 발견은 근대성 형성의 결정적 요소가 아니다.[40] 우리는 이에 반대되는 명제를 증명하려고 한다. 즉, '발견'의 경험뿐만 아니라 무엇보다도 '정복'의 경험이 근대 '자아'의 형성에서 '본질적'이라는 것이다. 그러나 이러한 자아는 단순히 주체성으로서 자아일 뿐만 아니라 역사의 '중심'과 '종말'을 떠맡은 주체성으로서 자아이다. 아무튼 헤겔이나 하버마스 모두 근대성의 기원적 정의에서 스페인을 배제한다(이에 따라 라틴아메리카도 배제된다). 헤겔은 이렇게 쓰고 있다.

> 이곳에 모로코, 파스(페스가 아니라),[41] 알제리, 튀니지, 트리폴리가 있다. 이 지역은 정확하게 말하면 아프리카가 아니라 스페인에 속한다. 스페인과 연안을 공유하고 있다. 이런 연유로 드 프라(De Pradt) 신부는 스페인에 있다는 것은 아프리카에 있다는 것이나 마찬가지라고 말한다. …… (스페인은) 대국과 운명을 공유할 수밖에 없는 나라이다. 그 운명은 다른 곳에서 결정되므로 고유한 형태를 획득하지 못한다.[42]

스페인이 근대성 바깥에 있다면 라틴아메리카는 두말할 나위도 없다. 우리의 가설은 이와 정반대이다. 1492년 이후 라틴아메리카는 근대성의 형성 계기이며, 스페인과 포르투갈 역시 근대성의 형성 계기라는 것이다. 라틴아메리카는 근대성의 '이면' ── 나우아어로는[43] 테익스틀

---

40) 하버마스는 발견을 언급하지만 아무런 중요성도 부여하지 않는다(Habermas, *Der Philosophische Diskurs der Moderne*, p.15 참고).

41) 모로코의 아랍인 도시, 파스 알발리(Fas al-Bali), 페스(Fez)는 1276년 마리니드 왕조가 파스 알발리 근처에 세운 수도이다. ── 옮긴이

42) Hegel, *Die Vernunft in der Geschichte*, 1, c, alfa, p.213.

리(teixtli)——이고, 근대성의 본질인 타자성이다. '자아', 다시 말해서 이슬람 세계의 주변적이고 미숙한 유럽 '주체'가 발전하기 시작해, 멕시코 (근대 '자아'가 원형적 발전을 이룩한 최초의 '공간')를 정복한 에르난 코르테스(Hernán Cortés)와 더불어 '세계의 주인'으로서, '권력의 의지'로서 모습을 갖추게 된다. 이로써 근대성에 대한 새로운 정의, 새로운 '세계적'(mundial) 비전이 가능하며, 근대성의 해방적 '개념'뿐만 아니라(우리가 포섭해야 한다) '유럽중심주의 오류'와 '발전주의 오류'에 근거한 유럽지상주의의 살인적이고 파괴적인 '신화'도 드러날 것이다. '근대성 신화'는 호르크하이머나 아도르노는[44] 물론이고, 리오타르, 로티, 바티모 (Gianni Vattimo) 같은 후근대론자들에게도 비판의 대상이었지만 여기서는 다른 의미를 지닌다. 후근대론자와 정반대로 우리는 이성을 송두리째 비판하지는 않을 것이다. 그러나 지배적이고 살인적이고 폭력적인 이성에 대한 후근대론자들의 비판은 수용할 것이다. 보편적 합리주의는 반대하지만, 합리주의의 이성적 핵심을 부정하는 것이 아니라 인간 희생신화의 비합리적 면을 부정할 것이다. 그러므로 우리가 부정하는 것은 이성이 아니라 근대성 신화에 내재된 폭력이라는 비합리성이며, 후근대론의 비합리성이다. 우리는 근대를 넘어서는 통근대적 세계성 (mundialidad transmoderna)을 지향하는 '타자의 이성'을 긍정한다.

---

43) 나우아어(náhuatl)는 아스테카 제국에서 사용하던 언어이다. 두셀은 아스테카 사람들을 가리켜 나우아 사람들이라는 표현도 사용한다.——옮긴이
44) 이 책 부록 2에서 언급한 호르크하이머와 아도르노의 『계몽의 변증법』을 참고하라[『계몽의 변증법』, 김유동 옮김, 문학과지성사, 2001]. 하버마스의 입장은 『현대성의 철학적 담론』 5장 「신화와 계몽의 뒤얽힘: 호르크하이머와 아도르노」에 나타나 있다.

2강_신세계의 '발견'에서 '발명'으로

아메리카는 언제, 어떻게 역사의식에 나타났을까? 이 문제는 이 책의 기본적인 질문이기도 한데, 그 대답은 어떤 과정 ── 이제부터 아메리카의 존재론적 과정이라고 부르겠다 ── 의 재구성을 상정한다.
　　　　　　　　　　　　　　　── 에드문도 오고르만, 『아메리카의 발명』[1]

이제 '발명', '발견', '정복', '식민화'를 개념적으로 구별하겠다. 이런 용어는 이론적으로, 공간적으로, 통시적으로 상이한 의미를 가진 역사적 형태들(Gestalten)이다. 또 상이한 '실존적 경험'이므로 분리하여 분석할 필요가 있다.

1. 신세계의 '아시아 존재' '발명'

첫째 형태(Gestalt), '아메리카의 발명'은 에드문도 오고르만의 명제이다.[2] 멕시코의 역사학자 오고르만은 하이데거 식의 역사철학적 분석을 통해서 콜럼버스의 체험(현존하는 문헌을 통해서 확인할 수 있다)과 같은 '존재론적 경험'을 기술한다. 이렇게 재구성된 콜럼버스의 항해를 들여

---

1) Edmundo O'Gorman, *La invención de América*, México: Fondo de Cultura Económica, 1957, p.12. [오고르만은 1977년 수정증보판을 펴냈다. 수정증보판에서는 두셀이 이 책에서 인용하고 있는 구절이 전면적으로 수정되었다. ──옮긴이]
2) O'Gorman, *La invención de América*. 이 책에 대한 반응은 다음 글을 참고하라. Wilcomb E. Washbum, "The Meaning of Discovery in the Fifteenth and Sixteenth Centuries", *The American Historical Review* vol. 68 no.1, 1962, pp.1~21.

다보면, '존재론적으로'(오고르만의 용어이다) 엄밀한 의미에서 콜럼버스는 아메리카를 발견하지 않았다는 결론에 도달한다.

분석의 출발점이 명확하기 때문에 이를 심도 있게 고찰한 적이 한 번도 없었다. 콜럼버스의 '세계',[3] 즉 생활세계는[4] 노련한 지중해 항해사의 세계이다. 로마인들이 '우리 바다'(Mare nostrum)라고 부른 지중해 주변에는 유럽,[5] 아프리카, 아시아가[6] 있었는데, 유럽은 아직 '중심'이[7] 아니었다. 콜럼버스는 1476년 이후 대서양에서 인상적인 경험을 했다. 해적의 공격을 받고, 통나무에 의지해 장시간 표류한 적도 있었다.[8] 콜럼버스의 세계는 르네상스적 환상으로 가득 찬 세계였다(그러나 더 이상 중세적이지 않은 세계였기에 콜럼버스는 3차 항해에서[9] 남미 북부의 오

---

3) 하이데거가 『존재와 시간』(Sein und Zeit)에서 사용한 의미의 세계(Welt).

4) 후기 후설(Edmund Husserl)의 의미로 생활세계(Lebenswelt). [이후에 등장하는 '생활세계'는 모두 이런 의미다.—옮긴이]

5) 부록 1에서 4번과 5번의 의미이다.

6) 당시 아프리카는 '흑인' 이슬람 세계였다. 아시아는 터키이슬람 세계부터 시작되었는데, 베네치아 출신 마르코 폴로의 교역 경험이나 베이징에 도착해서 1328년 사망한 조반니 다 몬테코르비노(Giovanni da Montecorvino)와 같은 프란체스코 수도회 선교사들을 통해서 조금 알려진 형편이었다(Pierre Chaunu, L'expansion européen(XIIIe, XIVe, XVe siécles), Paris: PUF, 1968 참고). 프란체스코 수도회 선교사들은 1370년까지 중국에 머물렀으며, 갖가지 정보를 로마에 전해 주었다.

7) 이 책 6강의 '부연 설명: 이슬람 세계의 주변부로서 유럽' 참고.

8) 콜럼버스는 동지중해, 유럽의 북동부, 아프리카의 기니 연안, 마데이라 제도에서 활동했으며, 제노바나 포르투갈 항해사들과 항상 함께 일했다. Paolo Emilio Taviani, Cristoforo Colombo: La genesi della grande scoperta, Novara: Instituto Geográfico de Agostini, 1982; Kirkpatrick Sale, The Conquest of Paradise, New York: Plume, 1991; Daniel Boorstin, The Discoverers, New York: Vintage Books, 1985; Alvin Josephy, America in 1492, New York: Alfred Knopf, 1992; Samuel Eliot Morison, Admiral of the Ocean Sea, Boston: Little, Brown and Company, 1972 참고.

9) 콜럼버스(1451~1506년)는 모두 네 번에 걸쳐(1492년, 1493년, 1498년, 1502년) 신대륙을 항해했다.—옮긴이

리노코 삼각주가 지상낙원에서 흘러나오는 강의 하구라고 생각했다).[10] 그 것은 또한 베네치아, 아말피, 나폴리의 전통을 이어받은 상인의 세계였고, 메디치가의 피렌체, 비오 2세의 로마, 그의 고향 제노바의[11] 세계였고, 아프리카 북부의 이슬람 세계였으며, 투르크족과 대항하던 스페인과 이탈리아의 기독교 세계였다. 그라나다가 유럽 최후의 십자군[12] 수중에 떨어지고 얼마 지나지 않은 1492년 4월 17일 콜럼버스가 '산타페협약'에[13] 서명하고, 8월 3일 안달루시아에서 대양 횡단에 나섰을 때, 유일한 목적은 인도에 도착하는 것이었다. 서쪽으로 항해하여 아시아에 도착하는 것이었다(이런 경로는 아리스토텔레스, 프톨레마이오스, 토스카넬리도[14] 언급했고, 1489년에 출판된 헨리쿠스 마르텔루스Henricus Martellus Germanus의 지도를[15] 보더라도 가능했다). 그리하여 콜럼버스는 항해지식을 얻고, 황금과 긍지를 배에 가득 싣고자 했으며, 나아가서 기독교

---

10) "그 세계에서 아주 큰 강이 흘러나오고 있었다. 물은 달콤하고 수량도 풍부했다"(Bartolomé de las Casas, *Diario del Primer y Tercer viaje de Cristóbal Colón*, Madrid: Alianza, 1989, p.182). 그리고 조금 후에는 이렇게 쓰고 있다. "이 강이 지상낙원에서 흘러나오지 않는다면 지금까지 전혀 알지 못하던 남쪽의 광대한 땅에서 발원한다고 생각했다. 그러나 앞서 말한 지상낙원(오리노코 강이 시작되는 곳)이 너무 마음에 들어서 성서의 권위와 논리 위에서 쉬기로 하였다"(p.192).

11) 지금 생각나서 하는 이야기인데, 우리 어머니 암브로시니 시페레디를 비롯하여 외증조부는 이 도시 출신이다. 외가 쪽과 거의 동일한 시기에 동일한 이유로 친가 쪽 증조부도 아르헨티나로 이민을 왔다. 즉 19세기의 가난한 유럽인이었다.

12) "양 폐하[가톨릭 양왕]께서는 그동안 유럽에서 통치하던 무어인과 전쟁을 종결지으셨으며, 금년 1492년에 이르러서는 무력으로 거대한 도시 그라나다에서 전쟁을 끝내시고 알람브라 궁에 폐하 왕실의 깃발을 세웠나이다"(Las Casas, *Diario del Primer y Tercer viaje de Cristóbal Colón*, p.41).

13) Eberhard Schmitt ed., *Die großen Entdeckungen*, Dokumente zur Geschichte der europäischen Expansion Bd.2, München: C.H. Beck, 1984, pp.105~109 참고.

14) 콜럼버스의 1474년 편지(Schmitt ed., *Die großen Entdeckungen*, pp.9~13).

15) 부록 4를 참고하라.

신앙을 전파하려고 하였다(당시의 세계관에서는 아무런 모순 없이 동시에 추구할 수 있는 꿈이다). 콜럼버스의 눈은 서지중해 마지막 상인의 눈이자 최초의 '근대인'의 눈이었다. 한편, 바이킹족은 북대서양을 건너[16] 아메리카를 발견했다. 리프 에릭손(Lief Ericson) 일행은 아마 992년 무렵에 북미의 헬룰란드(Helluland, '황량한 땅')에 도착했을 것이다. 그러나 아무런 역사적 영향력도 남기지 못한 사건이었다. 바이킹족은 그린란드 서쪽의 군도에 상륙했지만 이러한 경험을 돌이킬 수 없을 만큼 확실하게 유럽의 생활세계로 통합하지도 못했고, 바이킹족의 경제나 역사를 바꿔 놓지도 못했다. 이에 비해, 콜럼버스의 대서양 횡단은 의미가 전혀 다르다.[17] 포르투갈은 1415년 아프리카의 세우타를 점령하고, 1441년에는 카라벨선(船)을 건조했다. 또 아프리카 노예 매매를 시작했으며, 기니에[18] 이어 1487년에는 희망봉에(인도와 인도의 부에 대한 유럽인의 '희망') 도착했다.[19] 그러나 우리가 지금 논의하는 경험은 하지 못했다. 이미 아는 것을 '보려고' 가는 것과 같았다. 르네상스 시대의 세계관(Weltanschauung)에서 '위치'(지리적, 역사적, 신학적)를 점하고 있는 아프리카를 '발견하려고' 가는 것과 같았다. 콜럼버스의 항해는 이와는 전적으로 다른 것이다.

콜럼버스는 1492년 9월 8일 카나리아 제도에서 출항하여 10월 12일 대서양 서쪽의 어떤 섬에 도착했다. 교황 알렉산드르 6세의 1493년 칙서 「중재안」(Inter caetera)은 "인디아스 쪽 대양 서쪽 부분에" 위치한

---

16) 부록 3의 지도에서 화살표 1번을 참고하라.
17) 부록 3의 지도에서 화살표 7번을 참고하라.
18) 부록 3의 지도에서 화살표 3번을 참고하라.
19) 부록 3의 지도에서 화살표 5번을 참고하라.

"섬과 뭍"이라고[20] 객관적으로 기술하고 있다. 이것은 콜럼버스가 본 것(또는 보고 싶은 것)과는 전혀 다르다. 콜럼버스는 아시아에 도착했다고 확신했다. 콜럼버스의 『항해 일지』를 살펴보자.

신은 이미 양 폐하께[21] '인도'(India) 땅과 위대한 칸이라고[22] 부르는 군주에 관한 보고를 올렸습니다. 칸과 그 선조들은 누차에 걸쳐 우리의 신성한 믿음에 정통한 박사를 파견해 주십사 로마에 요청한 바 있었습니다.[23] …… 기독교인이시고 가톨릭교인이시며 성스러운 기독교 신앙의 독실한 군주이자 …… 마호메트 종파의 적인 양 폐하께서는[24] …… 소신 크리스토퍼 콜럼버스를 앞서 언급한 인도에 파견하시어 군주와 백성과 땅과 물산 등 모든 것을 살피고,[25] 그들을 우리의 성스러운 신앙으로 개종시킬 방도를 찾아보라 분부하셨습니다.[26]

---

20) Martín Fernández de Navarrete, *Colección de los viajes y descubrimientos que hicieron por mar los Españoles desde fines del siglo XV*, vol.II, Madrid, 1825, p.XVII.

21) 가톨릭 양왕을 가리킨다. ― 옮긴이

22) 1489년의 마르텔루스 지도(부록 4)에는 "전역이 타타르 지방"(tartaria per totum)이라고 기록되어 있다. '칸'은 키예프와 모스크바를 지배하던 몽골 전사의 우두머리를 가리킨다. 르네상스인들은 이러한 몽골 제국이 아시아 끝까지 펼쳐 있다고 생각했다. 그렇기 때문에 콜럼버스는 칸이 다스리는 왕국, 즉 중국을 찾으려고 하였다.

23) 로마에서 전해 내려오는 이야기에 따르면, 로마와 접촉을 요청한 프레스터 존(Prester John)이라는 사람이 있었다. 에티오피아의 콥트족 이야기도 있다(콥트족은 아프리카의 동쪽에서 아시아의 동쪽까지 퍼져 있었다). 마르텔루스 지도(부록 4)를 보면, 시누스 마그누스(Sinus Magnus, '커다란 만'이라는 뜻)의 북쪽 지역에 이렇게 적혀 있다. "이곳에서는 프레스터 존 황제가 전 인도를 다스린다"(Hic dominat Presbiter Johannes emperator totius Indiae).

24) 콜럼버스는 가톨릭 양왕의 호불호는 물론이고 가톨릭 양왕이 자신에게 부여한 임무를 잘 알고 있었으므로 그라나다 점령을 언급하고 있다. 그라나다에서 쫓겨난 보압딜은 아직 이베리아 반도에서 살고 있었으며, 수많은 스페인 무슬림과 이슬람교에서 가톨릭으로 개종한 사람들도 아직은 운명에 순응하지 않고 있었다.

25) 이 말은 '발견하려고 원정을 갔다'는 뜻이다.

이 글로 콜럼버스의 '세계'를 재구성할 수 있다. 그리고 눈앞에 보이는 것을 어떻게 '해석'했는지도(일종의 해석학) 알 수 있다. 섬, 식물, 동물, '인디오'('인도' 사람, 당시에는 아시아인)는 모두 기존 지식의 '확인증명서'이고, 일종의 미학적 경험이었다. 아직 아시아를 탐험하지는 못했지만,[27] 콜럼버스는 『항해 일지』에 이렇게 쓰고 있다.

(10월 12일) 자정이 지나고 두 시간 후에 땅이 나타났다. …… 인디오 언어로는 '루카요 인디오가 사는 작은 섬', 즉 과나아니(Guanahaní)라고 한다. 이윽고 벌거벗은 사람들이 보였다. …… 너무나 초라한 사람들이었다. 그들은 어머니가 낳아 준 대로 완전히 발가벗고 다녔다.[28] 그러나 꾸물거릴 시간이 없다. 시팡고(Cipango, 일본) 섬에 도착했는지 알고 싶었다.[29]

이 점에서 오고르만의 명제는 의미가 있다.

그러나 만약 그렇다고 한다면 이러한 결론에 이르게 된다. 1492년 항해의 존재론적 의미는, '서양 문화'에서[30] 처음으로 콜럼버스의 우연한 발

26) Las Casas, *Diario del primer y tercer viaje de Cristóbal Colón*, p.41.
27) 부록 4의 마르텔루스 지도에서 중국(카타로, 킨사이, 만히)은 남미에 붙어 있다. 현재의 태평양은 시누스 마그누스가 차지하고 있고, 오리노코 강(혹은 아마존 강)은 중국의 남쪽까지 뻗어 있다.
28) Las Casas, *Diario del primer y tercer viaje de Cristóbal Colón*, p.57.
29) ibid., p.58. 이날은 1492년 10월 13일이다.
30) 강조는 필자의 것이다. 부록 1의 5번과 7번의 의미 참고. 오고르만은 '서양 문화'라는 개념을 사전에 명확하게 정의하지 않는다(이 단어의 용법은 O'Gorman, *La invención de América*, pp.15, 98~99를 참고하라). 오고르만은 이렇게 얘기한다. "그러므로 아메리카의

견에 지리적 현존재(Dasein, 즉 땅)를 다룬다는 속(屬)적 의미와 무조건적이고 선험적인 가정으로 그 실체가 아시아에 속하며, 그러므로 그곳에 '아시아 존재'(ser asiático)가 있다는 종(種)적 의미를 부여했다는 것이다.[31]

1차 항해를 마치고 귀환한 1493년 3월 15일, 콜럼버스는 아시아에 다녀왔다고 확언했다. 콜럼버스의 견해에 따르면, 그는 동아시아의 여러 섬을 탐험했다. 위치는 시팡고 근처, 시누스 마그누스 동쪽의 제4반도와 붙어 있으며, '케르소네소 아우레오'(Quersoneso Aureo, 현재의 말레이 반도)에서[32] 그다지 멀지 않은 곳이다. 따라서 아직은 아시아 대륙에 도달하지 못한 것이다. 콜럼버스는 1493년 제2차 항해에서[33] 탐험한 곳의 '아시아적 특성'을 '증명'해야만 했다. 그래서 쿠바 섬을 따라 동쪽으로 항해하면서 이곳이 케르소네소 아우레오에서 멀지 않은 대륙, 제4반도라고 생각했고, 남쪽으로 방향을 잡았을 때는 만히(Mangi, 중국)[34] 근처를 항해하고 있으며, 머지않아 인도에 갈 수 있다고 믿었다. 그렇지만

발명과 이 발명 이후의 역사 발전에서 우리는 유일한 역사 프로그램으로서[sic] '서양 문화 보편화'의 실질적 가능성을 보게 된다. 이 프로그램은 모든 민족을 포함하고 또 결속하는 것인데, 다만 제국주의적이고 착취적인 강요가 아니라 자발적인 참여이어야 한다"(ibid., p.98). 이것이 바로 주변부 엘리트의 '유럽중심주의'이다. 이제 부록 1에서 8번의 의미가 분명해진다.

31) O'Gorman, *La invención de América*, p.34.

32) 오고르만에 따르면, 콜럼버스 시대에 이 반도(케르소네소 아우레오)는 작을 것이라 여겨졌으며, 위치는 중국 해안에서 남쪽으로 훨씬 내려간 곳으로, 시누스 마그누스의 서쪽이라고 여겨졌다. 실제 위치 부근이다. 그러나 콜럼버스는 '제4반도'를 생각하고 있었으며, 이러한 가설을 '입증'해야 했다. 구스타보 바르가스 마르티네스(Gustavo Vargas Martínez)의 『1489년의 지도에 나타난 아메리카』(*América en un mapa de 1489*)를 보면, '제2케르소네소아우레오'란, 부록 4의 마르텔루스 지도에서 보듯이, 중국과 남미이다.

결정적인 '증거'를 얻지 못했다. 1496년 스페인으로 돌아온 콜럼버스는 다른 사람들의 탐험 소식도 들었다. 이제 콜럼버스가 발견한 여러 섬 남쪽에 거대한 '아시아' 땅덩어리가 있다는 것은 주지의 사실이었다.[35] 이로써 콜럼버스의 견해는 힘을 얻었다. 이 땅덩어리가 아시아의 제4반도로[36], 케르소네소 아우레오에서 멀지 않으며, 예상한 것보다 훨씬 더 크다고 생각했다. 이 점을 확인하기 위해 콜럼버스는 3차 항해에서 남쪽으로 방향을 잡았다(제4반도 아래를 통과하려는 목적이었다. 콜럼버스가 생각하는 중국은 현재의 북미 근방이고, 남쪽으로 뻗은 반도, 즉 현재의 남미는 아시아의 일부이다). 실제로 콜럼버스는 남미의 북쪽, 트리니다드 섬을 밟았다. 얼마 후에는 오리노코 삼각주의 '민물'을 항해했다(나일 강보다 더 큰 강으로, 그렇게 큰 강은 유럽에서 본 적이 없었다). 언제나 아시아만 생각하던 콜럼버스는 케르소네소 아우레오 동쪽에 위치한 아시아 지역을 발견했다는 의식에 젖어 있었다. 그러나 그 길이 인도로 향하는 항

---

33) 세계사적 의미에서 콜럼버스의 2차 항해는 1차 항해와 완전히 다르다. 2차 항해는 공식적으로는 정복의 시작이다(정복이라는 '형태'는 아스테카 제국의 '정복'에서 본격화된다). 바르톨로메 데 라스 카사스는 2차 항해에 대하여 이렇게 쓰고 있다. "얼마 후에, (스페인의) 카디스 만에 커다란 선박 17척이 모습을 드러냈다. …… 보급품도 가득 싣고, '대포와 무기로 무장하고' 있었다(필자의 강조). 나는 (아시아의!) 인디오들이 소유하던 금과 다른 보물을 담은 …… 수많은 궤를 가져왔다. 1,500명이 도착했다. 그 사람들 대다수는 상관(콜럼버스)에게 고용되었다"(Bartolomé de las Casas, *Historia de las Indias*, vol.I, Madrid: Biblioteca de Autores Españoles, 1957, pp.139~140). 콜럼버스는 이제 지중해의 '상인'이 아니라 전사(戰士)이며, 폭력이고, 무기이고, 병사이고, 대포이다. 가톨릭 양왕은 그라나다의 이슬람 왕국을 점령한 후 '실직' 상태에 있던 병사들을 '고용'하여 인디아스로 파견함으로써 골칫거리를 제거했다. 718년에 시작된 '재정복'이 끝난 즉시 새로운 '정복'이 시작되었다.
34) 부록 3의 지도에서 대륙 A이다. 만히는 부록 4의 마르텔루스 지도에 나타나 있다.
35) 부록 4의 마르텔루스 지도에서 '제4반도'이다(부록 3의 대륙 B이다).
36) 제1반도는 아라비아 반도, 제2반도는 인도, 제3반도는 케르소네소(말레이반도)이다. 제4반도는 '남미'로, 마르텔루스 지도에서는 중국과 이어져 있다.

로라는 결정적인 '증거'는 얻지 못하고 스페인으로 돌아갔다. 항상 인도 항로를 찾던 콜럼버스는 4차 항해(1502~1504년)에서 대륙으로[37] 방향을 돌려 현재의 온두라스에 상륙했다(콜럼버스에게는 중국의 일부였다). 그리고 해안을 따라서 남쪽을 둘러보고, 드디어 인도항로를 발견한 것 같다고 들떠 있었다. 파나마를 지날 때는 '인디오들'(아시아인들)로부터 지협 건너편에 거대한 바다가 있다는 정보를 얻었다. 콜럼버스는 그 바다가 틀림없이 시누스 마그누스이며, 갠지스 강도 10일만 항해하면 되는 지근거리에 있다고 확신했다.[38] 콜럼버스는 1503년 7월 7일 귀환길에 들른 자메이카에서 가톨릭 양왕에게 편지를 보내, 아시아 반도는 남쪽으로 길게 늘어져 있다고 보고했다.

아무튼 콜럼버스는 1506년 사망할 때까지도 아시아로 가는 서쪽 항로를 발견했다고 명확하게 '의식'하고 있었다. 마음은 항상 아시아에 있었으며, 죽을 때도 아시아를 생각했다. 가톨릭 양왕은 콜럼버스를 배신했으며, 가난하고 쓸쓸한 노년을 보내는 콜럼버스를 돌보지 않았다. 배신을 당하기는 보압딜과 그라나다 왕국의 주민과 무슬림과 유대인도 마찬가지였다. 스페인 왕실은 훗날 이들을 외국인으로 간주하여 추방했으며, 이로써 스페인은 '부르주아 혁명'의 기회를 상실하게 되었다.

이것이 바로 아메리카 '아시아 존재'의 '발명'이다. 다시 말해서, 아메리카 대륙의 '아시아 존재'는 오로지 르네상스 시대 유럽인의 '상상' 속에만 존재했다. 콜럼버스는 공식적으로, 또 정치적으로 유럽에서 아시

---

37) 부록 3에서 대륙 A와 B 사이에 인도로 가는 통로가 있어야 한다.
38) Cristoforo Colombo, "Lettera Rarissima", ed. Navarrete, *Colección de los viajes y descubrimientos que hicieron por mar los españoles desde fines del siglo XV*, pp.303~304.

아로 가는 서쪽 문을 열었다. 그러나 콜럼버스의 '발명'으로 지구의 '세 부분'(유럽, 아프리카, 아시아)은 삼위일체처럼 여전히 존속하고 있었다.

그러므로 문제는 선험적 근거 위에 세워진 가설이다. …… (제4반도와 남미 대륙을) 반드시 분리해야만 북반구에 위치한 땅이 아시아라는 콜럼버스의 신념이 유지되는 것은 아니었다. …… 콜럼버스의 가설은 선입견을 극복하지 못했다. 그 결과, 예견하지 못한 곳에서 육지를 발견했음에도 새로운 사실을 발견하는 경험적 계기로 삼지 못했다.[39]

'아시아 존재'는 우연한 만남에서 '발명'되었다. 어쨌거나 아메리카를 '아시아'로 '발명'함으로써 대양, 즉 대서양은[40] 유럽과 대양의 서쪽 대륙 사이의 '중심'이 되었다. 이리하여 지중해는 절체절명의 위기를 맞았고, 1571년 레판토 해전과 더불어 숨을 거두었다. 투르크인과 무슬림은 '우리 바다'(지중해) 때문에 가난해지고, 금과 은의 대량유입으로(유럽 최초의 주변부 라틴아메리카에서 유입된 부로) 더욱 빈곤해졌다. 물론, 아직은 미래의 역사이다.

아무튼 콜럼버스는, 이미 얘기했듯이 최초의 '근대인'이다. 바꿔 말

---

39) O'Gorman, *La invención de América*, pp.64~65.

40) 현재의 대서양은 1492년 마르틴 베하임(Martin Behaim)이 제작한 지구의에서 유일한 '서쪽 대양'(Oceano Occidentalis)이었으며(Schmitt ed., *Die großen Entdeckungen*, vol.II, p.12 참고), '앤틸리스'가 한가운데 있었다. 1513년 발보아(Vasco Nunez de Blaboa)가 파나마 지협을 횡단하여 새로운 해양을 발견함으로써 비로소 '대양'은 '남해'(Mar del Sur, 후일 마젤란이 항해한 '태평양')와 '북해'(파나마 북쪽의 카리브 해, 대서양이다)로 나뉘었다. 그리고 아메리카는 '신대륙'(아메리고 베스푸치가 얼마 전에 발견한 것이다)으로 나타났다. 조그만 시누스 마그누스는 실제로는 거대한 태평양이었는데, 이 사실은 정말 아무도 몰랐다.

해서, 콜럼버스와 더불어 근대 역사가 시작되었다. 콜럼버스는 라틴유럽(반이슬람 유럽)에서[41] 공식적으로(이전의 수많은 사람들처럼 은밀히 항해한 것이 아니라[42] 권력을 등에 업었다는 의미로) '벗어난' 최초의 사람이다. 이리하여 역사의 '중심'으로서 유럽, 대서양 유럽, 서유럽의 '실존적 경험'이 '형성'되기 시작했다.[43] 이러한 '중심성'은 후일 기원으로 '투사'된다. 유럽의 생활세계에도 투영되어, 유럽은 아담과 이브 이래 역사의 '중심'이 된다. 아담과 이브 또한 유럽인이라고 여겨졌다.[44] 바꿔 말해서, 다른 문화가 배제된 '유럽성'의 기원 신화로 여겨졌다.

완전히 유럽중심적인 명제를[45] 내세운 오고르만은 '아메리카의 발명'을 이렇게 이해한다. "아메리카는 그런 인류 미래의 형상을[46] 즉자적으로 '현실화하는 가능성'[47] 외에 다른 여지가 없다. 따라서 …… 아메리

---

41) 부록 1에서 4번의 의미이다.

42) 두셀은 '무명의 항해사' 설을 염두에 두고 있다. 이 설에 따르면, 콜럼버스는 신대륙을 은밀하게 다녀온 무명의 항해사로부터 항해 정보를 얻고, 이른바 '콜럼버스의 가설'을 세웠다고 한다. ─옮긴이

43) 부록 1의 4번의 의미에서 7번의 의미로, 즉 '유럽중심주의'로 넘어간 것이다.

44) 오늘날 길거리에서 유럽인을 붙잡고 아담과 이브의 신화가 이라크에서 만들어졌다고 얘기하면 믿지 않을 것이다. 이라크는 '서양 기독교 문명'(영국, 프랑스, 스페인, 미국 등)의 병사들이 발사한 수십만 톤의 폭탄 세례를 받았다. 그처럼 신성한 장소가 폭탄에 파묻힌 것은 ─리처드 로티의 개념을 빌리면─ 대단한 "잔혹성"이다.

45) 오고르만도 프로이트와 똑같다. 프로이트는 실제 성을 기술할 의도였으나 결과적으로는 마치스모(Machismo)적인 성을 분석하고 말았다. 오고르만도 유럽중심주의가 아메리카 역사의 특성을 결정했다는 것을 기술하고, 비판할 의도였다.

46) 여기서 '형상'은 서양 문화이다. 그리고 아리스토텔레스 식으로 보자면 형상(morfé)은 '현실태'이다.

47) 오고르만은 아리스토텔레스의 가능태와 현실태(enérkheia)를 염두에 두고 있다. 오고르만처럼 알베르토 카투렐리(Alberto Caturelli)도 『양면의 아메리카』(América Bifronte)에서 아리스토텔레스의 개념을 적용하여 극우파의 시각으로 섬뜩하고 반동적인 해석을 한다. "조야한 아메리카"라는 것인데, 그렇다면 '존재'는 유럽이고, '질료', 즉 '가능태'는 아메리카이다. 다시 말해서, 헤겔의 생각과 마찬가지로, 아메리카는 순수한 가능태, 비존재이다

카는 유럽을 닮은 이미지로 발명되었다."[48] 반면에, 이 강연에서는 '발명'이라는 말로, 인도로 가는 항로에서 발견한 섬을 '아시아 존재'로 여긴 콜럼버스의 실존적 경험을 가리키고자 한다. '아시아 존재'는 위대한 지중해 항해자들의 관조적이고 미학적인 환상 속에서만, 상상 속에서만 존재할 뿐인 발명품이다. 타자, 즉 '인디오'는 '사라진' 것이나 마찬가지다. 타자로 발견된 것이 아니라 이미 알고 있는 동일자(아시아인)를 단지 인식한 것이다(따라서 타자로서는 부정된다). 즉, '은폐'이다.

2. '신세계'의 '발견'

'발견'은 '발명' 이후의 새로운 형태이다. 발견 또한 미학적이고 관조적인 경험이고, 새로운 것을 알고자 하는 탐구적이고, 어느 정도는 과학적

---

48) O'Gorman, *La invención de América*, p. 93. 다음 문장에서 오고르만의 존재론적 유럽중심주의를 확인할 수 있다. "이 말의 의미는, 닮은 이미지로 아메리카를 발명한 유럽이 개별화의 원리를 통해 고유한 문화, 즉 유럽 문화를 만들었다는 것이다. 그러나 고유한 것, 따라서 특수한 것이라고 해서 유럽이 배타적이고 특수하다는 말은 아니다. 자기 문화에 보편적인 의미를 부여하기 때문이다"(p.97). 이어서 오고르만은 유럽의 특수성과 보편성 사이의 긴장을 이렇게 설명한다. "그러한 긴장 속에 서유럽 문화의 역사적 우월성[sic]이 근거하고 있다. …… 유럽의 경우가 그러하듯이, 특정 실체를 개성화할 때 그 실체의 존재는 내적으로 영원히 위협을 받는다. 특수한 실체로서 자기 존재에서 보편적인 의미가 넘쳐나기 때문이다"(p.97). 이처럼 오고르만은 유럽(부록 1에서 6번의 의미), 즉 특수성이 어떻게 해서 서양 문화(부록 1에서 8번의 의미), 즉 보편성을 내부에 지니고 있는지 설명하고 있다. 이렇게 생각하는 사람들은, 서양 문화가 타자성으로부터 새롭고 풍부한 요소를 받아들이지 않았는데도 특수성을 벗어나 보편성이 되었다는 사실을 이해할 수 없을 것이다. 실상은 유럽적 특수성을 보편성인 체하며 다른 특수성(라틴아메리카, 아프리카, 아시아)에게 폭력적으로 강제한 것뿐이다. 이것이 가장 완벽한 '유럽중심주의'의 정의이다. 라틴아메리카인이 어떻게 이런 말을 할 수 있느냐고 유럽인은 되물을까? 바로 이런 것이 라틴아메리카 문화와 같은 피지배 식민문화의 내적 모순이다. 우리 내부에는 코르테스부터 시작해서 그 후손인 크리오요와 메스티소에 이르는 지배 엘리트가 지배자로 자리 잡고 있다.

인 경험이다. 발견은 처음에 완강한 저항을 유발하지만(모든 전통에 반하기 때문이다), 결국에는 '유럽세계'를 지구의 세 부분 가운데 하나로 표상하던 관례를 깨뜨린다.[49] '제4부분'을(아시아의 '제4반도'에서) 발견했을 때, 유럽은 이전과 다른 자기해석을 내놓는다. 지방적이고 르네상스적이고 지중해적인 유럽이 세계의 '중심'으로서의 유럽으로 탈바꿈한다. 즉, '근대' 유럽으로 탈바꿈한다. 근대성에 대한 '유럽적' 정의 ──예를 들어, 하버마스의 정의 ──는 '유럽'의 근대성이 다른 문화 전부를 '주변부'로 구성한다는 사실을 이해하지 못한 것이다. 이런 근대성에서 유럽의 타자는 부정되고, '근대화'[50] ──'근대성'과 동일한 것이 아니다──과정을 뒤쫓아 가야만 한다. 따라서 근대성에 대한 '세계적'(mundial) 정의를 내려야 하는데, 이런 맥락의 근대성('신화'가 아니라 '개념'으로서)은 엄밀하고 역사적이고 존재적으로 보아 대략 1502년에 탄생한다.[51] '발견'은 앞서 얘기했듯이, 유사과학적이고, 미학적이고, 관조적인 경험이다. 또한 시적이고, 기술적이고, 또 찬탄하게 되는, 인간 대 자연의 관계이다. 물론 이와 동시에 상업적인(대서양으로 진출하기 이전의 지중해세계 중상주의라는 의미에서)[52] 관계이기도 하다. 15세기 라틴유럽에서 포르투갈은

---

49) 부록 1의 5번의 의미에서 6번의 의미로 이동한다.

50) 존재론적으로 보면 '근대화'란, 가능태에서 현실태(존재론적 '발전주의')로 이행하듯이, 식민세계가 유럽이라는 '존재'를 모방하는 과정이다(오고르만은 유럽의 발명으로 진정한 아메리카가 형성된다고 생각한다). 이것이 '발전주의 오류'이다.

51) 두셀이 1502년이라는 시점을 특별히 정한 근거는, 앞으로 설명하겠지만, 아메리고 베스푸치가 항해를 마치고 돌아와 콜럼버스가 도착한 곳이 아시아가 아니라 '신세계'라는 의식을 하고, 이 사실을 이탈리아 메디치가의 로렌초와 피렌체의 소데리니에게 편지로 알렸기 때문이다. 앞의 편지는 '신세계'(Mundus Novus)라는 제목으로 1502년 파리에서 출판됐고, 뒤의 편지는 '아메리고 베스푸치가 네 번에 걸친 여행에서 새로 발견한 섬에 관한 편지'(Lettera di Amerigo Vespucci delle isole nuovamente trovate in quatro suoi viaggi)라는 제목으로 1504년에서 1505년 사이에 이탈리아에서 출판됐다. ─옮긴이

분명 선두에 있었다. 땅끝(Finis Terrae)에 위치한 대서양 국가이지만 교역이 활발한 열대 아프리카와 인접하고 있었다(영국은 그렇지 않았다).[53] 여기서 여러 가능한 길 가운데 하나를 되짚어 봄으로써 우리 이야기를 진행하기로 한다.

콜럼버스와 마찬가지로 이탈리아 출신이지만 이제 포르투갈 관청 소속원으로 일하게 된 아메리고 베스푸치는 1501년 5월 인도를 향해 리스본을 떠났다. 베스푸치의 의도는 제4반도 하단으로 항해하여 시누스 마그누스를 통과함으로써 목적지에 도착하려는 것으로, 이전 여행에서는 실패한 계획이었다.

> 왜냐하면 제 의도는 시누스 마그누스와 붙어 있으며, 프톨레마이오스가 카티가라 곶이라고[54] 지칭한 곳을 돌아갈 수 있는가를 살펴보는 것이었습니다.[55]

---

52) Fernand Braudel, *The Mediterranean and the Mediterranean World in the Age of Philip II*, New York: Harper and Row, vol.1-2, 1973; Fernand Braudel, *The Wheels of Commerce*, Civilization and Capitalism: 15th 18th Century vol.II, London: Collins, 1982; Immanuel Wallerstein, *The Modern World-System I: Capitalist Agriculture and the Origins of the European World-Economy in the Sixteenth Century*, New York: Academic Press, 1974 참고.

53) 대서양 진출은 거대한 혁명이었다. Pierre Chaunu, *Séville et l'Atlantique(1504-1650)*, vol. 11, Paris: SEVPEN, 1955-1960 참고.

54) 부록 4의 마르텔루스 지도에서 카티가라(Catigara, 현재의 페루 부근)를 참고하라. 아널드 토인비는 카티가라가 마카오 근처라고 보았다(Arnold Toynbee, *A Study of History*, London: Oxford University Press, vol.I-XII, 1934-1959, p.131). 태평양을 사이에 두고 있는 남미와 중국을 같은 곳으로 혼동한 게 여실히 드러난다.

55) 1500년 7월 18일 편지(Vespucci, *Cartas*, 98. O'Gorman, *La invención de América*, p.122에서 재인용).

인도에 도착하려면 해협을 발견해야 했다. 분명한 사실은, 베스푸치가 현재 브라질의 해변에 도착했으며,[56] 시누스 마그누스에 갈 수 있다는 확신에서 남쪽으로 항해를 계속했다는 것이다. 이로써 포르투갈인들은 동부 아프리카에서 브라질까지 관장하게 되었다.[57] 실제로, 해안은 남쪽으로, 다시 말해서 아시아의 제4반도 남쪽으로 계속되고 있었다. 베스푸치의 계획은 점점 예상에서 빗나갔고, 가정과 완전히 반대되는 것으로 드러났다.

땅은 광대했고, 주민은 낯설었다. 지중해 문화가 축적한 모든 지식의 선험성은 의심받기 시작했다. 그리스인과 아랍인의 지식은 물론 로마인의 지식까지 의심받았다. 마르텔루스라고 예외는 아니었다. 베스푸치는 남쪽으로 항해하여 그때까지 미지의 영역이던 남미 곳곳에 들렀다(마치 요단강까지 간 것 같았다). 1502년 9월, 베스푸치는 시누스 마그누스에는 가 보지도 못한 채 리스본으로 귀환했다. 베스푸치는 인도로 가는 길을 찾지 못했다. 그러나 항해자에서 점차 '발견자'로 변해 갔다. 그리하여 우리 강의의 논의 방향을 밝혀 주는 계시적인 편지를 쓰게 되었다. 신세계(중국과는 별개의 남미이다)를[58] '발견'했다고 의식하기 시작한 것이다. 메디치가의 로렌초에게 보낸 편지에서[59] 베스푸치는 의식

---

56) 베스푸치는 부록 3의 화살표 5를 따라서 물음표가 있는 곳까지 둘러보았다. 그러나 1489년에 마르텔루스는 이를 완벽하게 그려 놓았다(부록 4).
57) Pierre Chaunu, *Conquête et exploitation des Nouveaux Mondes*, Paris: PUF, 1969, pp.177ss. 참고. 1500년에서 1515년 사이에 '이슬람 해', 즉 '아랍 해'를 장악하게 되었다. 이런 소식은 아메리고 베스푸치가 인도에서 돌아온 페드로 알바레스 카브랄(Pedro Alvarez Cabral)을 만나서 듣게 되었다.
58) 아메리고 베스푸치가 신대륙이라고 명명한 곳은 아메리카 대륙 전체가 아니라 남미 대륙에서도 현재의 브라질 부분이었다.─옮긴이
59) Schmitt ed., *Die großen Entdeckungen*, vol.II, pp.174~181 참고.

적으로 그리고 '유럽 역사상 최초로', 콜럼버스가 발견한 시누스 마그누스 남동쪽의 땅덩어리는[60] (콜럼버스는 미지의 아시아라고 믿었다)[61] 유럽의 "대척지", "지구의 제4부분"이며,[62] 아주 원시적이고 벌거벗은 사람들이 사는 곳이라고 밝혔다. 1502년부터 신세계에 관한 편지를 쓴 1503년이나 1504년 사이에 베스푸치는 어떤 일이 일어나고 있는지 분명하게 의식하게 되었다. 그리고 몇 년 후에는 천 년 동안 유지된 세계관(Weltanschauung)을 재구성하기 시작했다. 이 '발견자'의 구체적인 '자아'에서 르네상스기의 중세는 끝나고, 근대로 넘어오게 되었다. 콜럼버스가 '개시적인 의미에서' 최초의 근대인이라면, 아메리고 베스푸치는 근대 형성기를 마감한 사람이다. 즉, 유럽에게 미지의 '신세계'가 열렸다. 아니, 유럽이 '신세계'에게 열린 것이다! 다시 말해서, 유럽은 이슬람 세계로 '포위된 특수성'에서[63] 새로운 '발견적 보편성'으로 넘어가게 되었다. 이것은 통시적으로 보면 자아 형성의 첫걸음이며, 나중에는 '생각하는 자아'(ego cogito)에서 실천적인 '권력의 의지'로 넘어갈 것이다. 오고르만은 아래 글에서 매우 정확하게 짚고 있다.

베스푸치는 '세계'에 대해 이야기할 때 외쿠메네(Ökumene) 개념을 언

---

60) 이미 언급했듯이, 부록 4의 마르텔루스 지도에 이 땅덩어리가 나타나 있다.

61) 베스푸치는 여러 가지 사실을 기술한다. 남위 50도까지 내려갔으며, 새로운 별을 발견했고, 하나의 대륙이며, 낯선 동물이 너무 많아서 그 동물이 모두 "노아의 방주 속에 들어갔다"고 는 믿을 수 없을 정도라고 말한다(Schmitt ed., *Die großen Entdeckungen*, pp.176~177).

62) "나는 세계의 제4부분을 항해했다"(Schmitt ed., *Die großen Entdeckungen*, p.176). 오고르만은 이것이 '제4대륙'을 의미하지 않는다고 지적한다(O'Gorman, *La invención de América*, p.125). 그러나 '제4부분'이 새로운 대륙이 아니라면 베스푸치는 무슨 생각으로 그런 말을 했을까?

63) 6강의 '부연 설명: 이슬람 세계의 주변부로서 유럽'을 참고하라.

급한다. 다시 말해서, 지구에서 인간이 거주하기에 적합한 부분만을 '세계'로 간주하는, 오래된 관념을 언급한다. 따라서 베스푸치는 최근에 탐험한 여러 나라를 '신세계'로 지칭하는 것이 합당하다고 생각했다. 왜냐하면 베스푸치의 의도는 여러 외쿠메네 가운데 하나를 우연히 찾았다는 사실을 공표하는 것이었기 때문이다.[64]

이제 이 모든 것이 '발견'이라는 표현으로 압축되었다. 그 시기는 1507년 마티아스 링그만(Matthias Ringmann)과 마르틴 발트제뮐러(Martin Waldseemüller)가 『우주지 서설』(*Cosmographiae Introduction*)에서 '지구의 제4부분'을 언급하고 지도에 그린 다음, '발견자' 아메리고 베스푸치를 기념하여 '아메리카'라고 명명할 때였다.[65] 오고르만의 존재론적 입장에서 보면, 앞서 언급한 경험은 새로운 것의 '발견'이 아니라 질료 또는 가능태의 인식에 지나지 않으며, 이러한 가능태에서 유럽인은 자신과 "유사한 이미지"를 '발명'하기 시작한다. 아메리카는 '상이한' 그 무엇으로, '타자'로 발견된 것이 아니라 동일자를 투사하는 질료로 발

---

64) O'Gorman, *La invención de América*, p.62. 오고르만이 보기에 이는 전혀 독창적이지 않다. 그렇지만 그가 간과한 사실은 베스푸치가 '세계'에 대한 새로운 의미를 부여했다는 것이다. 즉, '신세계'와 '구세계'가 단 하나의 '세계'를 형성한다. 이로써 '구'세계의 비전이 보편화된다. '구'(舊)라는 것이 더 이상 '현'(現)은 아니기 때문이다. 바꿔 말해서, 구세계와 신세계를 포함하는 '새로운' 지평이 존재한다. 이는 베스푸치 자신의 경험적 의식에서 태동한 근대성의 지평으로, 구세계+신세계(새로운 특수성)=새로운 지구세계(새로운 보편성)이다. '유럽중심주의'는 구세계('중심'으로서)를 새로운 지구세계와 동일시하는 것이다.

65) 물론, 아직은 남미 대륙에만 해당된다. 북미는 여전히 중국 땅과 혼동되고 있었다. 북미는 여전히 아시아의 일부로 여겨졌으며, 남미와 연결된 땅인지 아닌지는 전혀 모르고 있었다(Schmitt ed., *Die großen Entdeckungen*, pp.13~17). 스페인, 포르투갈, 라틴아메리카에서 19세기 초까지 사용하던 명칭은 '서인도'이지 아메리카가 아니었다(아메리카는 북반구 신흥 유럽 강국이 부여한 명칭으로, 17세기 말까지도 스페인과 포르투갈은 전혀 모르고 있었다).

견된 것이다. 따라서 '타자의 출현'이 아니라 '동일자의 투사'이다. 즉, 은폐이다. 하버마스도 본질적으로 동일한 얘기를 하는데, 표현방법이 다르다. 근대성을 유럽적으로 정의하기 때문에, 앞서 언급했듯이 새 시대는 르네상스, 종교개혁과 더불어 시작되어, 계몽주의에서 정점에 이른다. 라틴아메리카, 아프리카, 아시아가 존재하든 말든 이 프랑크푸르트학파 철학자에게 뭐가 그리 중요하겠는가! 하버마스는 근대성에 대해 전적으로 '유럽 내적인' 정의를 내놓는다. 따라서 자기중심적, 유럽중심적 정의이며, 이런 정의에서 유럽의 '특수성'은 앞서 언급한 사실을 전혀 의식하지 못한 채 세계적 '보편성'과 동일시된다. 오고르만은 유럽의 신대륙 지배와 관련된 사항을 정확하게 기술하고 있으나 아메리카를 부정한다. 왜냐하면 아메리카를 질료로, 가능태로, 비존재로 정의하기 때문이다. 하버마스는 라틴아메리카의 발견이 자신의 논의와 아무런 관련도 없다고 생각한다. 사실, 헤겔과 마찬가지로, 역사를 살펴보지도 않는다.

1502년에서 1507년 사이에 역사적으로, 경험적으로 이뤄진 '발견'으로, 당시까지 유럽이 전혀 모르던 대서양 서쪽에 인간이 거주하는 대륙이 존재한다는 사실이 분명해졌다. 또 유럽인 생활세계의 존재론적 이해의 지평도 역사를 '세계적인 사건'(weltliche Ereignis)으로, 지구적인 사건으로 새롭게 '이해'하는 방향으로 '열리게' 되었다. 1520년에 발견은 사실상 마무리된다. 이 해, 마젤란 탐험대의 생존자 후안 세바스티안 엘카노(Juan Sebastián Elcano)는 마젤란 해협을 발견하고, 태평양(이제야 비로소 시누스 마그누스라는 가설이 폐기된다)과 인도양을 가로질러 최초로 지구를 일주하고 세비아에 도착했다. 이제 원은 닫혀졌다. 지구는 '세계사'의 무대로 '발견'되었다. 최초로 '제4부분'(아메리카)이 나타나고, 아시아의 '제4반도'로부터 분리된다. 유럽 또한 최초로 일반적인 인간사의 '중심'이라고 자기해석을 하게 되고, 이로써 유럽의 '특수한' 지평은 '보편적' 지평(서양 문화)으로서[66] 전개된다. 근대 '자아'는 '비자아'(no-ego)와 맞닥뜨림으로써 나타났다. 유럽이 발견한 새 땅의 주민은 타자가 아니라 정복되고, 식민화되고, 근대화되고, 문명화된 동일자로, 근대 자아의 '질료'로 나타난다. 그리하여 유럽인(특히 영국인)은, 앞서 인용했듯이 "전 세계의 문명 전도사"로,[67] 특히 "야만족"의[68] 전도사로 변신한다.

유럽은 다른 문화, 다른 세계, 다른 인간을 대상(ob-jeto)으로, 다시 말해서 자기 눈 '앞에'(ob-) '내던져진'(-jacere) 것으로 구성한다. '덮인'(cubierto) 것은 '덮은 것이 벗겨진'(des-cubierto, 발견된) 것이 되었다. 즉, '생각되는 나를 생각하는 자아'(ego cogito cogitatum), 유럽화된 자아이지만 그 즉시 타자로서 '안에 넣고 덮은'(en-cubierto, 은폐된) 것이 된다. 동일자로 형성된 타자이다.[69] 근대 자아는 다른 지역을 정복하고

---

66) 헤겔이 말한 유럽 '문명'의 존재론적이고 섭리신학적인 의미.

67) Georg Wilhelm Friedrich Hegel, *Philosophie der Geschichte*, in *Werke*, vol.12, Frankfurt: Suhrkamp, 1970, p.538.

68) "… barbarischen Voelkern"(ibid., p.538).

69) 이것이 1969년 이래 필자가 천착한 해방철학의 본래 주제이다. 내 모든 저술, 특히 『라틴아메리카의 해방 윤리학을 위하여』(*Para una ética de la liberación latinoamericana*) 1, 2권과 이후에 출판한 3, 4, 5권(1975년 아르헨티나에서 망명할 때까지 저술한 책)은 이 명제를 분석하고 있다. 이 다섯 권의 책에서는(1969년부터 1975년까지 쓴 저술로, 1973년부터 부에노스아이레스에서 출판되었고, 멕시코에서 1979년까지 출판되었다) 1960년대 말의 '후기 하이데거', 프랑크푸르트학파(특히 마르쿠제), 에마뉘엘 레비나스의 윤리학적 입장을 받아들여 인디오, 지배받는 여성, 교육적으로 소외된 어린이와 같은 '타인'(Autrui)에서 출발한 윤리학을 발전시켰다. 이는 유럽적인 '동일자'의 지평에서 아메리카 '타자의 폭력적 부정'이라는 사실을 분석한 윤리학이다. 1977년에는 『해방의 윤리학』(*Etica de la liberación*) 세 권을 멕시코에서 새로 출판하였다. 여담이지만 1982년에 상당 기간 멕시코에 머물면서 연구한 츠베탕 토도로프는 『아메리카의 정복』이라는 책에서 동일한 주제를 거장다운 솜씨로 전개하고 있다(Tzvetan Todorov, *La conquête de l'Amérique*, Paris: Seuil, 1982). 필자는 1978년에는 살라망카의 시게메 출판사에서 『식민지 기독교 세계의 해체와 해방』을 출

이렇게 자기를 형성함으로써 '탄생'한다. 이러한 타자(동일자이기도 하다)는 페르난데스 데 오비에도의 모순적인 설명에서 잘 드러난다.

인디아스의 이 사람들은 비록 이성적이고[sic] 또 신성한 노아의 방주 후손이기는 하나, 우상숭배, 희생제의, 극악무도한 의식을 행하기 때문에 비이성적이고[sic] 금수 같다.[70]

타자는 오비에도에게 '금수'이고, 헤겔에게는 '미래'이며, 오고르만에게는 '가능성'이고, 알베르토 카투렐리에게는 '조야한 질료'이다. 즉, '덮은 것이 벗겨진'(발견된) 투박한 덩어리로 '서양 문화'의 유럽 '존재'가 문명화시켜야 하는 존재이지만, 그 존재의 타자성은 '안에 넣고 덮은'(은폐된) 것이 된다.

판했는데, 이 책에서는 '라스 카사스의 예언적이고 변증론적인 작품'을 한 단락으로 서술하고(Enrique Dussel, *Desintegración de la cristiandad colonial y liberación*, Salamanca: Sígueme, pp.146ss.), '하느님은 스페인에 진노와 분노를 내리리라'라는 라스 카사스의 텍스트를 평함으로써, 인디아스에서 저지른 불의 때문에 스페인은 파괴되리라고 믿은 라스 카사스의 예언적 주제를 논의했다. 그리고 결론으로 다음과 같이 말했다. "라스 카사스는 자신의 외재성(extériorité)에 있는 인디오를 존중했다. …… 이것은 곧 라스 카사스가 체계의 지평을 뛰어넘어 '타자로서 타자의 외재성'에 자신을 개방한다는 것이다"(p.147). 토도로프는 동일한 문헌(라스 카사스 저작의 출처를 밝히지 않는다)과 어휘를 동원하여 동일한 주제를 재론한다(Todorov, *La conquête de l'Amérique*, pp.255ss.). 따라서 이 강연의 제목은 내가 20여 년 전부터 추구해 온 이론적 입장을 표명하고 있다. '은폐'로서 타자의 출현과 부정의 문제는 1970년 이래 내 사유의 출발점이다. 이런 주제는 스페인어로 출판한 저술에서 과도할 정도로 반복해서 얘기했는데도 현실은 마치 그런 책이 언제 나왔냐는 식이다. 이것이 피지배 주변부 문화의 치욕이다.

70) Gonzalo Fernández de Oviedo, *Historia general y natural de las Indias*, libro III, cap. 60. [곤살로 페르난데스 데 오비에도는 스페인 출신의 연대기 작가로, 1513년부터 네 번에 걸쳐 아메리카를 여행했다. 두셀이 인용한 책은 1526년에 출판되었다. ─옮긴이]

3강_ '정복'에서 생활세계의 '식민화'로

(마지막) 이유는, 수도 없이 죽고 파괴되었으며 무수한 기독교인도 생명을 잃었기 때문인데, 이는 오로지 단기간에 금을 얻고, 부를 늘리며, 또 다른 사람들과는 비교도 안 되는 높은 지위에 오르고자 원하기 때문입니다. 만족을 모르는 저들의 탐욕과 야욕이 (원인이었습니다). …… 무례를 무릅쓰고 폐하에게 탄원하오니, 포악한 자들이 일으키고, 추구하고, 저지른 일, '이름하여 정복'을 허락하지도, 용인하지도 마십시오.
— 바르톨로메 데 라스 카사스, 『인디아스 파괴에 관한 간략한 보고서』[1], 서문

이제 세번째 형태인 '정복'을 살펴보자. 정복이라는 형태는 새로운 세계의 '발견'처럼 미학적이거나 유사과학적인, 인간 대 자연의 관계가 아니다. 이 형태는 실천적이다. 정치적이고 군사적인, 인간 대 인간의 관계이다. 새로운 영토에 대한 인식이나 조사(기후와 지명과 동식물의 기술, 지도 작성)가 아니라 인간을, 민족을, '인디오'를 지배하는 일이다. 이제 '이론'이 아니라 지배의 '실천'(praxis)이다. 13세기의 『7부 법전』(*Siete Partidas*)에 나타나 있듯이, 스페인에서는 718년 '재정복'이 시작된 이래, 정복은 사법적이고 군사적인 형태였다. 1479년 가톨릭 양왕은 "우리의 성스러운 신앙 가톨릭의 적이자 불충한 사람들이 사는 그란 카나리아(Gran Canaria)를 정복하기 위하여 우리의 대장과 병사를 파견하노라"[2]라고 말한 바 있다.

---

1) Bartolomé de las Casas, *Brevísima relación de la destrucción de las Indias*, in *Obras escogidas*, Madrid: BAE, 1958.
2) Silvio Zavala, *La filosofía de la conquista de América*, México: Fondo de Cultura Económica, 1977, p.24에서 재인용.

1. '정복하는 자아'(ego conquiro)의 현상학을 향하여

지리적으로 영역을 인식한 후에는 몸, 사람에 대한 지배로 넘어갔다. 그 당시 표현으로는 "사람들을 위무할" 필요가 있었다. 다른 민족에 대한 스페인 세계(후일에는 유럽 일반)의 지배를 확립한다는 것은 군사행동, 전쟁이다. '정복자'는 활동적이고 실천적인 최초의 근대인으로, 폭력적인 '개성'을 다른 사람들, 즉 타자에게 강요한다. 발보아가[3] 최초의 '뭍'(Tierra Firme)[4] 정복자이자 식민지배자였다면,[5] 그런 명칭을 처음으로 부여받은 사람은 에르난 코르테스(Hernán Cortés)이다. 따라서 이러한 유형의 근대적 '주체'의 예로 코르테스를 들고자 한다. 산토도밍고에서[6] 쿠바에 이르기까지 카리브 해의 정복은 그렇지 않았다. 단지 부족, 종족 등 도시문화가 없는 인디오만 있었다. 체계적인 지배라기보다는 학살과 비조직적인 점령이었다. 신세계에서 처음으로 정복당한 아스테카 제국의 경우는 전혀 달랐다.

　　스페인 엑스트레마두라 지방 출신의 가난한 이달고[7], 에르난 코르

---

3) 바스코 누녜스 데 발보아(Vasco Núñez de Balboa)는 1519년, 스페인 2등급 귀족 페드라리아스(Pedrarias)에게 살해되었다.

4) '섬'과 대비되는 '뭍', 즉 아메리카 대륙을 의미한다. 발보아가 점령한 '티에라 피르메'는 현재의 파나마 지역이다.——옮긴이

5) Carl Ortwin Sauer, *Descubrimiento y dominación española del Caribe*, México: Fondo de Cultura Económica, 1984, pp.369ss.; Georg Friederici, *El carácter del descubrimiento y la conquista de América*, México: Fondo de Cultura Económica, 1987 참고.

6) 산토도밍고(Santo Domingo)는 현재 아이티와 도미니카공화국이 분점하고 있는 이스파니올라 섬을 가리키는 식민시대 지명이다. 이 섬은 후일 프랑스가 지배할 때는 생도맹그(Saint Domingue)로 불렸다. 도미니카공화국의 현 수도 산토도밍고와는 구별해야 한다.——옮긴이

7) 이달고(hidalgo)는 '누구의 아들'이라는 말에서 유래한 단어로, 최하위 귀족에 속한다. 후안 데 토르케마다 수사의 이야기를 들어 보자. 『인디아스의 군주정치』의 '멕시코의 정복에 대

테스는 1485년 메데인에서 태어나("루터와 같은 해에 태어났다"고 토르케마다는 쓰고 있으나 루터의 출생연도는 1483년이다)[8], 14살 때 문학을 공부하려고 살라망카로 떠났다. 그러나 얼마 후에는 "공부에 염증도 나고, 학비도 없어서"[9] 나폴리로 향하려다가 발길을 돌려 1504년 인디아스에 도착했다(바르톨로메 데 라스 카사스보다 1년 늦게 도착했다. 또 이해 처음으로 이스파니올라 섬에 아프리카 노예가 들어왔다). 코르테스는 산토도밍고 섬에서 5~6년 동안 위탁제도[10] 농장주로 체류하면서 '농장'

하여'에서 그는 이렇게 얘기한다. "우리 주 예수그리스도가 탄생한 지 1519년이 되며, 지고한 로마 교황청에서 레온 10세 성하가 교회를 다스리고 있으며, 카를로스 5세라는 이름의 가톨릭 황제가 기독교 왕국의 독실한 군주로 계시던 해에 …… 이 아나우악(Anahuac) 땅에 고명하고 축복받은 코르테스 대장이 하선(下船)하였다"(Juan de Torquemada, *Monarquía indiana*, México: UNAM, vol.II, 1975, p.7).

8) ibid., p.7. 토르케마다는 이렇게 덧붙인다. "루터는 작센의 아이슬레벤에서 태어났고, 에르난 코르테스는 스페인 에스트레마두라 지방의 도시 메데인에서 태어났다. …… 이 기독교 대장은 무수히 많은 사람을 로마 가톨릭 교회로 인도하기 위해 태어났다"(p.7). 아무튼 토르케마다는 철저한 반(反)루터파인데, 근대성(베버나 하버마스보다 훨씬 넓은 의미로)의 양면을 드러내고 있다. 한 면은 종교개혁의 와중에 있던 유럽이요, 그 이면은 주변부 세계이다. 이런 것이 보편적인(유럽적이고 라틴아메리카적인) 비전이다. 아울러, 토르케마다는 1485년 아스테카인이 '대신전'(Templo Mayor)을 지어 신에게 봉헌했다고 밝히고 있다(p.8). 이에 근거하여 토르케마다는 "이 불쌍한 사람들의 비탄"에 귀 기울이사 하느님은 코르테스를 "이집트에 나타난 새로운 모세로서" 어머니 품에 부르셨다고(잉태하게 하였다고) 얘기한다(p.8). 우리는 토르케마다의 이런 설명 ──정복자를 해방자로 간주하고 있으며, 세풀베다(Juan Ginés de Sepúlveda) 역시 마찬가지다── 을 수용하지 않는다. 다만 강조하고 싶은 것은 세 무대에서 움직인다는 것이다. 즉, 유럽 중심(루터), 스페인(코르테스), 아스테카(멕시코)이다.

9) ibid., p.13.

10) 위탁제도(encomienda)는 식민시대 원주민 노동력 동원 방식이다. 스페인 왕실은 정복자나 스페인인에게 일정한 수의 원주민을 위탁하였다. 위탁을 받은 사람은 전투적인 원주민의 공격으로부터 원주민을 보호하고, 가톨릭 신앙으로 인도하는 책무를 지며, 반대급부로 위탁된 원주민의 노동력을 무임금으로 농장 등 각종 노동현장에 동원할 수 있었다. 이 제도는 곧 원주민 노동력을 스페인 왕실이 분배하는 분배제도(repartimiento)로 대체된다. 위탁제도나 분배제도 모두 원주민 노동력에만 국한될 뿐 원주민 소유의 토지까지 위탁하거나 분배한 것은 아니었다. 이 책에서는 위탁을 받은 사람(encomendero)을 '위탁제도 농장주'로 번역하였다. ──옮긴이

(granjerias)에서[11] 인디오를 착취했다. 디에고 벨라스케스를 따라서 쿠바 '정복'에 나섰으며, "자기가 부리는 인디오를 동원하여 다량의 금을 캐내 삽시간에 부자가 되었다".[12] 이후 몇 번 더 모험에 나서 대장에 임명되었으며, 1517년에 발견한 유카탄 지역을 '정복'하기에 이르렀다. 코르테스는 원정에 앞서 두 번에 걸친 사전 탐험에 나섰다. 이때 해안에서 "지금까지 저 섬들에서는 본 적이 없는 여러 석조건물과 화려하고 호사스러운 옷을 입은 사람들을" 볼 수 있었다.[13] 카리브 해 인디오들은 벌거벗고 다녔고, 지붕에 기와를 이는 기술을 몰랐다. 6강에서 살펴보겠지만, 태평양 해안에서 바라본 도시문화는 그렇지 않았다. 테라노바에서[14] 파타고니아까지 '발견'한 유럽인들은 그저 촌락문화, 채집과 수렵 문화, 유목문화를 접했을 뿐이다. 도시문화는 25년이 지나도록 발견자들의 시야에 나타나지 않았다. 동양에 가려고 태평양 쪽만 바라보았기 때문이다. 유럽인들이 처음 본 도시문화는 바로 카리브 해안과 가까운 마야 문화와 아스테카 문화였다.

'정복'은 타자를 변증법적으로 동일자에 포함시키는 군사적이고, 실천적이고, 폭력적인 과정이다. 타자는 '구별' 속에서[15] 타자로서 부정된다. 이러한 타자는 도구, 피역압자, 피위탁인,[16] 후일 아시엔다(hacienda)

---

11) 요즘의 의미로는 '사업'(business)이다.

12) Torquemada, *Monarquía indiana*, vol.II, p.16.

13) ibid., p.19. 쿠바의 스페인들이 가장 열광한 이야기는 이런 것이었다. "그 시대 사람들의 이야기는 다른 게 아니었다. 그들은 미다스 왕이나 다를 바가 없으며, 가장 큰 기쁨은 금과 은이었다. 오로지 부만 입에 올렸다"(p.21).

14) 테라노바(Terranova)는 현재의 뉴펀들랜드 섬을 말한다.— 옮긴이

15) 필자는 『해방철학』에서 전체성 내의 '차이'(diferencia)와 실제 타자성과 관련된 '구별'(distinción)을 구분했다(『해방철학』의 '개념 찾아보기' 참고).

16) 위탁제도는 라틴아메리카의 식민경제 형태이다. 이슬람세력이 지배하던 시대에 스페인

농장에서는 '임노동자', 제당공장과 기타 열대작물 농장에서는 아프리카 노예가 되어 지배적인 전체성에 강제적으로, 포섭적으로, 소외적으로 편입되었다. 한편, '정복자'의 주체성은 실천을 통해서 점진적으로 구성되고 확장되었다. 코르테스는 "그해(1518년) 시장이었으며, 시장으로서 만족과 긍지를 느꼈다. 그리고 사람들을 자기 뜻대로 다룰 줄도 알았다".[17] 앞서 얘기했듯이, 벨라스케스는 코르테스를 '총사령관'으로 임명하고, 최근에 발견한 땅을 '정복'하도록 명했다. 코르테스는 그동안 축적한 재산을 모두 이 정복 사업에 투자했다. 코르테스의 주체성에 대해 토르케마다는 이렇게 언급한다.

> 여기서 코르테스는 총사령관으로서 '자신을 대우'하기 시작했다. 집안에 집사, 시종, 여자 시종, 기타 관리와 명망가를 두었기 때문이다.[18]

엑스트레마두라 지방 출신의 가난한 이달고가 이제 총사령관이 되고, 또 총사령관답게 행세한다. 근대 자아가 형성되고 있었다. 코르테스는 선박 11척, 병사 508명, 말 16필, 대포 10문으로 출정했다. 토르케마다는 코르테스의 출정을 콘스탄티누스 황제에 빗대어 이렇게 얘기한다.

> 이번 출정에서 코르테스는 검은 호박단 천에 붉은 십자가를 새겨 놓은

의 안달루시아 지방에도 이런 제도가 있었다. 정복자가 동원할 수 있는 인디오를 피위탁인(encomendado)이라고 하며, 농촌에서, 사금 채취장에서, 광산에서 무상으로 노동했다. 페루에서는 미타(mita) 제도라고 부르기도 하였다. 이런 제도들은 근대성이 주변부 세계에서 새롭게 시작한 다양한 지배 방식이다.

17) Torquemada, *Monarquía indiana*, vol.II, p.32.
18) ibid., p.37.

깃발을 가져갔다. 청색과 백색 불꽃이 산재하고, "십자가를 따르라, 이 표시로 우리는 승리하리라"라는 문구가 새겨져 있었다.[19]

코르테스는 아주 유능한 연설가였다. 출정하기 전이나, 전투를 벌이 거나, 승리했을 때, 코르테스의 연설은 천박하지 않고 깊이가 있어, 병사 들의 심금을 울렸다. 코르테스의 "열정적인 말에서 병사들은 용기를 얻 었고, 승리를 쟁취하고자 열망했다"고 토르케마다는 쓰고 있다.[20] 1519 년 2월 18일 코르테스 원정대는 쿠바를 떠났다. 유카탄 반도의 해안에서 여러 가지 일을 겪은 다음에 아스테카 제국의 동쪽 해안 산 후안 데 울루 아(베라크루스)에 도착했다. 토르케마다에 따르면, 이곳에서 코르테스는 아스테카인들과 목테수마 황제의 소식을 들었다. 목테수마 황제도 스페 인인들이 두 번이나 해안에 출몰했다는 사실을 잘 알고 있었다. 그리할 바의[21] 원정 소식이 황제에게 보고되었기 때문이다.

여기에 모인 우리 모두는, 거대한 수상가옥(선박을 그렇게 불렀다)을 타고 해안에 도착한 신들을 보았다. …… 목테수마는 '혼자 남아 생각 에 잠겨 있었다. 왕국에서 생긴 매우 신기한 일을 아직도 의심쩍어 했

---

19) ibid., p.39. 몇 년 뒤, 리마의 대주교 토리비오 데 모그로베호(Toribio de Mogrovejo)는 비판 적인 의도로 코르테스가 자신을 "인디아스의 새로운 기독교 세계"의 창설자, 즉 새로 등장 한 콘스탄티누스로 여긴다고 썼다. [전하는 이야기에 따르면, 로마의 콘스탄티누스 황제가 밀 비우스 다리에서 전투를 벌일 때 하늘에 십자가 모양이 나타나고, '이것으로 승리하리라'라는 글 자가 쓰여 있었다고 한다.—옮긴이]

20) ibid., p.41.

21) 후안 데 그리할바(Juan de Grijalva)는 코르테스보다 1년 앞선 1518년 쿠바에서 원정대를 이끌고 아스테카 제국(멕시코)의 해안에 나타났다.—옮긴이

다. …… 점성술사에게 들은 얘기를 기억해 내고' …… 한때 사람들이 신으로 경배했으나 어느 날 동쪽으로 떠난 케찰코아틀(Quetzalcóatl)일 것이라고 생각했다.[22]

황제의 첫 사절단이, 아직도 해안의 선박에 머무르고 있는 코르테스를 방문한 일을 다음과 같이 기술하고 있다.

자신들은 멕시코인이며, 거기에 머물고 있다고 알고 있는 신이자 왕인 케찰코아틀을 찾아 멕시코에서 왔다고 그 사람들은 대답했다.[23]

처음으로 코르테스는 자기가 저들에게 '신'이라는 사실을 알게 되었다. 이제 코르테스의 자아는 완전히 다른 방식으로 자리 잡기 시작한다.

저들의 신이자 왕이 여기에 있다고 알현하겠다는데, 이게 무슨 뜻일까? 에르난 코르테스는 그 사람들의 얘기를 들었다. 그리고 일행을 불러 모아 어떻게 할 것인지 심사숙고했다.[24]

코르테스는 신이자 왕에게 바치는 인사를 받았다("이윽고 그들은 땅에 엎드려 입을 맞추었다").

---

22) Torquemada, *Monarquía indiana*, vol.II, pp.58~59. 6강에서 목테수마(토르케마다는 'Motecuhzuma'라고 표기했다)의 '세계'를 다시 다루겠다. 지금부터는 토르케마다의 해석학적 관점에서 이야기를 전개하지 않겠다.

23) ibid., p.63.

24) ibid., p.63.

우리의 신이자 왕이시여, 당신의 종이며 신하인 우리들이 그토록 기다
리던 때에 오신 것을 진심으로 환영합니다.[25]

그 즉시 사절단은 "투구처럼 생긴 물건을 머리에 썼다. 황금과 값비
싼 보석으로 치장한 물건이었다". 첫날은 사절단을 잘 대접했다. 이튿날
은 정반대로 "사절단을 놀래 주려고 …… 싸울 테면 싸워 보라는 식으로
대포를 발사했다". 사절단은 겁에 질렸고, 또 싸울 의사도 없었다. 사실
체제가 정비된 아스테카 제국에서 사절단은 전사(戰士)가 아니었다. 스
페인인들은 "여자 같은 사람들"이라고 사절단을 쫓아내듯이 보내면서
이렇게 얘기했다.

멕시코에 가거든 저 사람들은 멕시코인을 정복하러 왔으니, 저들 손에
모두 죽을 것이라고 전하라.[26]

이렇게 두 '세계'는 조우했다. 하나는 근대 세계, 일반적인 합의에 따
라서 결정하는 '자유로운' 주체의 세계이고, 다른 하나는 신세계에서 가
장 큰 제국의 세계, 즉 전통과 점술과 종교의식과 제사의식과 신에 의해
전적으로 제한을 받는 세계이다. 아스테카인의 의식 속에서는 이런 말이
되울리고 있었다.

우리는 강하고 오래되었으며 이 땅에서 모두들 두려워하는데, 이런 우

---

25) ibid., p.63.
26) ibid., p.64.

리를 정복하겠다는 저들은 누구이며, 어디서 왔는가? ······ 목테수마는 사절단의 전언을 경청하고, 안색이 변했으며, 근심으로 정신이 혼미해진 것 같았다.[27]

불평등한 싸움이었다. 한편,

코르테스는 명성을 얻을 수 있는 기회를 놓치지 않았다. 부하들에게 전투 대형을 갖추라고 명하고, 화승총 병사들에게는 발포하게 하고, 기병들에게 전초전 시범을 보이도록 했다. 그러나 무엇보다도 원주민들이 신기하게 여긴 것은 천둥 같은 대포 소리였다.[28]

이 모든 것이 인디오의 종교적·상징적 '세계'를 '위협'하려는 심리전이었던 셈이다. 아스테카인들은 혼란에 빠졌다.

전사가 있었다고는 하나 침략이나 해전에 대비한 것은 아니었다. 아스테카인들은 항해도 못하는 바다에서 낯선 사람들과 전쟁을 하리라고는 상상조차 못했기 때문이다.[29]

이렇게 처음으로 타자, '외부' 사람, 아스테카인들은 항해할 수도 없는 바다 너머 아득한 동쪽에서 태양처럼 나타난 절대적인 이방인과 처

---

27) Torquemada, *Monarquía indiana*, vol.II, pp.66~67.
28) ibid., p.70.
29) ibid., p.70.

음으로 '관계'를 맺었다. 아스테카 세계의 새로운 시대에 의미를 부여하는 관계였다. 절대적인 이방인과의 '관계'란 바로 정복하고 지배하고 살해하러 온, 신과 같은 이방인의 지배였다. 이처럼 최초의 관계는 폭력적이었다. 즉, 정복자와 피정복자의 '군사적' 관계였고, 선진 군사기술과 후진 군사기술의 대립이었다. 근대 최초의 '경험'은 원시적이고, 조야하고, 열등한 타자에 대한 유럽 '자아'의 신적인 우월성이었다. 부와 권력과 영광을 열망하는, '탐욕'스런 폭력적·군사적 '자아'이다. 황제의 사절단은 코르테스에게 황금과 보석 등 화려한 선물을 보여 주었다.

그 자리에 참석한 사람들은 모두 수많은 재물에 놀라 숨도 못 쉬었다. 앞으로도 그런 사람이나 그보다 지위가 더 높은 사람을 만나고 싶은 마음이 간절했다. 그들은 황금을 가졌다는 생각에 가슴이 뛰고, 영혼에 생기가 돌았다.[30]

그리고 스페인인들은 셈포알라라는 큰 도시에 도착했다.

그곳에 들어가서 아주 크고 아주 싱그럽고 활기찬 마을을 보았다. 벽돌집과 석조건물이 즐비하고, 거리에는 그들을 구경하러 나온 사람들로 가득했다. 모두들 이 땅을 '새로운 스페인'이라고 불러도 나무랄 데가 없다고 느꼈다. …… 셈포알라는 대단히 큰 마을이었다.[31]

---

30) ibid., p.73.
31) ibid., p.81. "땅이 넓고 건물이 아름다워서 어떤 사람들은 세비야라고 불렀으며, 다른 사람들은 초목이 싱그럽고 과일이 풍부하기 때문에 비야 비시오사라고 불렀다."

코르테스는 재정복 시대의 기독교인처럼, 그라나다를 정복한 가톨릭 양왕처럼 행동했다. 때로는 인디오 세력과 동맹을 맺고,[32] 때로는 인디오 세력을 분열시키면서 서서히 승리를 거두었다. 한 줌밖에 안 되는 스페인 병사들은 격렬한 전투를 치르면서 지난 7세기 동안 이베리아 반도에서 이슬람 세력과 싸울 때 개발한 각종 전술을 동원했다. 화기와 대포를 사용하고, 훈련시킨 맹견으로 살인하고, 아스테카인들이 미지의 신이라고 여긴 말[馬]을 동원했다. 스페인인들의 사기, 위선, 거짓말, 정치적 술책은 아주 효과적이었다. 이런 전술 앞에서 비록 백여 개의 부족을 지배하고 있었음에도 불구하고 근대인이 보기에는 너무나 순진하게 말을 곧이곧대로 믿는 아스테카인들은 당황했다.

> 아주 이상한 사람들이 도착했다는 소식이 그 땅 전역에 퍼졌다. …… 아스테카인들은 땅을 잃게 되었다고 두려워한 게 아니라 '세상이 끝났다고' 여겼기에 두려워했다.[33]

실제로 한 '세계'가 종말을 고했다.[34] 그러므로 '두 세계의 만남'이라

---

32) 15세기 멕시코에는 여러 왕국이 있었다. 아스테카 제국은 무력으로 이러한 왕국을 정복했으나, 직접 지배하는 대신에 기존의 왕권을 유지시키고 정기적으로 공물을 받았다. 코르테스는 이러한 반아스테카 세력과 연합군을 구성하여 아스테카 제국의 수도 테노츠티틀란을 함락시켰다. ─옮긴이

33) Torquemada, *Monarquía indiana*, vol.II, p. 91. 조금 뒤에는 이렇게 얘기한다. "예전에 나타난 여러 징조와 조짐은 세계의 종말이고 끝이라는 의미라고 사람들은 말했다. 그래서 한없이 슬퍼했다"(p.91). 재미있는 사실은, 헤겔이 보기에 유럽의 역사가 "역사의 기원이자 끝"이었는데, 인디오들이 보기에는 근대 유럽의 현전이 "세계의 종말이고 끝"이었다는 것이다. 동일한 것이 근대성의 '이면'에서는 정반대의 의미를 지닌다.

34) 8강 2절 참고.

는 표현은 입에 발린 말이고, 공허한 말장난이다. 두 세계 가운데 한 세계 는 근본 구조가 파괴되었기 때문이다. 아스테카 '세계의 종말'은 어쩔 도 리가 없었다. 정복자 코르테스와 아스테카 황제 목테수마의 만남이 결 정적인 계기였다. 그때까지는 누구도 목테수마의 얼굴을 볼 수 없었다. 황제는 내키지 않았지만 마침내 코르테스를 맞으러 거대한 도시 입구로 나가야만 했다. 300명 남짓한 스페인 병사 앞에 수십만 주민이 거주하고 5만에서 10만에 이르는 전사가 지키는 위풍당당한 도시가 버티고 서 있 었다. 베르날 디아스 델 카스티요는 이렇게 썼다.

> 그토록 장대한 세계에 어떤 사람들이 살고 있을까? …… 위대한 목테수
> 마가 가마를 타고 마중을 나왔다. 그 모습을 본 코르테스는 금방 알아차
> 렸고, 사람들이 위대한 목테수마가 납시었다고 말했다. …… 코르테스
> 는 목테수마 가까이 다가갔고, 두 사람은 정중하게 인사를 나누었다.[35]

정복자와 황제의 맞대면이었다. 자유롭고 또 사적인 결정을 내린 정 복자가, 신민들에게는 신적인 존재이지만 점·주술·점성술·신화 등 갖 가지 방법과 이론을 통해서 드러난 신들의 의사에 무조건 따라야 하는 목테수마와 대면한 것이다. 젊고, 자유롭고,[36] 폭력적이고, 호전적이고, 정치 수완이 뛰어난 '근대 자아'가 쇠사슬에 묶인 프로메테우스와 같은

---

35) Bernal Díaz del Castillo, *Verdadera historia de los sucesos de la conquista de la Nueva España*, Madrid: Biblioteca de Autores Españoles, 1947, cap.88, p.83.

36) 아담 신화의 표현이다. 폴 리쾨르는 아담이 유혹당했지만 자유롭다고 말했다. Enrique Dussel, *Para una ética de la liberación latinoamericana*, Buenos Aires: Siglo XXI, 1973 참고. 특히, Enrique Dussel, *El humanismo semita*, Buenos Aires: EUDEBA, 1969 참고.

처지의[37] 비극적인 황제 앞에 선 것이다. 황제 앞에서는 모두들 땅만 쳐다봤다.[38] '정복하는 자아'가 처음으로 황제를 정면으로 자유롭게 쳐다본 것이다. 때는 "1519년 11월 8일, 우리는 멕시코의 테노츠티틀란이라는 큰 도시로 과감하게 입성했다".[39] 1521년 8월 13일 다시 테노츠티틀란으로 들어가겠지만 그때는 도시를 파괴하고 점령할 것이다.[40]

목테수마와 동등하게 대면한 코르테스는 이제 황제 지위를 승계한 쿠아우테목을 만난다. 그러나 코르테스에게 패배하고 굴복한 황제이다.

> 그(쿠아우테목)를 부르러 간 사이에 코르테스는 …… 고급스러운 돗자리, 휘장, 의자로 단을 장식하도록 했다. 이윽고 쿠아우테목이 당도하자 '코르테스 앞으로' 데려왔다. 쿠아우테목은 코르테스를 '면전에서' 보자

---

37) Dussel, *El humanismo helénico*, Buenos Aires: EUDEBA, 1975 참고.

38) "그리고 그가 황제와 함께 돌아왔을 때, 사람들이 벽에 붙어서 눈을 내리깔고 쳐다보지도 않는 광경을 우리들은 보았다"(Díaz del Castillo, *Verdadera historia de los sucesos de la conquista de la Nueva España*, cap.88, p.83). 누구도 황제 얼굴을 볼 수 없었다. 황제는 모든 사람을 보았지만 그를 쳐다보는 사람은 아무도 없었다. 그런데 갑자기 '정복자들'은 코르테스를 비롯하여 계급이 가장 낮은 병사까지도──베르날 디아스 델 카스티요를 포함하여──동등한 입장에서 황제를 대면했다. 황제는 속으로 무척이나 겁이 났다. 스페인인들이 예를 갖추지 않았기 때문이 아니라 신의 명령을 완수하지 못했기 때문이었다. '세계의 종말'이었다.

39) ibid., p.84.

40) 코르테스는 "동맹을 맺은 인디오 20만 명과 스페인군 보병 900명, 말 80필, 경포 7문, 전투함 13척, 카누 6,000척을 갖고 있었다. 스페인군 사망자는 100명이 채 못 되었다. 말도 몇 필만 잃었고, 우군 인디오들도 많이 죽지는 않았다. …… 멕시코인 희생자는 …… 굶주림이나 역병으로 사망한 사람을 제외하더라도 …… 10만이었다"고 했다(Torquemada, *Monarquía indiana*, vol.II, p.312). 비율로 따지면 1991년 걸프 전쟁과 거의 일치한다. 그때 미군은 약 120명이 전사했다. 그 반면에 이라크군은 10만 명 이상이 전사했는데, 이 숫자에는 민간인 희생자와 전쟁이 끝난 다음에 동족 간의 살상과 기아, 질병으로 사망한 사람은 포함되지 않았다. 500년 동안 '근대적' 폭력은 동일한 비율을 유지하고 있다.

극진한 예를 표했으며, 코르테스는 반갑게 쿠아우테목을 껴안았다.[41] 이로써 회동이 끝나고, 코르테스는 '멕시코 왕국과 지방의 주인이 되었다'.[42]

코르테스는 예전 군주보다 더 높은 '군주가 된' 것이다. 즉, '정복하는 자아'는 '생각하는 자아'(ego-cogito)를 형성한 원사(proto-historia)이며, 주체성으로, '권력의 의지'로 자신을 형성하는 결정적 계기에 이르렀다. 코르테스보다 위에 있는 사람은 스페인의 카를로스 5세뿐이다.[43] 오로지 스페인 왕만이 『인디아스 왕국의 법령집』의[44] 제1법령, 제1권, 제1장을 공포할 수 있다.

우리 주 하느님께서 무궁한 자비와 긍휼로 '이 세상 주님의 영토'에서 광대한 부분을 과분하게도 우리에게 허락하시었습니다.[45]

이 법령집에는 스페인 왕의 서명이 들어 있다. 필자는 세비야의 '인디아스 문서고'(Archivo de Indias)에서 여러 차례 보았는데, 대문자로

---

41) Díaz del Castillo, *Verdadera historia de los sucesos de la conquista de la Nueva España*, cap.156, p.195.

42) Torquemada, *Monarquía indiana*, vol.II, p.311.

43) 친가와 외가에서 유럽 여러 나라와 아메리카 대륙의 식민지까지 상속받은 왕이다. 스페인에서는 카를로스 1세로 즉위했으며, 신성로마제국에서는 카를로스 5세(또는 카를 5세)로 즉위했다. — 옮긴이

44) *La Recopilacíon de las leyes de los reinos de las Indias*. 아메리카 식민지의 정치, 경제, 사회 관련 법령집으로, 통칭 '인디아스 법'이라고 부른다. 1512년의 부르고스법, 1542년의 신법 등을 집대성한 이 법령집은 모두 4권으로 1680년 처음으로 발간되었다. — 옮긴이

45) 이 인용문과 논평에 대해서는 Enrique Dussel, *Filosofía ética latinoamericana*, vol.III, México: Edicol, 1977, p.41 참고.

박힌 "짐, 국왕"(Yo, El Rey)이라는 글자가 인상적이었다. '짐'의 '영토 지배권'('이 세상의 주인')은 하느님에 근거하고 있다.[46] '짐'(자아)과 '정복자'는 동등하게 영토 지배권에 참여한다. 그러나 '지배자로서 정복자의 자아'는 존엄성을 부정당한 타자('동일자'로서, 유순하고 억압당한 도구로서 인디오)와 맞서는 실존적 경험을 했다는 점에서 스페인의 왕보다 위에 있었다. '정복'은 '정복당한 자아'를 실천적으로 확인하는 것이며, 타자의 타자성을 부정하는 것이다.

이러한 정복은 지극히 폭력적이었다. 셈포알라에서 코르테스와 처음으로 동맹을 맺은 인디오들 가운데 살아남은 사람은 한 명도 없었다. 전염병이 돌아서 수많은 사람들이 사는 싱그럽고 활기찬 도시는 괴멸되었다. 이것이 바로 코르테스와 동맹을 맺고 목테수마에 대항한 대가였다. 촐룰라(cholula) 사람들도 전멸했다. 그러나 이런 일은 페드로 데 알바라도가 배신하여 아스테카 전사들을 몰살한 것과는 비교가 되지 않는다(코르테스가 판필로 나르바에스와 싸우느라고 자리를 비웠을 때,[47] 발생한 사건이다). 알바라도는 신전 부근의 커다란 정원에서 파티를 열고 사람들을 초대하였다. 사람들은 무장을 하지 않고 참석하였다.

(스페인인들은) 출구와 입구를 봉쇄했다. …… 이제 (아스테카인들은) 아무도 빠져나갈 수 없었다. 곧 (스페인인들이) 사람들을 죽이려고 신성한

---

46) 헤겔은 이렇게 쓰고 있다. 기독교와 같은 "종교는 국가의 초석(Grundlage)이다". 키르케고르와 마르크스는 동일한 이유로 헤겔의 이 말을 비판했다.
47) 코르테스는 쿠바 총독 디에고 벨라스케스(Diego Velázquez)를 배신하고 아스테카 정복에 나섰다. 이러한 코르테스를 응징하고자 벨라스케스는 1520년 4월 판필로 데 나르바에스(Pánfilo de Narváez)에게 군사 1,100명을 주어 멕시코로 파견했다. 양측의 격돌에서 코르테스가 승리했다. ─옮긴이

정원으로 걸어 들어왔다. 목제 방패를 든 사람도 있고, 금속 방패와 칼을 든 사람들도 있었는데, 이내 춤추고 있는 사람들을 에워쌌으며, 연주자들이 있는 곳으로 돌진했다. 북을 치고 있는 사람을 단칼로 내리쳐 양팔을 자르고, 이어 목을 잘랐다. 잘려 나간 머리가 저만치 굴러떨어졌다. 그때 모두들(스페인인들) 달려들어 사람들을 칼과 창으로 베고 찔러 상처를 입혔다. 뒤에서 당한 사람들은 내장을 쏟아내고 꼬꾸라졌다. 머리가 터진 사람들은 목이 잘리는 바람에 몸뚱어리만 남았다. 허벅지를 찔린 사람도 있었고, 장딴지를 찔린 사람도 있었다. 저쪽에서는 배가 완전히 갈라져 내장이 쏟아졌다. 그런데도 쓸데없이 도망가다가 발에 내장이 얽혀 넘어지기도 했다. 피신을 하고 싶어도 피할 곳이 없었다. 몇몇은 밖으로 도망치려고 했으나 입구에서 칼에 찔렸다. 벽을 타고 올라간 사람들도 목숨을 부지하지 못했다. ……[48]

오늘날에도 인디오들은 이와 유사한 잔혹 행위를 기억하고 있다. 인디오들에게는 그 의미가 '다르다'.

---

48) "Informantes indígenas de Sahagún", *Códice Florentino*, Libro XII, cap.20. Miguel León-Portilla, *El reverso de la conquista*, México: Joaquín Mortiz, 1978, p.41에서 재인용. 일례로 이런 정복과 매사추세츠 '정복'을 비교해 보는 것도 흥미 있는 일이다. 매사추세츠는 스페인(가톨릭)이 아니라 영국(성공회)이 정복했다. 이에 대해서는 다음 책을 참고하라. Neal Salisbury, *Manitou and Providence Indians, Europeans and the Making of New England, 1500-1643*, New York: Oxford University Press, 1982; Edward Johnson, "Wonder-Working Providence of Sion's Savior in New England", eds. Alan Heimert and Andrew Delbanco, *The Puritans in America*, Cambridge: Harvard University Press, 1985; Henry W. Browden and James Ronda eds., *John Eliot's Indian Dialogues: A Study in Cultural Interaction*, Westport(CT): Greenwood Press, 1980.

2. 생활세계의 '식민화'

여기서 얘기하는 생활세계의 '식민화'는[49] 비유가 아니다. 강렬하고, 역사적이고, 현실적인 의미를 지닌 단어이다. 1492년의 제4형태이다. 로마의 '식민지'는 제국의 지배를 받는 땅과 문화였다(적어도 엘리트는 라틴어를 사용하고, 공물을 바쳤다. 경제적·정치적 형태였다). 라틴아메리카는 문자 그대로 근대 유럽 '최초의 식민지'였다. 역사적으로 아프리카와 아시아보다 앞선 최초의 '주변부'였다.[50] 인디오와 뒤이은 아프리카 노예의 일상생활 '식민화'는 유럽이 최초로 타자를 '동일자'로 '포섭'하고(즉, 소외시키고),[51] 문명화하고, '근대화'하는 과정이었다. 그러나 이제는 더이상 전쟁 실천의 대상, 순수한 폭력의 대상이(아스테카군에 대한 코르테스의 경우나 잉카군에 대한 피사로의 경우처럼) 아니라 성애적이고, 교육적이고, 문화적이고, 정치적이고, 경제적인 실천의 대상이다. 다시 말해서, 성적 마치스모를 통한 육신 지배, 문화 지배, 각종 형태의 노동 지배, 신관료주의가[52] 창출한 제도 지배 등 타자에 대한 지배이다. 이로써

---

49) 식민화는 '발명', '발견', '정복'에 이은 제4형태이다.

50) 월러스틴이 『근대세계체제』에서 제시한 명제이다(Immanuel Maurice Wallerstein, *The Modern World-System*, New York: Academic Press, 1974, pp.300ss.). 월러스틴이 보기에, 15~16세기 러시아, 폴란드, 동유럽은 유럽 대륙의 주변부였고, 포르투갈 식민지는 외부지역이었다. 오로지 스페인어권 라틴아메리카(그리고 17세기 이후에는 북미)만이 '외부 주변부'(external Periphery)였다. "16세기에 아메리카는 유럽 세계경제의 주변부가 되었던 반면에 아시아는 외부지역으로 남았다"(p.336). 이러한 기반은 한 세기에 걸친(1546~1640년) 막대한 은(최초의 세계 화폐)과 금의 채굴이었다. 월러스틴은 이렇게 쓰고 있다. "우리는 세계체제를 광범위한 분업이 존재하는 체제로 정의했다. …… 세계경제는 핵심국가들과 주변지역들로 나뉜다"(p.349). 우리는 여기서 최초의 '세계체제'의 절대적 기원을 본다(엄밀한 의미의 체제이다. 위르겐 하버마스나 니클라스 루만이 말한 '체계'와는 다르다).

51) 엔리케 두셀의 『해방철학』, 2강 5절 '소외'를 참고하라.

피정복민의 삶과 생명 재생산 '방식'이 순치되고, 구조화되고, 식민화되기 시작한다. 그러한 생활세계의 '식민화' 효과 위에 후일의 라틴아메리카가 세워졌다. 즉, 혼혈, 혼합적이고 혼종적인 문화, 식민국가, 시작부터(근대성의 기원부터) 종속적이고 주변적인 자본주의 경제(초기 중상주의에서 후일 산업자본주의까지)가 확립된 것이다. 유럽 정복자의 생활세계는 아메리카 인디오 남자와 인디오 여자의 생활세계를 '식민화'한다.

코르테스가 멕시코 정복에 나선 "1519년 3월 하순"[53] 유카탄 반도의 타바스코(Tabasco)에서 마야의 추장(cacique)들은 코르테스에게 값비싼 선물을 주었다. 이 선물과 함께 여자 20명도 양도했는데, "그 가운데 아주 뛰어난 여자가 있었으니, 그 이름은 도냐 마리나"였다.[54] 이 사람이 말린체(Malinche)로, 아메리카 여자, 인디오 여자, 배운 여자의 상징이다. 마야어와 아스테카어에 능통한 말린체는 후일 "주인 코르테스

---

52) 막스 베버는 상상도 못했겠지만 세비야의 '인디아스 문서고'에는 16세기에서 19세기에 걸쳐 스페인 '관료주의'가 만들어 낸 라틴아메리카 관련 문헌 6만 철(낱장으로는 6천만 장이 넘는다)이 보관되어 있다. 스페인은 최초의 근대 관료국가였다. 코르테스가 여러 가지로 부족한 상태에서 틀락스칼라(Tlaxcala)의 전사들을 향해 돌격할 때, 베르날 디아스 델 카스티요는 이렇게 전한다. "코르테스는 우리 병사 가운데 '각하의 서기'(!) 고도이(Godoy)에게 말하기를, 무슨 일이 벌어지는지 잘 관찰하고 필요하다면 기록을 남겨, 후일 평화가 찾아왔을 때 저들이 우리에게 사상자 발생에 대해서 해명하라고 요구하는 일이 없도록 하라"(Díaz del Castillo, *Verdadera historia de los sucesos de la conquista de la Nueva España*, cap.64, p.56). 다시 말해서, 코르테스는 후일 고소를 당하더라도 변호할 수 있도록 서기에게 증거를 남기라고 명령한 것이다. 이 말이 "산티아고를 위해 저들을 무찌르자"(p.56)와 같은 전투 개시 명령을 내렸다는 사실을 부정하는 것은 아니다. 누군가 '돌격' 하고 말하자 코르테스는 틀락스칼라인들을 향해 재정복의 사도 산티아고를 부르짖는다. 마치 무슬림이 성전에서 불신자를 공격할 때 마호메트를 부르듯이. 사도 산티아고는 예수와 절친하고 윤리적으로 엄격한 사람이었는데, 그런 전쟁에 휘말렸다는 사실을 알았다면 무슨 생각을 했을까!

53) ibid., cap.36, p.30.

54) ibid., p.30. [도냐 마리나는 스페인인들이 붙여 준 이름이며, 일반적으로는 말린체라고 한다.―옮긴이]

의 자식"을[55] 임신한다. 그리고 얼마 후, 코르테스 일행이 틀락스칼라에 머물 때의 일이다.

어느 날, 그 늙은 추장들이 아름답고 고상하고 젊은 인디오 여자 다섯 명을 데려왔는데, 인디오 여자답게(!) 외모가 출중하고 옷을 잘 입고 있었으며, 인디오 여자마다 하녀를 거느리고 있었다. 모두 추장의 딸이었다. (······ 추장 가운데 어른이 코르테스에게 말하기를) "이 아이가 내 딸이오. 아직 결혼하지 않았으니 당신이 취하시오." 그 규수는 코르테스에게 손을 내밀었으며, 나머지 규수도 대장들에게 손을 내밀었다.[56]

정복자, 즉 근대 태동기의 폭력적이고 호전적인 자아는 '남근적 자아'이기도 하다.[57] 드문 경우이기는 하나 바로 위의 틀락스칼라와 평화협정처럼 매우 전원적인 상황이 연출되기도 한다. 그렇다고 하더라도 부당하기는 마찬가지다. 성적 폭력은 생활세계의 '식민화'를 단적으로 보여 주는 예이다.

다른 나라와 왕국에서는 듣도 보도 못한 강압과 폭력이 (이곳에서 자행

---

55) Díaz del Castillo, *Verdadera historia de los sucesos de la conquista de la Nueva España*, cap.37, p.32. 말린체의 '아들'은 나중에 언급하겠지만, 정확한 의미의 라틴아메리카인이다. 즉, 혼합적이고 혼종적인 문화의 산물인 '혼혈'(mestizo)이다.

56) ibid., cap.77, p.68.

57) 이 개념에 대해서는 필자의 책 『라틴아메리카 윤리철학』에서 '라틴아메리카 성애'를 참고하라. 이 책에 따르면, "세속적 전체성은 남근적 자아에서 구성되며, 여성은 '비(非)자아', 즉 비남근, 거세된 남근이라는 한계를 벗어나지 못하는 수동적 대상으로 정의된다. 여성에게는 피지배의 위치, 남성적 전체성에 대하여, 또는 남성적 전체성 안에서 비존재로 환원된다"(Enrique Dussel, *Filosofía ética latinoamericana*, vol.III, p.60).

되고 있다). (인디오) 여자는 자신의 의사에 상관없이, 결혼한 여자는 남편의 의사에 상관없이, 10~15살 사이의 소녀는 부모의 의사에 상관없이 시장이나 법관의 명에 따라 집에서 끌려 나오는데, 이 여자들과 함께 살던 남편이나 부모에게 떼어 놓으면서도 아무런 보상도 하지 않는다. 그 여자들은 위탁제도 농장주 같은 사람들의 집에서 일하거나 4~5레구아[1레구아는 약 5.57킬로미터]나 심지어는 8레구아 이상 떨어진 농장이나 일터에서 노동한다. 대부분은 집주인이나 농장주의 정부가 된다.[58]

정복자는 인디오 남성을 폭력적으로 살해하거나 종으로 만들었다. 또 인디오 남성이 보는 앞에서 인디오 여자와 "잠자리를 하고", 16세기 표현으로는 '측실'로 삼았다. 떳떳하지는 않으나 허용된 관계였고, 어떤 사람들에게 필요한 관계였지만 합법적이지는 않았다. 실제로 스페인인은 가능하다면 스페인 여자와 결혼했다. 아무튼 성적 관계는 타자(인디오 여성)에 대한 지배로 흔히 사디스트적인 색욕 충족이었다. 순전히 남성적이고, 억압적이고, 소외적이고, 불공평한 성생활이었다.[59] 인디오

---

58) 과테말라 주교 후안 라미레스(Juan Ramírez)의 1603년 3월 10일자 편지(*Archivo general de Indias*, Sevilla, Audiencia de Guatemala, 156).

59) 미켈레 데 쿠네오(Michele de Cuneo)는 콜럼버스로부터 카리브 해 처녀를 선물로 받았을 때, "쿠네오의 브리세이스(Briseis)라고 할 수 있는 그 여자를 데리고 방으로 들어갔다. 여자는 관습에 따라 벌거벗은 상태였으므로 즐거움을 나누고 싶은 마음이 간절했다. 앙칼진 여자는 손톱으로 거칠게 반항했다. 그러나 우리의 용감한 쿠네오가 밧줄을 들고 얼마나 세차게 후려치기 시작했는지 여자는 고막이 찢어질 듯한 비명을 질렀다. …… 마침내 여자가 고분고분해지자 미켈레는 흐뭇하게 웃었고 …… 나중에는 '성관계를 하는 그 여자를 봐야 하는데'라고 얘기했다"(Antonello Gerbi, *La naturaleza de las Indias Nuevas*, México: Fondo de Cultura Económica, 1978, p.49. 이 번역은 필자가 이탈리아어에서 번역한 것이며, 텍스트의 일부를 생략하였다). 이와 같은 사례는, 무력한 인디오 여자들에 대한 저 인간들의 사악한 사디즘을 보여 준다.

여자의 성생활이 '식민화'된 결과, 스페인인의 사랑행위는 상처를 입고, 마치스모의 이중적인 태도, 즉 인디오 여자에 대한 성적 지배와 유럽 여자에 대한 막연한 숭배가 생겨났다. 여기서 사생아(남성 정복자와 인디오 여성 사이에 태어난 메스티소, 즉 라틴아메리카인)와 크리오요(식민지 인디아스에서 태어난 백인)가 태어난다. 그러한 성관계로 태어난 자식의 모순을 현대 멕시코 소설가 카를로스 푸엔테스(Carlos Fuentes)만큼 잘 서술한 사람도 없다.

> 마리나는 소리를 지른다. 아, 이제 나와라, 내 새끼야, 나와, 나와, 내 가랑이에서 나와라……. 능욕당한 어미의 자식[60]…… 소중한 내 새끼 …… 두 원수의 핏줄을 이어받은 자식 …… 너는 모든 것과 싸워야 할 것인데, 어느 쪽이든 네 핏줄이므로 그 싸움은 참담할 것이다. (그렇지만) 너는 유일한 내 상속자이니라. 여신 말린친의 상속자이자 창녀 마리나의 상속자이고, 어머니 말린체의 상속자이다. …… 새벽의 여신 말린소치틀…… 토난친, 과달루페, 어머니.[61]

인디오 여자 몸에 대한 지배, 즉 '식민화'는 인디오 남성 몸에 대한 지배 위에 기초한 문화의 일부이다. 인디오 남성의 몸은 주로 노동으로 (새로운 경제체제에서) 착취당했다. 상업자본주의의 본원적 축적 시기에

---

60) '능욕당한 어미의 자식'이라고 번역한 'hijo de la chingada'는 멕시코 일상생활에서 사용하는 상욕이다. 그러나 코르테스와 말린체(일명 도냐 마리나)의 관계를 그린 이 희곡에서는 코르테스에게 능욕당한 말린체(마리나)의 자식, 즉 메스티소라는 의미를 담고 있으므로 자구의 의미를 살려 옮긴다. 이 책 에필로그의 각주 21번을 참고하라.— 옮긴이

61) Carlos Fuentes, "Todos los gatos son pardos", *Los reinos originarios*, Barcelona: Barral, 1971, pp.114~116.

인디오의 몸은 희생되어, 주로 금과 은으로 변했다. 인디오의 '산 노동'
(마르크스의 용어)이 객관화되어 죽은 가치가 된 것이다.

1552년 인스부르크에서 습격을 당한 카를로스 5세의 비극적인 상황 때
문에 신중하던 스페인의 수문이 활짝 열렸다. …… 1553년 푸거 가에게
보내는 은이 공식적으로 안트베르펜에 들어왔다. …… 베네룩스 삼국
은 금융의 중심지였다. 안트베르펜을 통해서 아메리카의 귀금속은 독
일, 북유럽, 영국으로 넘어갔다. 이러한 화폐 재분배가 유럽의 활동 범
위 확장에 어떤 역할을 했는지는 정확하게 말하기 어렵지만 틀림없이
모종의 기여를 했을 것이다.[62]

그러나 유럽에서 금과 은이었던 것, 즉 초기 자본주의 화폐는 아메
리카에서는 죽음이고 참상이었다. 1550년 7월 1일, 도밍고 데 산토 토마
스(Domingo de Santo Tomás)는 추키사카(현재의 볼리비아)에서 이렇게
쓰고 있다.

한 5년 전에[63] 이 땅을 망치게 될 지옥의 아가리가 발견되었다. 매년 그
아가리로 수많은 사람들이 들어가고, 스페인인들은 하느님을 저버리고
탐욕을 부리고 있는데, 그곳은 이름하여 포토시(Potosí)라고 부르는 은
광이다.[64]

---

62) Fernand Braudel, *El Mediterráneo y el mundo mediterráneo en la época de Felipe II*,
    vol.I, México: Fondo de Cultura Económica, 1953, pp.406~408.
63) 1545년이다. 이때 볼리비아에서는 근대에 들어와 가장 풍부한 은광이 발견되었다.
64) *Archivo general de Indias*, Sevilla, Audiencia de Charcas, 313.

도밍고 데 산토 토마스는 은광의 입구를 몰록(Moloch)의 입에 빗대고 있는데, 이제 사람을 제물로 바치는 대상은 피를 요구하는 아스테카의 우이칠로포츠틀리(Huitzilopchtli)가 아니라 '눈에 보이지 않는' 자본신(서양 기독교 문명의 새로운 신)이다. 희생과 제의로서 경제와, 물신으로서, 천상이 아닌 지상 종교로서, 세속적인 종교로서(마르크스가 「유대인 문제에 대하여」에서 얘기하는 안식일의 종교가 아니라) 화폐가 500년의 장정에 오른 것이다. 인디오의 주체적인 육신은 저임금이나 무임금 노동을 통해 초기 자본주의 체제에 '포섭'되었다(여기에 아프리카 노예 노동도 덧붙여야 한다).

여기에서 라틴아메리카의 정치적·경제적·문화적 '식민화' 역사를 모두 이야기하기란 불가능하다. 우리가 이야기한 것은 단지 주제를 암시할 뿐이다. 그런 주제가 있다고 가리키는 정도에 지나지 않는다.

소외된 성애와 상업자본주의 경제로 타자를, 여성을, 패배한 남성을 '식민화하는 자아'는 '정복하는 자아'에서 근대의 '생각하는 자아'를 향해 나아가고 있다. 이제 시작된 '문명화' 과정, '근대화' 과정은 양의적이다. 다시 말해서, '원시적'이고 신화적인 설명에 반대한다는 점에서는 합리성이지만 타자를 희생시키는 폭력을 감추고 있다는 점에서 신화이다.[65] 데카르트의 '생각하는 자아'라는 표현은 우리가 기술하는 과정의 존재론적 결과물이다. 다시 말해서, '생각하는 자아'는 유아론(唯我論)적 담론의 근원이다.

---

65) 부록 2를 참고하라.

4강_ '영혼의 정복'. 두 세계의 '만남'?

사제들이 주축이 되어 우상을 파괴했다. …… 세속적인 부분의 정복자들과 마찬가지로 (사제들은) '영혼적인 부분의 정복자'라는 자부심이 있었다. …… 사제들은 너무나 대담하고 결연하게 주요 신전을 불태우고, 신전에 모셔 놓은 우상을 파괴했다. …… 인디오들은 사제들이 아무런 근거 없이 그런 행동을 하지는 않으리라고 생각했다.

—헤로니모 데 멘디에타, 『인디아스 교회사』[1]

이제 두 가지 새로운 형태를 살펴보기로 하자. 하나는 '영혼의 정복'이요, 다른 하나는 두 세계의 '만남'이다. 이를 통해 우리는 이미 무기의 폭력으로 정복당한 원주민의 상상계(사르트르의 용어로는 'imaginaire')를 유럽인들이 어떻게 지배했는지 이해하고자 한다. 이는 여러 가지 면에서 모순적인 과정이다. 비합리적이고 폭력적인 정복의 와중에 기독교의 사랑을 설교하기 때문이다. 한편으로는 십자가에 못 박힌 기독교의 창시자, 무고한 희생자(이에 근거하여 공동체의 기억, 즉 교회가 설립되었다)를 모호하고 난해하게 설교하고,[2] 다른 한편으로는 보편적 권리를 지닌 근대적 개인을 내세웠다. 바로 이런 희생자의 이름으로, 이런 보편적 권리의 이름으로 인디오들이 희생된 것이다. 인디오들은 고유의 권리, 고유의 문명, 고유의 문화, 고유의 세계, 고유의 신이 '낯선 신'의 이름으로, 또

---

1) Gerónimo de Mendieta, *Historia eclesiástica Indiana*, vol.II, México: Ed. Salvador Chávez Hayhoe, 1945, pp.72~73.
2) 로마 제국에서 기독교 신자는 희생자였다. 죄 없이 십자가에 매달렸다고 생각했으며, 그리스도를 살해한 사람들과 로마 제국을 범죄자로 여겼다. 그런 유럽인들이 이제 근대적이고 폭력적인 기독교 세계의 구성원이 되었으며, 그것은 인디오의 눈에 자기들이 무고한 사람을 살해했다고 설교하는 것으로 비쳐졌다.

정복자들에게 정복의 정당성을 부여한 근대적 이성의 이름으로 부정되는 것을 보았다. 이것이 근대성 고유의 합리화 과정이다. 즉, 근대성은 미덕이라는 신화('문명화 신화')를 만들어 내고, 이로써 폭력을 정당화하고, 타자 살해를 무죄라고 주장하는 것이다.[3]

1. '영혼의 정복'

이제 제5형태를 살펴보자. 1492년 교황 알렉산드르 6세는 페르난도 국왕의 요청을 받아들여, 이번에 발견한 도서(島嶼)에 대한 지배권을 스페인에게 부여한다는 칙서를 공포했다. 이제 정복의 실천은 하느님의 계획에 근거를 두게 되었다. 코르테스는 후일의 데카르트와 마찬가지로, 자아라는 울타리를 벗어나기 위해 하느님이 필요했다. 코르테스는 수백만의 메소아메리카[4] 인디오에 비해 병사가 너무 적어 패배했을 때, 전투에서 병사들(그리고 자신)의 힘과 용기는 이제 부에 대한 욕망에서 나오는 것도 아니고, 명예나 귀족 지위를 획득하려는 열망에서 나오는 것도 아니라는 사실을 깨달았다. 생명을 바치는 것이 근본적인 의미를 지닐 수 있는 절대적인 윤리 기준이 필요했다.

코르테스는 아스테카 제국의 정복에 나설 때 병사들 앞에서 다음과 같이 연설했다.

---

3) 부록 2를 참고하라.
4) 메소아메리카는 아스테카 문명과 마야 문명이 있던 지역을 가리킨다. 문화적인 영역이므로 정치적 경계와 일치하는 것은 아니지만 편의상 얘기하면 멕시코와 과테말라, 온두라스에 걸친 지역이다. —옮긴이

이미 지나온 여정에서 우리 모두가 깨달았듯이, 우리 주 예수그리스도의 도움으로 모든 전투에서 승리할 것이다. 또 만반의 준비가 되어 있으므로 항상 그랬듯이 우리는 승리를 쟁취할 것이다. 만약 조금이라도 피해를 입는다면(하느님은 그런 일이 없도록 하시겠지만) 우리는 수가 적기 때문에 마땅히 빠져나갈 길도 없을 것이다. 이제 '하느님 이외에는 어떤 도움이나 구원도 없고', 쿠바로 돌아갈 배도 없으므로 용기백배하여 장렬하게 싸우는 도리밖에 없다. 코르테스는 이런 말을 하고, 로마인들의 영웅적인 행위와 몇 번이나 비교했다.[5]

이제 하느님은 정복 사업의 초석(Grund)이었다. 훗날 헤겔이 "종교는 국가의 초석"이라고 말한 것이나 마찬가지다. 다시 말해서, 하느님을 이용하여 근대성의 세속적인 행위를 정당화했다. 공간(지리로서)이 '발견'되고 푸코의 용어로 몸(지정학으로서)이 '정복된' 후에는 새로운 종교를 통해 생활세계를 이해하도록 만듦으로써 상상계를 통제할 필요가 있었다. 이로써 모든 일은 완결되며, 인디오는 초기 중상주의적·자본주의적 근대성이라는 새로운 체제에(그렇지만 착취하고, 지배하고, 은폐하는 근대성의 '이면'이다) 완전히 편입된다.

정복자들은 공격을 하기 전에 원주민들 앞에서 이른바 '권고문'(Requerimiento)을 낭독했다. 여기에는 인디오들이 유럽 종교, 기독교로 개종하면 패배의 고통을 면할 수 있다고 적혀 있었다.

---

5) Bernal Díaz del Castillo, *Verdadera historia de los sucesos de la conquista de la Nueva España*, Madrid: BAE, 1947, cap.59, p.51.

너희에게 요청하고 권고하나니, 이 말을 새겨듣고, 충분한 시간을 두고 잘 생각한 다음에, 교회를 세계의 최고 통치자로 인정하고, 교황 성하와 폐하를 섬과 뭍의 최고 지배자와 왕으로 인정하라. …… 만약 너희가 그렇게 하지 않거나 고의로 늑장 부리면, 확언하노니 하느님의 가호 아래 너희를 향해 돌진할 것이며, 수단과 장소를 가리지 않고 전쟁을 벌일 것이니라. …… 너희 아내와 자식을 취하여 노예로 만들어 팔 것이며, 너희의 재산을 취하며, 너희에게 온갖 손실을 입힐 것이다.[6]

물론 인디오는 무슨 말을 하는지 전혀 이해할 수 없었다. 패배 이후, 인디오의 신화 세계에서 보면 신들은 '하늘에서'(미르체아 엘리아데 Mircea Eliade의 용어로) 패배했다. 인디오 군대(아스테카의 목테수마 군대 또는 잉카의 아타우알파Atahualpa 군대)가 '땅에서', 전장에서 패배했기 때문이다. 인디오의 상상계는 승리자의 '신들을' 통합해야 했다. 이것이 인디오의 관습이었다. 반면에, 승리자는 의식적으로 패자의 요소를 통합하지는 않았다. 다만 프란체스코 수도회 선교사들이 각본을 쓰고, 민중 극장에서, 거대한 식민지 교회의 회랑에서 공연한 200여 편의 성찬극에서는 통합적인 성격이 나타난다. 원주민의 상상 '세계'는 하나같이 '악마적'이었으므로 퇴치할 필요가 있었다. 타자의 세계를 부정적인 것으로, 이교도적인 것으로, 사탄적인 것으로, 본질적으로 사악한 것으로 해석했다. 이러한 논리의 결론이 타불라 라사(tabula rasa) 선교 방식이었다. 즉, 원주민 종교는 악마적인 데 반해 유럽의 종교는 신성하므로,

---

6) Enrique Dussel, *Historia general de la iglesia en América Latina*, vol.I, Salamanca: Sígueme, 1983, p.337 참고.

전자의 종교를 완전히 부정해야 하며, 후자의 종교를 가르쳐 근본적으로 다시 시작해야 한다는 것이다.

우상을 모신 신전이 서 있는 동안에 …… 우상숭배는 아직도 남아 있었다. 신전이 있었기 때문에 악마의 사제들이 찾아가 의식을 올리는 것은 자명한 일이었다. …… 이 점에 주목하여 …… 신전을 파괴하고 불태우기 시작했다. …… 이렇게 그 일을 마무리하자 테스코코에 건물을 세우기 시작했으니, 그 터는 예전에 매우 아름답고 탑이 우뚝한 신전이 있던 자리였고, 때는 일천오백이십오 년이었다. …… 그 뒤를 이어 멕시코(틀락스칼라와 게소싱고) 신전을 파괴하였다.[7]

인디오들의 예전 믿음을 아는 것이 쓸데없는 일은 아니다. 그래야 인디오에게 속지 않는다고 호세 데 아코스타는 지적한다.

그리스도의 법을 따르는 선생과 교인들은 옛 사람들의 오류와 미신을 아는 것이 유용할 뿐만 아니라 필수적이다. 그래야 지금도 인디오들이 그런 오류와 미신을 은밀히 행하는지 알 수 있다.[8]

이와 마찬가지로, 근대 인류학의 창시자이며 42년 동안 테스코코, 틀라텔롤코, 테노츠티틀란에서 아스테카의 전통을 기록한 베르나르디

---

7) Mendieta, *Historia eclesiástica Indiana*, vol.III, pp.70~71.
8) José de Acosta, *Historia natural y moral de las Indias*, in *Obras*, Madrid: BAE, 1954, p.139.

노 데 사아군 수사도 『누에바 에스파냐 문물 일반사』 서문에 이렇게 쓰고 있다.

> 의사가 환자에게 꼭 맞는 약을 처방하려면 먼저 환자의 기질을 알아야 하고, 병의 원인을 찾아야 한다. …… 병이란, 우상숭배, 우상숭배 의식, 우상숭배 미신인데, 아직도 모두들 헤어나지 못하고 있다. …… 어떤 사람들은 인디오가 근본을 모르는 바보나 어린이 같아서 우상을 숭배한다고 말한다. 고해신부는 인디오에게 질문도 하지 않고, 질문할 생각조차 안 한다. 질문을 하려면 언어를 알아야 하는데, 말을 하기는커녕 이해조차 못한다.[9]

1524년 멕시코에 최초로 프란체스코회 선교사 12명이 도착함으로써 이른바 '영혼의 정복'이 공식적으로 시작되었다. 이 과정은 대략 1551년(페루 리마에서 최초의 지방 종교회의가 개최된 해)이나 1568년(펠리페 2세가 소집한 대종교회의Junta Magna가 개최된 해)까지 지속되었다.[10]

---

9) Bernardino de Sahagún, *Historia general de las cosas de Nueva España*, vol.I, México: Porrúa, 1956, p.27.

10) 존 펠런의 시기구분은 다르다. "1524년에서 1564년까지가 인디아스 교회의 황금기였다. 마치 모세의 등장부터 바빌로니아인들이 예루살렘을 파괴할 때까지가 유대왕국의 황금기인 것과 같다"(John L. Phelan, *The Millennial Kingdom of the Franciscans in the New World*, Los Angeles: University of California Press, 1956, p.39). 1564년에 도착한 새 관리들은 프란체스코회 선교사들이 이룩한 선교 업적을 파괴했다(적어도 헤로니모 데 멘티에타 수사의 묵시론적이고 천년왕국적인 해석에 따른 선교 업적을 부정했다. 멘디에타에 따르면, 펠리페 2세의 등장으로 새로운 '바빌로니아 유수' 시대, '은의 시대'가 개막되었다). 대종교회의의 의미에 관해서는 Gustavo Gutiérrez, *Dios o el oro de las Indias*, Salamanca: Sígueme, 1989, pp.68ss.를 참고하라. 멕시코의 벨라스코 부왕과 페루의 톨레도 부왕이 확고한 식민 질서를 수립함으로써, 이른바 '영혼의 정복'은 마무리된다.

30~40년이라는 극히 짧은 기간에 기독교 교리가 아메리카 전 대륙(북으로는 멕시코의 아스테카 제국에서 남으로는 칠레의 잉카 제국까지)의 도시 문명 지역(전체 인구의 50%가 넘는다)에 전파되었다.

이 교리(몇 년 후에 트리엔트 공의회의 교리문답이 된다)는 유럽에서 모든 사람들이 타당하다고 인정하고 또 수용했으나 다른 문화 사람들은 어떤 합리성으로 포장해도 받아들이기 어려웠다. 페르난도 미레스(Fernando Mires)는 잉카 가르실라소 데 라 베가(Inca Garcilaso de la Vega)가 전하는 아타우알파 황제의 논리를 예로 들어, 복음화는 선교사들이 허비한 시간보다 훨씬 많은 시간이 필요했다고 얘기한다. 피사로에게 포로로 잡힌 잉카 제국의 아타우알파 황제에게 발베르데 신부가 자기 나름의 '기독교 본질'을 밝히자(물론 포이어바흐가 훨씬 훌륭하게 설명했다) 아타우알파 황제는 이런 논리를 폈다.

이 밖에도 당신네 사람이 내게 말하기를, 내가 알아야 할 다섯 명의 저명한 사람이 있다고 하였다. 첫번째가 하느님, 셋이고 하나이니 모두 넷인데,[11] 당신네는 이 사람을 우주의 창조자라고 일컫는바, 혹시 우리들이 얘기하는 파차카막(Pachacamac)이나 비라코차(Viracocha)와 동일한가? 두번째는 모든 인간의 아버지라고 부르는 사람으로, 모든 사람이 자기 죄를 그 사람에게 몰아주었다고 한다. 세번째는 예수그리스도라고 부르는데, 이 사람만이 첫번째 사람에게 자기 죄를 덧씌우지 않았

---

11) 주지하듯이, 아이마라(Aymara)와 케추아(Quechua) 문화에서 각각의 숫자(단일성, 이중성, 삼중성, 사중성 등)는 심오한 신학적 의미가 있다. Jorge Miranda and Luizaga, *Andine Zahlzeichen und Kosmologie: Ein Versuch zur Deutung des altandinen Schopfungsmythus*, 1991, p.15(출간 예정) 참고.

는데도 죽었다고 한다. 네번째 사람은 교황이라고 부른다. 다섯번째가 카를로스인데,[12] 다른 사람들이 뭐라고 하든 당신네는 지고한 권력자이고, 우주의 군주이며, 최고 지도자라고 부른다. 그런데 이 카를로스가 군주이고, 세상 모든 사람들의 주인이라면, 나하고 전쟁을 해서 이 왕국을 찬탈하는 데 새삼스럽게 교황에게 양해와 허락을 얻을 필요가 있을까? 만약 그럴 필요가 있다면 카를로스보다는 교황이 훨씬 높은 사람이고, 훨씬 강력한 권력자이며, 세상 사람들의 군주가 아니겠는가? 또한 내가 의아하게 생각하는 것은, 너희 말로는 내가 다른 사람이 아닌 카를로스에게 공물을 바쳐야만 한다고 하는데, 공물을 바쳐야 하는 까닭도 설명하지 않았고, 나 또한 공물을 바칠 하등의 이유가 없다. 만약 공물과 공역을 받을 권리가 있다면 내가 보기에는 저 하느님이나 모든 사람의 아버지라고 하는 사람이나 죄를 덧씌우지 않은 예수그리스도이고, 마지막으로는 교황일 것이다. …… 그런데 너희는 내가 공물을 바칠 사람이 그 사람들이 아니라 이 지역의 주인인 적도 없고 내가 본 적도 없는 카를로스라고 하는 사람이라고 말한다.[13]

아타우알파가 이처럼 논의적 이성(razón argumentativa)을 사용하자 정복자들과 발베르데 신부는 당혹한 나머지, 응수하기는커녕 근대적인 비합리성을 동원한다.

---

12) 카를로스 5세를 가리킨다.──옮긴이

13) Inca Garcilaso de la Vega, *Comentarios reales de los incas*, vol.III, Madrid: BAE, 1960, p.51(Fernando Mires, *La colonización de las almas*, San José: DEI, 1991, p. 57).

이때 스페인인들은 '장황한 논리'를 더 이상 듣고 있을 수 없어서 자리를 박차고 나가, 원주민을 공격했으며, 수많은 금은보석을 빼앗았다.[14]

'영혼의 정복'은 매우 부실한 기초 위에 세워졌으며, 고작해야 예전 세계관을 '대체'할 수 있었을 뿐이다. 그러나 옛것을 받아들이지는 않았다. 이와는 다르게 지중해 기독교 세계에서는 초기 3세기 동안 그리스·로마의 상상계를 내적으로 변화시켜 재구성했으며, 그 결과 아르메니아, 비잔틴, 콥트, 러시아, 라틴 등의 기독교 세계가 무르익었다.

인디오는 고작해야 '거친 사람', '어린애', '미성숙한 사람'(Unmün-dig)이었으며, 이런 인디오를 복음화하려면 인내가 필요하다고 생각했다. 호세 데 아코스타는 야만인을 정의하여, "올바른 이성과 인류의 공통 양식을 거부하는 사람들이며,[15] 야만적인 조야성과 미개성을 드러낸다"고 말했다.[16] 그리고 중국인, 일본인 등 동인도 지방 사람은 비록 야만인이나 "사도들이 그리스인과 로마인에게 설교한 것과 유사한 방식으로" 다루어야 한다고 얘기한다.[17] 여기서 알 수 있듯이, 합리성이나 인간성의 지표와 기준은 유럽의 생활세계, 즉 '상식'이었다. 다시 우리 주제로

---

14) ibid., p.62(Mires, *La colonización de las almas*, p.57).

15) 이 정의에서 유럽중심주의가 명확하게 드러나고 있다. '인간'이란, 두말할 필요 없이 고유의 '공통 양식'을 지닌 스페인인, 유럽인이다.

16) José de Acosta, *De procuranda indorum salute*, in *Obras*, Madrid: BAE, 1954, p.392. 재미있는 사실은, 이러한 첫번째 유형의 야만인이 "공법(公法)과 요새화된 도시를 갖춘 안정적인 사회"를 확립했으며, "만약 무력과 강제력으로 그리스도에게 복종시키려고 한다면, 그 결과 기독교에 대항하는 강력한 적을 만들게 된다"(ibid.)는 것이다. 다시 말해서, 마테오 리치(중국)와 로베르토 데 노빌리(인도)처럼 '토착화' 선교 방식을 사용해야 할 것이다. 그런데도 아코스타는 라틴아메리카에서는 무력을 사용할 수 있다고 한다. 왜냐하면 유라시아와는 달리 요새화된 도시도 없고, 화기도 없기 때문이라고 주장한다.

17) ibid., p.392.

돌아오면, 아스테카인이나 잉카인은 이제 야만인 가운데서도 한층 열등한 2등급 야만인이다. "문자를 사용하는 수준에 이르지도 못했고, 철학자들의 지혜라는 것도 없기 때문이다."[18] 아메리카 도시문화에 속하지 않는 원주민, 안데스 지방의 원주민은 3등급 야만인으로 다음과 같이 정의된다.

> 거기에는 짐승과 유사한 야만인들이 포함된다. …… 신세계에는 그런 무리가 무수히 많은데 …… 짐승과 별반 다르지 않다. …… 겨우 인간이거나 반쯤 인간인 이들에게는 인간이 되는 법을 배우도록 가르치고, 어린아이처럼 훈육하는 것이 바람직하다. …… 힘으로 이들을 억제해야 하고 …… 어느 면에서는 저들의 의사에 반한다고 할지라도 강권해야(「누가복음」 14장 23절) 천국에 들어갈 수 있다.[19]

따라서 '영혼의 정복'이란 기독교 교리, 주기도문, 십계명, 사도신경을 매일 외우도록 가르치는 것이다. 여기에 상이한 시간 주기(교회력)와 공간(성지)이 포함된다. 이로써 원주민의 의례 생활은 그 의미가 송두리째 바뀌었다.[20] 아무튼, 현재 바티칸의 교회 승리주의는 이러한 일들을 '경축'하고자 하는데, 실제 역사에서 '영혼의 정복'이 얼마나 모호한 것이었는지 이해할 필요가 있다. 영혼의 정복이란 종교적 회심에 따른 개종보다는 강제적인(즉, 거부할 수 없는) 종교 지배, 피억압자에 대한 정복자의 종교적 지배에 훨씬 더 가깝다.

---

18) 7강에서 얘기하겠지만, 두 가지 모두 거짓이다. 이 점은 카를 오토 아펠도 동의할 것이다.
19) Acosta, *De procuranda indorum salute*, p.393.

2. 두 세계의 '만남'?

이제 1492년의 제6형태를 살펴보자. 이 형태는 두 세계, 두 문화의 '만남'이라는 완곡어법이다.[21] 현재 라틴아메리카의 크리오요 또는 메스티소 지배계급이 이 말을 처음 제안했다. 의도는 신화를 만들려는 것이다. 유럽과 원주민이라는 두 세계, 두 문화가 조화롭게 통합된 단일문화로서 신세계라는 신화이다. 이들은 코르테스와 스페인 부인 사이에 태어난 백인(크리오요)이거나 코르테스와 말린체 사이에 태어난 혼혈(메스티소)로, 아직도 권력을 장악하고, 사회를 지배하며, 현행 문화를 통제하는 헤게모니를 쥐고 있다. '만남'이라는 말이 완곡어법인 이유는(로티의 용어로는 '거창한 말'great word) 이 말이 폭력을 숨기고 있기 때문이다. 다른 문화, 타자의 세계를 파괴했다는 사실을 감추고 있기 때문이다. 그러나 '만남'은 사실 '충돌'이었다. 대량학살과 같은 참화를 불러오고, 원주민 세계를 철저하게 파괴한 충돌이었다. 이 모든 것에도 불구하고 새로운 문화(나중에 이 책 에필로그에서 다룰 주제이다), 혼혈인이 주체가 된 혼합적이고 혼종적인 문화가 탄생한다. 그러나 문화적 종합이라든가 결합의 산물은 아니다. 지배의 산물, 원초적 트라우마의 산물이다. 무고한 희

---

20) 복음화 과정에 대해서는 다음을 참고하라. Enrique Dussel, "La evangelización latino-americana", *Historia general de la iglesia en América Latina*, t.I/1, pp.281~365; Mires, *La colonización de las almas*; Luis Rivera Pagán, *Evangelización y violencia: La conquista de América*, San Juan(Puerto Rico): Editorial CEMI, 1991; Rodolfo de Roux, *Dos mundos enfrentados*, Bogotá: CINEP, 1990.

21) '세계'라는 개념은 라틴아메리카 철학에서는 근래에 사용하기 시작했다. 호세 가오스(José Gaos)가 소개한 것으로, 하이데거의 존재론과 관련된 엄밀한 의미의 용어이다. 이러한 '세계'라는 개념은 나중에 '문화'라는 개념으로 옮아간다.

생자(인디오 여자, 피지배 남자, 토착 문화)를 기억해야만 메스티소와 새로운 라틴아메리카 문화를 해방철학적으로 인정할 수 있다.

'만남'이라는 개념은 은폐적이다. 인디오 세계, '타자 세계'에 대한 유럽 '세계'와 유럽 '자아'의 지배를 감추기 때문이다.

두 문화 사이의 '만남'——모든 참여자가 동등한 개인으로 서로 존중하는 '논의 공동체'——은 아니었다. 오히려 비대칭적인 관계였으며, '타자의 세계'는 그 어떤 종교적 타당성이나 합리성으로부터 '배제'되었다. 사실, 이러한 배제는 원주민 종교에 대한 기독교의 우월성(의식적이든 무의식적이든)이라는 은폐적인 신학 논리로 정당화되었다.

다시 말해서, 어떤 '만남'도 있을 수가 없었다. 원주민의 의례, 신, 신화, 믿음을 철저하게 경멸했기 때문이다. 타불라 라사 선교 방식에 따라 모든 것을 지워 버렸다. 분명한 사실은 일상적 실천의 명암 속에서 혼합 종교가 시작되었다는 것이다. 엄격한 종교재판을 피하려면 어쩔 수 없는 일이었다. 아무튼 혼합 종교는 선교사들이나 유럽인들의 의도가 아니었다. 민중의 창의성(이 문제는 나중에 다루겠다)에서 나온 산물이었다.

따라서 라틴아메리카나 스페인의 지배엘리트가 두 세계, 즉 두 문화의 '만남'을 입에 올린다는 것은 어불성설이다.

이와 반대되는 입장은 콜롬비아의 저명한 문필가 헤르만 아르시니에가스의 저서에서 찾을 수 있다(1964년 파리에서 개최된 '라틴아메리카 주간' 행사에서 만난 일이 아직도 기억에 생생하다). 아르시니에가스는 『아메리카와 함께 새로운 역사가 탄생하다』에서 이렇게 쓰고 있다.

아메리카는 우리가 정확한 시작연대를 알고 있는 유일한 대륙이며, 또 전 세계인의 참여로 형성된 유일한 대륙이기도 하다. 탄생부터 남달랐다. 수천, 수백만의 유럽 이민자가 미증유의 기회를 찾아 이 땅으로 건너와 터전으로 삼음으로써 창조된 대륙이다. 이들은 자신의 창조력과 공화국을 꿈꾸는 원주민의 창조력, 이곳에서 해방을 맞이한 아프리카인의 창조력을 통합했다. 다시 말해서, 동족이 사는 고향 땅에서는 찾아볼 수 없는 창조력이었다.[22]

그렇다면 첫째, 1492년은 라틴아메리카의 '시작'이다. 다시 말해서, 눈부신 문화를 자랑하던 원주민들은 아무런 역사적 의미도 없다. 둘째, 라틴아메리카인들은 '이민자의 후손'[23](처음은 크리오요, 후에는 메스티소)이다. 셋째, 여기에 해방된 인디오(마치 예전에 지배를 받았지만 정복에서는 아무런 고통——'근대화'에 필연적인 고통——도 당하지 않은 것처럼 보인다), 공화주의자, 계몽주의자가 합세했다. 넷째, 포르투갈 태생으로 브라질에서 활동한 신학자 비에이라의 견해처럼[24] 아프리카인들은 아프리카에서는 "동족에게 복속"되었으나 라틴아메리카에 와서 노예 상

---

22) Germán Arciniegas, *Con América nace la nueva historia*, Bogotá: Tercer Mundo Editores, 1990, p.62.

23) 아르시니에가스는 이 말을 여러 차례 반복한다. "우리들이 보기에, 신대륙에 정착하려고 건너온 유럽인들은 1493년부터 독립을 추구했다. 다시 말해서, 대서양 건너편에서 신대륙을 창조하려고 온 것이다"(ibid., p.56). "우리는 신대륙을 만들려고 유럽을 떠나온 이민자의 후손이다"(p.64). "아메리카에서 점차 나타난 것은——이것이 아메리카 문화이다——이민자 후손의 목소리와 해방된 토착민의 목소리이다"(p.66). "발견은 벌거벗은 인디오와의 만남보다는 유럽인이 자신을 발견했다는 데 있다"(p.74). 이처럼 아르시니에가스는 '아메리카의 발명'이라는 오고르만의 명제와 동시대 크리오요 지성인들의 명제를 지지한다.

24) 아프리카인은 이교행위와 악마숭배 때문에 지옥에 떨어질 것이었으나 브라질에 와서 노예가 되었다. 이런 노예생활은 연옥과 같으니 죽은 다음에 천당에 갈 것이라고 안토니우 비에이라(António Vieira)는 설교했다. 아르시니에가스는 이러한 '근대성의 해방신화'를 세속적으로 되풀이하고 있는 것처럼 보인다.

태에서 해방되었다는 것이다. 마치 라틴아메리카의 헤겔이 아프리카 대
륙의 역사를 얘기하는 듯하다.[25] 아르시니에가스는 '만남'이라는 개념에
반대한다. 만남이 아니라 유럽인이 아메리카 땅에서 자기실현을 한 것이
며, 원주민들은 사라지거나 아니면 변했다고 주장한다. 이는 유럽중심적
인 크리오요의 해석이다. 바로 오고르만의 해석이기도 하다.

'두 문화의 만남'이라는 표어는 콜럼버스의 신대륙 도착 500주년 기
념행사의 멕시코 측 책임자 미겔 레온 포르티야의 아이디어이다. 1988
년 멕시코에서는 1492년의 의의를 놓고 논쟁이 전개되었다.[26] 이러한

---

25) 역설적이지만 아르시니에가스는 드러내 놓고 헤겔을 비판한다(Arciniegas, *Con América
nace la nueva historia*, pp.176ss.). 그러나 실제로는 헤겔의 명제를 반복하고 있다. 아르시
니에가스는 헤겔의 무지를 공격한다. 1492년 아메리카를 향해 출발한 유럽인은 결국 유럽
에 남은 사람들의 형제이며, 그만큼 가치가 있다는 사실을 헤겔이 몰랐다는 것이다. 헤겔에
대한 아르시니에가스의 비판은 형제를 무시했다는 것인데, 왜냐하면 1830년 헤겔이 『역사
철학강의』를 진행하고 있을 때 "토착민은 …… 이미 지도에서 사라졌기" 때문이다(p.178).
"워싱턴, 볼리바르(Bolívar), 산 마르틴(San Martín), 오이긴스(O'Higgins), 마르티(Martí) 등
은 헤겔만큼 유럽적인 가문의 후손들이다"(p.190). 아르시니에가스는 북미의 미국과 라틴
아메리카를 통합한다. 이는 크리오요(백인)가 감추고 있는 열망으로, 라틴아메리카의 '현
실', 즉 혼혈인종과 혼합적이고 혼종적인 문화와 갈수록 '비유럽적'이 되어 가는 20세기 말
엽의 현실을 고려하지 못한 것이다. 아르시니에가스는 근대성의 문제, 근대화의 문제를 라
틴아메리카로 확장한 동일자의 문제로 잘못 짚었다. 다시 말해서, 예전 유럽의 특수성이 후
일 라틴아메리카의 특수성을 이해하는 보편성이라는 것이다.

26) 논쟁이 시작되기 전에 기예르모 코레아는 「500주년 축하행사를 배격하는 원주민의 목소
리가 등장하다」라는 글에서 레오폴도 세아(Leopoldo Zea), 미겔 레온 포르티야(Miguel
León-Portilla), 알베라르도 비예가스(Abelardo Villegas), 엔리케 두셀 등의 입장을 정리
했다(Guillermo Correa, "Se levanta la voz indígena para impugnar la celebración del V
Centenario", *Proceso* 516, 22 de septiembre, 1986, pp.44~47). 논쟁은 1987년 8월 레오폴
도 세아의 「500주년을 어떻게 할 것인가?」라는 글("¿Qué hacer con el V centenario?", *El
Búho, Excelsior*, 21 de agosto, México, 1987)에 대해서 에드문도 오고르만이 「레오폴도 세
아를 어떻게 할 것인가?」로 응수하면서 시작되었다("¿Qué hacer con Leopoldo Zea?", *El
Búho, Excelsior*, 28 de agosto, México, 1987). 이보다 몇 년 전에 오고르만은 3회에 걸쳐 '만
남'을 주장하는 레온 포르티야의 입장을 비판하는 글을 멕시코 일간지 『호르나다』의 주말
부록에 기고한 적이 있었다("Encuentro de dos mundos", *La jornada semanal*, 19 de mayo,

논쟁은 '만남'이라는 개념의 의미를 명확하게 밝힐 필요성을 보여 준다. 사실 현재의 관점에서 1492년을 다양하게 해석하는 것은 발표자나 기관이, 명시적이건 묵시적이건, 과거를 바라보는 이데올로기적 입장에 차이가 있기 때문이다. 그러므로 몇몇 스페인 사람들은 여전히 '만남'을 선호한다. 1982년 스페인 사회민주당의 펠리페 곤살레스(Felipe González)가 수상 취임 연설에서 10년 후에(1992년에) '발견' 행사를 매우 성대하

19 de junio, 7 de julio, México, 1985). 이에 대응하여 레온 포르티야는 『『아메리카의 발명』 발명자의 역작」("Las elucubraciones del inventor de la *Invención de América*")이라는 글을 1988년 9월 4일 『엘 디아』와 9월 11일 『엑셀시오르』의 '엘 부오'에 게재하였는데, 논쟁은 갈수록 인신공격성으로 변했다. "에드문도 오고르만 박사님은 호전적인 태도로 '아메리카의 발명'을 수용하지 않는 우리들을 악의적으로 비난하고 추궁한다"(p.1). 오고르만은 9월 18일과 25일에 반박했고, 10월 2일에 게재한 「1492년 10월 12일 500주년. 피정복자의 비전」이라는 글에서 레온 포르티야가 '만남'이라는 애초의 명제를 철회했다고 비판했다("Quinto Centenario del 12 de octubre de 1492. La visión del vencido", *El Búho*, *Excelsior*, 2 de octubre, México, 1988). 이에 대해 레온 포르티야는 「그러면 에드문도 오고르만을 어떻게 할 것인가?」라는 글로 응수했다("Y, ¿qué hacer con Edmundo O'Gorman?", *El Búho*, *Excelsior*, 2 de octubre, México, 1988). 아울러 가르실라소 데 라 베가(Garcilaso de la Vega)의 어머니와 아버지(모자란 '대장'으로 나온다) 관계를 '유희적'으로 다룬 헤르만 아르시니에가스의 「대장과 인디오 여자」 같은 글도 이목을 끌었다(Germán Arciniegas, "El capitán y la india", *La Nación*, 25 de julio, Buenos Aires, 1989). 1990년에는 실비오 사발라가 「아메리카 발견에 대한 성찰」이라는 글에서 최근 논쟁을 정리했다(Silvio Zavala, "Reflexiones sobre el descubrimiento de América", *La Jornada Semanal*, Nueva época, 28 de enero, México, 1990, pp.19~24). 이 밖에도 사발라는 「인디헤니스모론자가 되는 다양한 방법에 관하여」를 비롯하여 여러 글이 있는데("De las varias maneras de ser indigenista", *La Jornada Semanal*, Nueva época, 2 de octubre, México, 1988), 정보 제공의 수준을 벗어나지 않는다. 그리고 「500주년 문제의 현황」에서는 논쟁의 중재자 역할을 떠맡고 싶어 했다("Estado de la cuestión del V Centenario", *El Búho*, *Excelsior*. *El Día*, 16 de octubre, México, 1988). 세아는 「500주년을 어떻게 할 것인가?」라는 글에서 500주년 기념의 문제를 다루었다. 기념 행사를 '비판'하는 입장이었다("¿Qué hacer con los quinientos años?", *El Búho*, *Excelsior*, *El Día*, 23 de julio, México, 1989, pp.19~21). 필자의 입장은 이미 짐작하겠지만 앞서 언급한 사람들과는 상이하다. 1966년 소르본 대학교 박사학위논문을 제출한 이래 '인디오의 관점'에 서 있었다(Enrique Dussel, *El episcopado hispanoamericano: Institución misionera defensora del indio(1504-1620)*, vol.I-IX, Cuernavaca: CIDOC, 1969-1971).

게 치르겠다고 밝힌 것으로 기억한다. 그즈음 유럽공동시장 가입을 추진
하던 스페인은 유럽 국가 앞에서 1492년을 '영광의 역사'로 내세우고자
했다. 현재 스페인은 10년 전보다 훨씬 더 이러한 '영광의 역사'를 유럽
통합 정책에 잘 이용하고 있다(그런데 라틴아메리카를 지원하거나 이해
하려는 시도는 그렇지 못하다). 스페인이 1992년을 정치경제적 통합에서
진전을 이룬 해로 못 박으려 한다는 사실에서 우리는 지난 500년이 스페
인인에게 특별한 의미가 있다는 사실을 명확히 알 수 있다. 5세기 전, 유
럽은 이슬람 세계가 8세기에 걸쳐 구축한 장벽에서 탈출했다. 그러므로
1992년은 포르투갈과 스페인이 세계사의 새로운 주기를 시작했다는 의
미가 있다. 그러나 스페인으로서는 마냥 '정복'만 축하할 수는 없는 노릇
이었다. 훨씬 적극적으로 현안에 대처할 필요가 있었다. '만남'이라는 이
데올로기는 이러한 필요에 부응하며, 유럽통합과 유럽의 대(對)라틴아
메리카 '개방'이라는 정치적 입장을 잘 대변한다.

한편, 1984년 '발견의 이념'이라는[27] 주제로 멕시코에서 개최된 세

---

27) Enrique Dussel, "Del descubrimiento al desencubrimiento(Hacia un desagravio
histórico)", *El Buho, Excelsior; El Día*, 9 de diciembre, México, 1984, pp.4~7; *Le
Monde Diplomatique* 76, abril, Paris, 1985, pp.28~29 참고. 앞서 언급하였듯이, 필자는
이미 1964년부터 세계사 서술을 전면적으로 개편하여 라틴아메리카와 인디오의 자리를
마련해야 한다고 주장했다(Enrique Dussel, "Amerique Latine et conscience chretienne",
Esprit, Juillet, 1965, pp.2~20 참고). 1960년대 파리에서의 일이다. 필자의 스승 레비나스
(Emmanuel Levinas)는 사적인 대화에서 인디오의 '학살'을 언급하면서 '타자로서 인디오'
라는 테마를 필자에게 암시한 바 있다. 이러한 '외재성'에 있는 '타자'가 필자의 역사 해석
의 출발점이다. 이에 대해서는 두셀의 『라틴아메리카의 해방 윤리학을 위하여』(1973)와
『해방철학』(1974)를 참고하라. 그즈음 멕시코에 체류하던 츠베탕 토도로프가 1982년 『아
메리카의 정복』을 출판했을 때 무척이나 반가울 수밖에 없었다. 토도로프 역시 레비나스의
'타자'를 인디오에게 적용하였기 때문이다. 토도로프는, 1960년대 말 이래 필자가 '해방철
학'에서 적용한 가설과 동일한 범주의 가설을 이용하여 훌륭한 성과를 이뤄 냈다.

미나에서 필자는 '만남'이라는 개념의 타당성을 부정하는 논쟁을 시작했다. '은폐'라는 개념을 발표하는 한편, 인디오에게 사죄할 필요가 있다고 역설했다. 이런 문제는 나중에 다른 사람들이 다시 다루었다.

만약 "두 세계의 만남"이라는 말이, 혼혈인종이 만들어 낸 혼합적이고 혼종적인 새 문화를 뜻한다면 그 의미를 수용할 용의도 있다. 사실 '만남'은 정복이라는 사건이 아니라 민중문화의 창조적 의식 속에서 이루어졌다(이 책의 에필로그 참고).

2부

과도기

: 해석학적 코드의
코페르니쿠스적 전회

| 개요 |

이 2부는 유럽적 시각의 정점과 한계를 보여 주는 과도기에 해당한다. 즉, '비판 의식의 최고점'이기는 하나 관점은 여전히 유럽적이다(5강). 다른 한편으로, 이와는 완전히 상이한 시각에서 '침략'이라는 논리가 표명되기 시작한다(6강).

5강 _ '근대성 신화' 비판

(이 전쟁과 정복이 정당하다는) 첫번째 이유는 야만인(인디오), 미개인, 짐승 같은 사람은 천성적으로 노예이므로 그들보다 사려가 깊고, 힘이 있고, 완전한 사람들의 제국을 인정하려 들지 않는다. 그러나 제국은 그들에게 막대한 이익(magnas commoditates)이 될 것이다. 게다가 자연법에 따르면 질료는 형상에 복종하고, 육신은 영혼에 복종하고, 정념은 이성에 복종하고, 짐승은 인간에게 복종하며, 부인은 남편에게 복종하고,[1] 불완전은 완전에 복종하며, 최악은 최선에 복종하는 것이 정당하며, 그것이 모두의 선(utrisque bene)이 된다.
— 후안 히네스 데 세풀베다, 『대(對)인디오 전쟁의 정당한 이유』[2]

위 인용문에서 주목해야 할 핵심 문구는 "막대한 이익"과 "모두의 선"이다. 다시 말해서, 피정복자는 물론이고 지배자, 정복자, 승리자에게도 이익이고 선이라는 것이다. 여기서 우리는 완벽하게 구성된 '근대성 신화'를 본다.[3] 한편으로는 자신의 문화를 우월한 것으로, 가장 '발전된' 것으로 정의하고(여러 가지 면에서 발전되었다는 것을 부정하지는 않지만 비판적 관찰자라면 그러한 우월성의 판단기준이 항상 질적이기 때문에 실제 적용에서는 일관성이 없다는 점을 인정할 것이다),[4] 다른 한편으로는 다른 문화는 열등하고, 조야하고, 야만적이며, 그 주체는 "책임져야 할 미숙

---

1) 이 문헌의 가부장제 선호, 즉 마치스모는 유명하다. 세풀베다는 노예제 찬성자이자 그리스중심주의자였으며, 확고한 가부장제 옹호자인 아리스토텔레스의 영향을 받았기 때문이다.

2) 초판본은 1550년 로마에서 출판되었다. 여기서 인용한 책은 비평판이다. Juan Ginés de Sepúlveda, *Tratado sobre las justas causas de la guerra contra los Indios*, México: Fondo de Cultura Económica, 1987, p.153.

3) 부록 2를 참고하라.

4) 이를테면, 오늘날 지구환경의 파괴에 직면한 우리는 새로운 눈으로 생명의 순환체계와 자연(대기권과 생물권 같은)의 재생을 인식하게 되었으나 아메리카 대륙의 원주민들은 예로부터 이를 실천에 옮기고 있었다. 삶의 질은 얼마나 향상되었는가? 이러한 질문에 질적으로 대답하기란 무척 어렵다. 헤겔의 말처럼 '정도'(양적규정성)의 문제이기 때문이다.

함"에 머물고 있다고 단정한다.[5] 그러므로 타자에게 행사하는 지배(전쟁, 폭력)란, 실제로는 야만인을 문명화하고, 발전시키고, '근대화'시키는 해방이자 '이익'이고, '선'이다. 이것이 '근대성 신화'이다. 무고한 사람(타자)을 희생시키고, 그 원인을 희생자의 책임으로 돌리며, 근대 주체는 살해행위와 관련하여 무고하다고 주장한다. 결국, 피정복자(피식민지 주민, 저발전국가 주민)의 고통은 근대화의 대가, 불가피한 희생으로 해석된다. 동일한 논리가 아메리카 정복에서 걸프전까지 적용되고 있다(희생자는 인디오와 이라크 민중이다). 이러한 논리가 근대성의 태동기에, 1550년 바야돌리드 논쟁에서 어떻게 전개되었는지 살펴보자. 바야돌리드 논쟁은 결과로 보나 현재까지 지속되는 영향력으로 보나 지난 500년 역사에서 가장 주목할 만한 논쟁이기도 하다.

역사적으로 보면, 타자를 어떻게 '의사소통 공동체'에, 문명에 '포함'시킬 것인가라는 문제, 다시 말해서 16세기 문명화 정복의 정당화 문제(폭력 문제가 아니라)에 대한 세 가지 이론적 입장이 있었다. 첫째 '해방으로서' 근대성(후안 히네스 데 세풀베다), 둘째 '유토피아로서' 근대화(헤로니모 데 멘디에타), 셋째 여전히 유럽적이지만 '근대성 신화에 대한 비판'(바르톨로메 데 라스 카사스)이 그것이다.

1. '해방'으로서 근대성

스페인 인문주의자이자 근대 사상가인 세풀베다의 논의는 표현방식과 가차 없는 솔직성 때문에 흔히 냉소적이라고 생각한다. 그렇지만 한 가

---

5) 칸트의 '미숙함'은 세풀베다의 '미련함'(tarditatem)에 해당한다.

지 지적하고 싶은 것은, 그의 논의가 현재 일반적으로 사용하는 의미로 '근대적'이라는 점이다. 세풀베다의 논의를 살펴보자. 우선 세풀베다는, 원주민의 도시적 생활양식과 아스테카나 잉카의 수많은 건축물을 보고 정복자들이 감탄했다고 하나 이것이 곧 원주민이 문명화되었다는 견해의 근거가 될 수 없다고 지적한다.

> 그러나 보다시피 많은 사람들이 속고 있으나 나는 그런 의견에 속지 않는다. 오히려 이와 반대로 그런 제도에서 이 사람들의 조잡성, 야만성(ruditatem barbariem),[6] 타고난 노예근성을 본다. 집이 있고, 조금은 이성적이고, 모종의 교역을 하는 것은 필요에서 나온 것으로, 인디오가 곰이 아니고, 원숭이가 아니고, 이성이 완전히 결여된 존재가 아니라는 증거일 뿐이다.[7]

세풀베다는 자기 생각(요즘 같으면, '저발전' 세계의 근대성)을 솔직하게 털어놓은 다음에, 근대성의 '개념'으로 원주민 세계를 판단한다.

> 그러나 다른 한편으로 원주민들이 나라를 세웠다고는 하나, 이들은 집한 채, 땅뙈기 하나도 '개인적으로 소유하지 못하며', '유언장에서' 상속자에게 물려줄 수도 없다. 모든 것은 부당하게도 왕이라고 부르는 지배자들이 장악하고 있다. 이 지배자들의 의사가 자신들의 의사보다 훨씬

---

6) 여기서 '조잡성'(ruditatem)은 칸트의 말로는 '미숙함'이다.
7) Ginés de Sepúlveda, *Tratado sobre las justas causas de la guerra contra los Indios*, p.109.

중요하기 때문에 '자신의 자유가 아니라' 지배자들의 변덕스러운 의지에 복종한다. 그리고 무력으로 강제해서 이렇게 복종하는 것이 아니라 자발적으로, 자진해서[8] 복종한다는 점이 바로 이 야만인들에게 비굴한 노예근성이 있다는 확실한 증표이다. …… 결국, 이 모자란 인간들의 기질과 관습(ingenio ac moribus)은 아주 야만적이고, 무지하고, 비인간적이며, '스페인인들이 도래하기 전에도' 그랬다는 사실을 우리는 잘 알고 있다.[9]

세풀베다는 야만의 근거를 인간과 사물의 관계수립 방식이 비개인적이기 때문이라고 기술하고 있다. 사적 소유의 경험이 없고(ut nihil cuiquam suum sit), 상속 문서도 없을 뿐만 아니라, 무엇보다도 근대성의 결정적 요소가 결여되어 있기 때문이다. 즉 자율성을 보장하고 지배자들의 변덕스러운 의지에 반대할 수 있는 주체의 자유가 없다는 것이다.[10]

세풀베다에게 정복이란 사실 해방 행위이다. 이로써 야만인은 '미숙함'에서, 야만에서 '벗어나는' 것이(칸트의 용어로 'Ausgang') 가능하기 때문이다. 이러한 첫번째 주장을 이해하려면 5강 모두에서 인용한 구절을 참고하기 바란다. 두번째 주장은 다음과 같다.

---

8) 칸트가 말한 '나태와 비겁'이 떠오른다. 다시 말해서, '책임져야 할 야만성'은 외적 강제나 억압의 결과가 아니라 '무력하고 복종적인 영혼'의 내적 결정에 따른 자발성(volentes ac sponte sua) 때문이다.

9) Ginés de Sepúlveda, *Tratado sobre las justas causas de la guerra contra los Indios*, pp.109~111.

10) 왕이 변덕스럽게 의지를 행사한다는 헤겔의 관점과 유사하다. 단 한 사람(폭군)만 자유로운 아시아 존재라는 해석이다.

두번째 이유는…… 혐오스러운 호색질(nefandae libines)을 일소하는 것이다. …… 매년 이 야만인들이 희생제물로 바치는 수많은 무고한 인명을 심각한 위해로부터 구하는 것이다.[11]

여기서 그는 부지불식간에 근대성의 '개념'에서 근대성의 '신화'로 옮겨 가고 있다.[12] '개념적으로' 근대 이성은 도구, 기술, 정치적·경제적 실천구조, 주체성의 행사 정도에서 발전이 덜 된 문명으로부터의 해방을 의미한다. 그러나 동시에 '지배' 과정 즉, 다른 문화에 대한 '폭력'을 숨기고 있다. "수많은 무고한 인명을", 야만성에 희생된 사람들을 "구한다"는 미명 아래 타자가 겪은 모든 고통은 정당화된다. 세풀베다의 논의는 '근대성 신화'를 고전적이고 아주 명확하게 표현하고 있다. 전체 논의는 다음과 같은 단계(전제, 결론, 추론)로 구성되어 있다.

① 유럽 문화가 가장 발달했다.[13] 다시 말해서, 다른 문화보다 우월한 문명이다(주장의 대전제는 '유럽중심주의'이다).
② 다른 문화가 문명화 과정을 통해서 야만이나 저발전에서 벗어나는 일

---

11) Ginés de Sepúlveda, *Tratado sobre las justas causas de la guerra contra los Indios*, p.155.
12) 부록 2를 참고하라.
13) 세풀베다는 아리스토텔레스("완전한 것이 불완전한 것을 지배하고 다스려야 하며, 뛰어난 것이 그렇지 못한 것을 지배하고 다스려야 한다")나 성서("잠언에도 '어리석은 자는 지혜로운 자를 따른다'고 쓰여 있으므로")에 근거하여(ibid., pp.83, 85) 이런 결론을 내린다. "스페인인들은 신세계와 부속 도서의 야만인을 다스릴 완전한 권리가 있다. 이 야만인들은 지혜나 재기나 덕이나 인간성에서 스페인인들보다 훨씬 열등하다. 마치 어른보다 열등한 아이나 남자보다 열등한 여자 같다. 그 차이란 잔혹하고 짐승 같은 사람과 자비로운 사람 사이의 차이만큼 크다"(ibid., p.101).

은 결론적으로 그 문명에게 진보이고, 발전이며, 선이다.[14] 따라서 해방 과정이다. 게다가 이러한 근대화의 길은 가장 발전한 문화가 이미 지나온 길이 분명하다(여기에 '발전주의 오류'가 뿌리박고 있다).

③ 첫번째 추론: 유럽이 다른 문화를 지배하는 일은 교육적 행위, 즉 '불가피한' 폭력(정당한 전쟁)이며, 또 문명화, 즉 근대화 사업[15]이라는 점에서 정당화된다. 또한 다른 문화의 구성원이 겪는 일시적인 고통도 문명화 과정에서 불가피한 희생이자 "책임져야 할 미숙함"의 대가이므로 정당화된다.[16]

④ 두번째 추론: 그러한 교육적 행위, 불가피한 폭력을 행사하는 정복자, 즉 유럽인은 무죄일 뿐만 아니라 칭찬받을 만하다.[17]

⑤ 세번째 추론: 정복으로 희생된 사람들은 자신들에게 행해진 폭력, 즉 정복과 희생에 '책임이 있다'. 정복자, 즉 살인자들이 굳이 힘을 사용하지

---

14) "이 야만인들에게 제국에 복속되는 것보다 더 바람직한 일이 또 있을까? 그래야 지혜와 덕과 종교를 가진 그 사람들이 야만인들을, 인류라는 이름을 겨우 붙일 수 있는 그런 존재를 가능한 한 '문명화된 인간'으로 변화시킬 것이다"(Ginés de Sepúlveda, *Tratado sobre las justas causas de la guerra contra los Indios*, p.133).

15) "이 밖에도 매우 중대한 여러 가지 이유 때문에 이 야만인들은 스페인인들의 제국을 받아들여야만 한다. …… 그리고 스페인인들보다는 저들에게 훨씬 이로울 것이다. …… 만약 우리 제국을(imperium) 거부한다면 무력으로 받아들이게 만들 수 있다. 그리고 이러한 전쟁은, 이전에 우리가 이미 위대한 철학자와 신학자의 권위를 빌려 밝혔듯이, 자연법상으로 정당하다"(ibid., p.135).

16) 원주민들의 죄악에 관해 세풀베다는 이렇게 기술하기도 한다. "두번째 이유는 인육을 먹는 기괴한 범죄와 혐오스러운 호색질을 일소하는 것이다. 이는 자연을 거스르는 범죄로, 아직도 하느님을 숭배하기보다는 악마를 숭배하기 때문인데, 이러한 기괴한 의례와 인간을 희생제물로 바치는 의식에 하느님은 대로하신다"(ibid., p.155).

17) "의심할 바 없이, 기독교 세계 바깥에서 배회하는 모든 사람은 길을 잃고, 어김없이 벼랑으로 걸어가고 있다. 우리는 어떤 방법을 동원해서라도, 비록 저들의 의사에 반한다고 할지라도, 저들을 벼랑에서 떼어 놓아야 한다. 저들을 저대로 방치한다면 자연법을 준수하지 않는 것이고 그리스도의 가르침을 따르지 않는 것이다"(ibid., p.137).

않더라도 자발적으로 야만에서 '벗어날' 수 있고, 또 벗어나야만 했다. 따라서 이러한 저발전 민중이 해방적 정복 행위에 반대하여 봉기하는 것은 비합리적이며, 두 번 책임을 물을 일이다.

근대성의 해방 '개념'은 ①과 ②에 나타나 있다. '근대성 신화'는 ①의 '유럽중심주의'와 ②의 '발전주의 오류'에서 출발하여, ③에서 ⑤에 걸쳐 형성되고 있다. 나중에 살펴보겠지만, 근대성 개념을 '완전하게 실현'하려면 근대성을 '극복'해야 한다. 이런 극복이 필자가 통근대성(transmodernidad)이라고[18] 이름 붙인 기획, 다시 말해서 부정된 타자성(다른 문화의 정체성과 존엄성, 은폐된 타자의 정체성과 존엄성)을 포함하는 기획이다. 이를 위해서 '유럽중심주의'라는 대전제를 철저하게 분석하거나 부정해야 한다.[19] '근대성 신화'는 해체하기만 하면 철저하게 부정된다. 근대성 신화는 '인간 희생 패러다임' 위에 구축되어 있다. 인류가 전진하기 위해서는 폭력의 희생자, 희생물을 바칠 필요가 있다는 것이다(이것은 칸트나 헤겔의 입장인데, 마르크스가 극복했다).[20]

사실, '근대성 신화'는 앞뒤가 터무니없이 전도된 것이다. 무고한 희생자가 죄인이 되고, 죄를 지은 살인자는 무고한 사람이 된 것이다. 인문

18) 필자는 1976년에 저술한 『해방철학』(Filosofía de la Liberación)의 서문에서 해방철학은 '후근대적'(postmoderno)이라고 얘기했다. 이 책을 저술할 당시는 '후근대성' 운동이 일어나기 전으로, 필자는 오로지 근대성 '극복'의 필요성을 지적한 것이다. 이제는 '후'근대론자들과 구별할 필요가 있으므로 '통'근대성이라는 용어를 사용하고자 한다. 이 주제는 나중에 다시 다루겠다.

19) 부록 2의 도식에서 기획 'G'는 긍정해야 한다(반면에 '발전주의' 기획 'F'는 부정해야 한다).

20) 필자는 『만년의 마르크스』(El último Marx) 7장에서 완숙기 마르크스에게 나타난 이러한 변화를 보여 주었다. 러시아 인민주의자들의 반론에 직면한 마르크스는 입장을 바꿔 러시아라는 '주변부'의 시각으로 사고하기 시작했다.

주의자이자 근대인인 세풀베다의 논의는 역설적이지만 결국 비합리주의로 전락한다. 타자를 '의사소통 공동체'에 포함하려는 것이 아니라, 후세의 모든 근대성과 마찬가지로, 폭력 사용을 정당화하기 때문이다. 세풀베다의 논의는 『신약 성서』에 근거하고 있다. 어떤 사람이 큰 잔치를 베풀고 여러 사람을 초대하였으나 결국에는 가난한 사람들을 '강권하여' 데려왔다는 우화이다. 이 우화는 아우구스티누스가 특수하게 해석했는데, 세풀베다는 이를 인용한다.

> 이 점을 예시하려고 아우구스티누스는 …… 이렇게 덧붙인다. "저 잔치의 비유에서 그리스도는 이 점을 아주 명확하게 보여 주고 있다. 잔치에 초대받은 사람들이 참석하지 못하겠다고 하자 '주인은 종에게 이르기를, 빨리 시내의 골목과 광장으로 나가 가난한 사람들을 들어오게 하라. …… 아직도 자리가 남아 있나이다. 이에 주인이 종에게 이르기를 들과 길로 나가 사람들을 강권하여(compelle) 데려다가 내 집을 채우라'. 주인은 처음에 '들어오게 하라'고 말하였다가 마지막에는 강권하여 데려오라고 말을 바꾸고 있는데, 이는 교회의 두 시기를 의미한다."(여기까지가 아우구스티누스의 말이다. 세풀베다는 이렇게 덧붙인다.) 따라서 이 야만인들, 자연을 위반하는 자들(칸트의 말로 "책임져야 할" 자들), 신성을 모독하는 자들, 우상을 숭배하는 자들을 초대할 뿐만 아니라 강권하여 기독교인의 제국을 수용하게 하고 사도들이 전하는 복음을 듣게 하여야 한다.[21]

세풀베다는 '강권'을 인디오 진압 전쟁이라는 폭력의 사용까지 의미한다고 해석한다. 나중에서야 인디오를 "기독교에 입교시키고 사상을 가르칠 때는 폭력보다는 모범을 보이거나 설득하는 편이 더 낫다"고 얘기한다.[22] 다시 말해서, '의사소통 공동체'에 포함시키거나 참여시키는 과정은 폭력적이지만 일단 '그 안으로' 들어온 다음에는 논의적 합리성(racionalidad argumentativa)을 동원해야 한다는 것이다. 따라서 바야돌리드의 논쟁은, 카를 오토 아펠의 표현을 빌리면, '의사소통 공동체'에 '어떻게 입장하는가'의 문제이다.

2. '유토피아'로서 근대성

근대성의 두번째 입장인 이 문제는 프란체스코회 선교사로 정복 초기 멕시코에서 활동한 헤로니모 데 멘디에타를 중심으로 살펴보려고 한다.[23] 1524년 멕시코에 도착한 프란체스코회 선교사들은 '영성주의자'였으며, '요아킴주의자',[24] '천년왕국주의자'도 있었다. 『인디아스 교회

---

21) Ginés de Sepúlveda, *Tratado sobre las justas causas de la guerra contra los Indios*, pp.143~145.

22) ibid., p.175. 나중에 살펴보겠지만, 여기서 세풀베다는 라스 카사스 신부가 『유일한 방법』 (*De único modo*)에서 전개한 논의를 이용하고 있다.

23) John L. Phelan, *The Millennial Kingdom of the Franciscans in the New World*, Los Angeles: University of California Press, 1956; Mario Cayota, *Siembra entre brumas: Utopía franciscana y humanismo renacentista: una alternativa a la conquista*, Montevideo: CIPFE, 1990 참고. 마리오 카요타의 책은 요아킴주의와 영성주의가 '영혼의 정복'에 미친 영향을(특히 멕시코의 경우) 보여 주고 있다.

24) 피오레의 요아킴(Gioacchino da Fiore, 1135?~1202년)은 1260년부터 성령의 왕국이 시작되리라고 주장했다. 이때는 진정한 그리스도 추종자들이 복음적 가난으로 다스리며, 교황의 교회는 영성의 교회에게 자리를 물려주고, 묵시록에서 예언한 천년왕국이 도래할 것이다. 어느 의미에서는 헤겔도 성부의 왕국, 성자의 왕국, 성령의 왕국을 믿은 요아킴주의자였다. 이러한 영향은 마르크스까지 이어진다. 이에 대해서는 필자의 책 『마르크스의 신학적 비유』를 참고하라(*Las metáforas teológicas de Marx*, Navarra: Verbo Divino, 1993).

사』를 저술한 멘디에타의 견해에 따르면, 이집트의 히브리인들과 마찬가지로 아스테카인들은 이교 신앙과 우상숭배의 시기를 살았다(악마의 노예였다). 콜럼버스를 뒤따라온 에르난 코르테스는 이들을 노예에서 해방시킨 모세였다(근대성의 해방적 의미).[25] 이런 이유로, 프란체스코회 선교사들은, 바르톨로메 데 라스 카사스와는 반대로, 원주민이 복음화를 거부한다면 정당한 전쟁의 대상이 될 수 있다고 인정했으며, 세풀베다처럼 「누가복음」 14장 15~24절을 들어,[26] 정복을 정당화했다. 다만 정복 후에 할 일에 대해서는 의견을 달리했다. 세풀베다는 스페인의 국왕 펠리페 2세를 지지한 반면에 멘디에타는 이 국왕이 인디오들의 '바빌로니아 유수'를 야기한 인물이라고 강력하게 비판했다.

멘디에타의 견해에 의하면, 모든 사람에게 복음을 전했기 때문에 '세상 종말'이 이미 시작되었다. 게다가 유럽은 죄를 짓고 예수그리스도를 배신한 반면에 단순하고 가난한 인디오들은 원죄에 물들지 않은 것처럼 보이기 때문에[27] 콘스탄티누스 황제 이전의 '초창기' 교회나[28] 아시시의 프란체스코(Francesco d'Assisi)가 꿈꾸던 이상적인 교회를 세울 수 있다고 보았다.

1524년에서 1564년까지는 멕시코 교회의 '황금기'였다. 이 시기는

---

25) Phelan, *The Millennial Kingdom of the Franciscans in the New World*, pp.28ss. 참고.

26) 이 우화에서 세 사람이 잔치에 참여하지 못한다고 하자(헤로니모 데 멘디에타는 이들을 유대교인, 이슬람교인, 이교인이라고 보았다) 주인이 종에게 이르기를 "들과 길로 나가 사람들을 '강권하여'(compelle) 데려다가 내 집을 채우라"(23절)고 하였다. 이미 살펴보았듯이, 여기서 문제는 '강권'의 정당성이다. 이 점에서 헤로니모 데 멘디에타는, 토리비오 모톨리니아(Toribio Motolinia)를 비롯한 나머지 프란체스코회 수사들과 마찬가지로, 세풀베다와 의견이 일치한다.

27) 이 점에서 프란체스코회 선교사들은 호전적 반(反)루터 낙관주의자였다.

28) ibid., pp.42ss.

카를로스 5세의 통치기에 해당한다. 프란체스코회 선교사들은 아스테카의 오래된 전통을 존중하였지만 프란체스코회 선교사들, 특히 페드로 데 간테(Pedro de Gante)가 보기에는 기독교 교리에 배치되는 것은 아니었다. 인디오의 언어로 설교하였고, 의상, 관습, 추장의 권위와 정치적 권위 등을 존중하였다. '근대화' 기획은 외부(정복으로 파괴되지 않은 부분)에서 시작되었다. 여기서부터 스페인의 영향이 미치지 않는 기독교 공동체를 조직했다. 이러한 기획 ——후일 샌프란시스코, 로스앤젤레스, 샌안토니오에서 볼리비아의 모호스와 치키토스, 파라과이에 이르기까지 아메리카 대륙 전역에 설립된 프란체스코 선교공동체(reducción)와 예수회 선교공동체 ——은 본질적으로 유토피아적인 '근대화 기획'이었다. 다시 말해서, 인디오의 타자성에서 출발하여, 기독교와 유럽의 기술(철제 쟁기와 같은 여러 농기구, 기계, 방직산업, 말을 비롯한 가축, 알파벳 문자, 반구형 아치와 같은 발달된 건축술)과 도시적 정치 형태를 도입하였다. 토르케마다는 이런 기획을 가리켜 '인디오 군주국'이라고 이름 붙였다. 즉, 황제의 통치를 받는 '인디오들의 공화국'이었다. 그러나 문화적으로는 프란체스코회 선교사들의 가부장적 지도를 받는 원주민 공화국이었다.

그렇지만 내적인 모순이 있었다. 프란체스코회 선교사들의 '가부장주의'(그리고 훗날 파라과이에서 훨씬 발전된 선교공동체를 세운 예수회 선교사들의 가부장주의)는 유토피아적 세계를 형성했으나 유럽(스페인) 식민지 개척자들로부터 신랄한 비판을 받았다.

이런 사정 때문에 멘디에타는, 1564년[29] 이후 스페인 식민지 개척자

---

29) 펠리페 2세는 누에바 에스파냐 부왕령(현재의 멕시코)을 개편하고, 새로운 부왕과 관리들을 임명하였다. 그리고 '인디오들의 나라'를 접수하여 스페인에 공물을 바치게 하라고 명령했다.

들이 원주민 공동체를 통제하면서부터 이런 기획은 모두 실패했다고 보았다. 펠리페 2세의 시기는 '은의 왕국'이고, '바빌로니아 유수'였다. 근대화된 유토피아(인디오의 문화적 외재성을 얼마간 존중했다)는 파괴되었다. 그 대신에 '분배제도'(농업이나 광업에서 원주민을 경제적으로 착취하는 또 다른 형태)가 등장했는데, 멘디에타가 보기에는 이집트의 노예제도만큼이나 유해한 제도로 복귀한 것이었다. 맘몬의 왕국을 재건한 것이었다(자본에 대한 마르크스의 비유적 해석과 일치한다).

3. '근대성 신화' 비판

바르톨로메 데 라스 카사스는 해방으로서 근대성(세풀베다도 이렇게 이해했고, 헤로니모 데 멘디에타, 살라망카 대학교의 교수 프란시스코 데 비토리아, 후일의 칸트도 이렇게 이해했다)[30]이 지니고 있는 비판적 의미를 넘어서고 있다. '근대인'이 공격을 정당화하기 위해 둘러씌운 '책임'으로 '미숙한' 주체를 판단한 것은 오류라는 것을 발견했기 때문이다. 라스 카사스는 근대성의 해방적 의미를 받아들이지만 타자의 책임이라는 '신화'에 은폐된 비합리성을 찾아낸다. 따라서 타자를 '의사소통 공동체'에 참여하도록 '강권'하는 폭력과 전쟁은 어떤 논리로도 정당화될 수 없다고 비판한다. '논의 공동체'에서 논의할 필요성은 세풀베다와 라스 카사스 모두 동의하고 있었으므로, 논쟁은 타자가 '논의 공동체'에 처음 '참

---

30) 프란시스코 데 비토리아(Francisco de Vitoria)는 결국 원주민이 복음 전도에 반대하면 전쟁을 해도 된다고 인정한다. 이것이 전쟁을 용인한 유일한 이유이다. 바르톨로메 데 라스 카사스는 이러한 이유를 비합리적이라고 여겨 결코 받아들이지 않았다.

여'하는 방식, '입장'하는 방식에 관한 것이었다. 합리적 참여 자체가 가능한지를 살피는 선험적 조건이 핵심 쟁점이었다. 세풀베다는 비합리적 계기(전쟁)를 인정하고 논의를 전개한다. 반면에, 라스 카사스는 처음부터 타자와 '대화'하는 것이 합리적이라고 주장한다.

라스 카사스의 관점으로는 원주민을 구지배로부터, 이른바 야만성이나 야수성으로부터 해방시킨다는 것이 폭력, 즉 전쟁의 비합리성을 정당화하지 못하며, 새로운 형태의 지배가 구지배보다 나은 것도 아니고, 버금가는 것도 아니다. 새로운 노예 상태와 비교하면 인디오들의 구질서는 자유와 존엄성이 숨 쉬는 실낙원과도 같다.[31] 라스 카사스는 『변증론 역사 개요』 서문에서 다음과 같이 쓰고 있다.

> 이 책을 저술한 궁극적인 이유는 수많은 민족을 알려는 것으로 …… 몇몇 사람들은 …… 이들이 스스로 통치하기에는 이성이 부족한 사람들이고, 인간적인 정치도 못하며 질서 있는 나라를 세우지도 못했다고 공언함으로써 …… 오명을 둘러씌웠다. …… 이와 반대되는 진리를 증명하기 위해 그동안 수집한 여러 자료를 이 책에 제시하였다.[32]

---

31) 이것이 라스 카사스의 『변증론의 역사 개요』(*Apologética historia sumaria*)의 논의 목적이다. 이 방대한 저서에서 라스 카사스는 사아군(Bernardino de Sahagún)처럼 인디오들의 옛 관습을 기술하려는 것이 아니었다. 라스 카사스의 의도는 사아군과 정반대이다. 사아군은 인디오의 과거 세계를 알고 또 이를 파괴하기 위해 기술했는데, 라스 카사스는 인디오의 합리성, 존엄성, 인류학적 일관성을 보여 주고자 한다. 원주민 문화의 오래된 전통은 개선되고 발전할 수 있으므로 무턱대고 파괴하거나 부정할 일은 아니었다. 그러한 전통을 철저하게 부정하면(타불라 라사 선교 방식) 당초에 의도한 것이 제아무리 숭고하고 신성하다고 할지라도 선보다는 해가 더 크다고, 라스 카사스는 빈틈없는 논의를 전개하고 있다.

32) Bartolomé de las Casas, *Obras escogidas*, vol.III, Madrid: BAE, 1958, p.3. 방대한 책을 마무리 지으면서 라스 카사스는 다시 한번 이렇게 쓰고 있다. "야만인들에 관한 지금까지의 논의에서 인디오와 야만인은 분명히 구별된다. …… 만약 적절하게 구별한다면, 이 인디

이와 반대로, 프란체스코회 수사이자 인류학자인 사아군은 기념비적인 저서 『누에바 에스파냐 문물 일반사』에서 아스테카 문화와 신앙을 완벽하게 수집하였는데, 의도는 정반대였다.

이런 문물에 반대하는 설교를 하려면, 이런 문물이 있다는 사실이라도 알려면, 저들이 우상숭배 시기에 문물을 어떻게 이용했는지 알 필요가 있다. 이를 알지 못하기 때문에 우리들 면전에서 수많은 우상숭배 행위를 하는데도 그것이 우상숭배라는 것조차 깨닫지 못한다.[33]

라스 카사스의 주장은 타자성을 파괴하지 않고 인디오의 '근대화'를 시도해야 한다는 것이다. 그는 신화를 정당화하지 않으면서 근대성은 취한다. 근대성을 전근대성이나 반근대성과 대립시키지 않는다. 그보다는, '체계'의 동일자가 아니라 타자로부터의 근대화로서 근대성을 논한다. 이러한 기획은 '통체계적인'(trans-sistemático) 계기, 다시 말해서 창조적인 타자성의 관점에서 체계를 혁신하려는 시도이다. 라스 카사스는 『유일한 방법』에서 해방의 합리주의라는 비판 방법을 사용한다.

하느님의 섭리는 진정한 종교를 언제 어디서나 모든 사람에게 가르치

오들이 어떤 유형에 속하는지 쉽게 이해할 수 있을 것이다"(ibid., vol.IV, pp.444~445). 라스 카사스는 단순히 변증론이나 역사책을 쓰고자 한 것이 아니었다. 이와 반대로 원주민의 존엄성과 순수성을 옹호하고, 정당한 전쟁의 논리를 타파하고자 했다.

33) Bernardino de Sahagún, *Historia general de las cosas de Nueva España*, México: Porrúa, 1956, p.17. 다시 말해서, 사이군이 아스테카의 문물을 수집하는 이유는 이를 체계적으로 파괴하려는 것이다. 반대로 라스 카사스는 존엄성을 보여 주고, 인디오들의 합리성과 고도의 도덕적·문화적·정치적·종교적 발전을 증명하려고 한다.

는 단일하고, 동일하고, 유일한 방법을 확립하였다. 바로 이성과 권유와 감복을 통해서 이해하도록 설득하는 방법이다.[34]

라스 카사스는 이 문제에 관하여 『유일한 방법』의 5장에서 약 300쪽에 걸쳐 35가지 반대 이유를 개진하고 있다. '이성적 논의'가 "종파나 과오나 관습의 타락에 관계없이 세상 모든 사람에게 공통적인"[35] 진정한 종교를 이교도에게 납득시키는 유일한 방법이다(이성적 논의와 더불어 훌륭한 삶이 함께 수반되어야 '수행적 모순'에 빠지지 않는다). 따라서 라스 카사스는 이성의 자율성에 근거한, 참으로 보편적인 원칙을 제시한다.

이성적인 피조물은 타고난 성향이 있으니, …… 자발적으로 경청하고, 자발적으로 복종하고, 자발적으로 지지를 표명한다. …… 그러므로 고유의 동기, 자유의지, 타고난 능력과 성향에 따라서 타인의 이야기를 듣는다.[36]

이 논의를 길게 전개한 다음에, 『유일한 방법』의 6장에서 두번째 문제를 제기한다.

어떤 사람들은 …… 이교도의 의사야 어떠하든 우선적으로 기독교인의

---

34) Bartolomé de las Casas, *De único modo de atraer a todos los pueblos a la verdadera religión*(1536), México: Fondo de Cultura Económica, 1975, p.65. [이 책의 원제는 'De unico vocationis modo'이며, 스페인어 번역본 제목은 '모든 사람을 진정한 종교로 인도하는 유일한 방법'인데 흔히 줄여서 『유일한 방법』이라고 부른다.—옮긴이]

35) ibid., pp.65~66.

36) ibid., p.71.

지배에 복속시키고, 그 다음에 기독교 신앙을 조리 있게 설교하는 것이 훨씬 현실적이고 또 적절하다고 여긴다. 이 경우도 설교자들은 이교도에게 믿음을 강제하기보다는 이성을 통해서 납득시켜야 할 것이다.[37]

이것이 바로 '논의 공동체' 참여의 문제이다. 라스 카사스는 '논의 공동체'(논의 자체가 아니라)에 참여할 수 있는 '가능성의 합리적 조건들'에 관심이 있다. 뒤이어 이렇게 덧붙인다.

그러나 그 어떤 이교도도, 특히 이교도의 왕들은, 자발적으로 기독교인의 지배에 굴복하고자 하지 않으므로 …… 의심할 바 없이 전쟁을 하는 수밖에 없을 것이다.[38]

바로 여기서 라스 카사스는 '근대성 신화'(그리고 후일의 '근대화')의 기원과 맞서고 있다. 신화로서 근대성은 문명적 폭력을 항상 정당화한다. 16세기에는 기독교를 전파한다는, 나중에는 민주주의, 자유시장 등을 보급한다는 이유였다. 그러나 라스 카사스는 이렇게 언급한다.

전쟁에는 다음과 같은 재앙이 따른다. 요란한 무기 소리, 갑작스럽고 격렬하고 맹렬한 공격과 침입, 폭력과 심각한 혼란, 능욕과 죽음과 학살, 약탈과 강탈과 참화, 부모의 사망과 자식의 사망, 포로, 왕국과 영토를 상실한 군주와 귀족, 잿더미로 변해 버린 수많은 도시와 마을과 명승지.

---

37) Las Casas, *De único modo de atraer a todos los pueblos a la verdadera religión*, p.343.
38) ibid., p.343.

이 모든 재앙 때문에 왕국과 지방과 마을은 울음과 신음과 탄식과 갖가지 참상으로 얼룩진다.[39]

이처럼 라스 카사스는 일찍부터 근대성 신화를 무너뜨리고 있다. 제아무리 원주민 탓으로 돌린다 하더라도(칸트가 말한 "책임져야 할 미숙함") 폭력은 절대 정당화될 수 없다는 것을 보여 주기 때문이다.

이 전쟁이 부당하다는 것은 무엇보다도 다음과 같은 사실을 고려할 때 증명된다. …… 전쟁의 대상이 되는 사람들은 공격하는 사람들에게 어떤 위해를 가했기 때문에 마땅히 전쟁을 치러야 한다는 것이다. 그러나 기독교인 구역에서 멀리 떨어진 자기 고장에 사는 이교도는…… 마땅히 공격을 받아야 하는 그 어떤 위해도 기독교도에게 가하지 않았다. 그러므로 이 전쟁은 부당하다.[40]

이렇게 근대성 신화의 '핵심'은 무너진다.[41] 나아가서 '미성숙한 사람들은' 책임이 없을 뿐만 아니라 책임을 져야 할 사람들은 오히려 무고하다고 자임하는 사람들, 문명화의 영웅들, 유럽인들, 그 가운데서도 특히 지도자들이다.

---

39) ibid., pp.343~344. 라스 카사스는 카리브 해, 멕시코, 중앙아메리카에서 직접 경험한 전쟁의 잔혹성과 공포를 뛰어난 수사법으로 10여 쪽에 걸쳐 기술하고 있다. 이는 근대성이 장차 주변부 세계, 얼마 전까지만 해도 제3세계라고 부르던 식민세계에 흩뿌릴 폭력과 잔혹성에 대한 예언이고, 경고이다. 폐허가 된 이라크에서 우리는 고통받는 가난한 민중을 보고 있다.

40) ibid., p.431.

41) 부록 2를 참고하라.

인용한 모든 책을 통해서, 명령하는 사람들이 이교도에 대한 전쟁으로 야기된 중대한 범죄와 손실의 주요 책임자들임을 알 수 있다. 다른 사람들보다 중죄를 저지른 것이다.[42]

라사 카사스는 이렇게 '비판 의식의 최고점'에 도달했다. 스스로 타자의 편에, 피억압자의 편에 섰으며, 문명화시키는 폭력으로서 근대성에 내포된 전제들을 문제 삼았다. 기독교 유럽이 가장 발전되었다고 한다면, 다른 민족들을 발전시키는 '방법'을 통해서 자칭하는 우월성을 증명해야 한다. 물론 이때도 타자의 문화를 고려하고, 타자를 존중하고, 타자의 자유롭고 창조적인 협력을 추구해야 할 것이다. 그런데 지금까지 이러한 요건은 하나도 지켜지지 않았다. 라스 카사스의 비판적 이성은 펠리페 2세의 전략적 이성에, 냉소적인 현실주의에 묻혀 버렸다. 이후 근대성은 유럽 내부에서는 '계몽된 이성'이라는 비판적 의미를 성취하기도 하였으나, 유럽 바깥에서는 20세기 말인 오늘날까지도 비합리적이고 폭력적인 실천에 이용되었다.

---

42) Las Casas, *De único modo de atraer a todos los pueblos a la verdadera religión*, p.446 참고. 라스 카사스의 견해로는, 국왕과 주교를 비롯하여 대장까지 책임을 져야 한다. 그러나 병사들도 예외는 아니며, 그런 행위를 하도록 권고한 사람들 역시 책임을 져야 한다. 미래(16세기에서 20세기까지)의 정복과 폭력이 야기할 대학살을 단죄하는 근대 문화의 뉘른베르크 재판정인 셈이다.

6강_비유럽중심적 세계사의 관점에서 본 인디오 아메리카[1]

꼭 있어야 할 '말의 근본'을[2] / 이미 꽃피게 하고,[3]
'하늘의 존재'에[4] 담겨진 지혜에 대한 유일한 사랑도 / 이미 꽃피게 하고,
꽃을 피게 하는 그의 지혜로 고독 가운데 신성한 노래가[5] / 꽃피게 하였다.
대지가 존재하기 전에, / 그 옛날 아무것도 알 수 없는 한밤중에,
고독 속에서 신성한 노래가 / 저절로 꽃피게 하였다.
— 과라니족의 '아으부 라프타'(Ayvu Rapyta)

이제 허물을 벗을 때가 되었다. 새로운 눈으로 볼 때가 되었다. '생각하는
자아'(ego cogito)나 '권력의 의지'에서 정점에 도달하게 될 '정복하는 자
아'(ego conquiro)의 피부와 눈은 더 이상 필요가 없다. 철제무기를 움켜
쥔 손도, 카라벨선(船)에서 콜럼버스와 함께 "육지다"라고 외치던 '유럽
침입자들'의[6] 눈도 필요가 없다. 이제 우리는 카리브 해 사람들, 안데스
사람들, 아마존 사람들의 부드러운 구릿빛 피부를 가져야만 한다. 눈도

---

1) '인디오 아메리카'(Amerindia)는 19세기 미국의 종족지학자 파월(J. W. Powell)이 만든 용어
로, 정복 이전의 인디오들이 살던 아메리카 대륙을 가리킨다. — 옮긴이
2) 아스테카와 마야도 그렇지만, 여기서 '근본'은 의지하는 곳, 쉬는 곳, 정착하는 곳이자 만물
이 "두 발로 서는" 곳이다. 이와 마찬가지로 인류는 '말'이다. 그러나 그 말은 세계의 창조('개
화') 이전에 '기원의 아버지' 속에 자리 잡고 있다.
3) '꽃이 피다'는 창조를 뜻한다.
4) '하늘의 존재'는 신성한 것을 뜻한다.
5) 아바 카투(Avá-Katú)인들에게 'oporaíva'는 '노래 부르는 사람'이다. '노래'는 최상의 인간적
표현이다. 또 노래는 원초적 신성과 인간성, 개인과 공동체, 역사와 미래('악이 없는 땅'), 대
지와 밀림과 하늘이 하나 되는 곳이다. 투피과라니족이라는 '존재'의 완전한 '실현'이다.
6) 투팍 아마루(Túpac Amaru)는 스페인인들을 지칭하여 "유럽인들"이라는 표현을 사용했다
(Boleslao Lewin, *La rebelión de Túpac Amaru*, Buenos Aires: SELA, 1967, p.421 참고). 예전
에는 유럽인의 폭력 행위를 '침입'(intrusión)이라고 기술했으나 1980년대 말 원주민 총회에
서는 대륙에 대한 '침략'(invasión)이라고 규정했다.

마찬가지다. 해변에서, 부드럽고 따뜻한 섬의 백사장에 맨발로 서서, 한 번도 본 적이 없는 신들이 바다 위로 다가오는 모습을 '지켜보던' 저 인디오들의[7] 놀란 눈이어야 한다. 우리가 가져야 할 피부는 위탁제도와 분배제도 때문에 수많은 고통에 시달리고, 이방인들이 옮긴 전염병에 썩어 문드러진 피부이다. 또 카르타헤나, 바이아, 아바나, 뉴잉글랜드 등지에서 동물처럼 팔리고, 기둥에 매달려 뼈가 드러나도록 채찍질당한 아프리카 사바나 출신의 온유한 농부(노예)의 피부이다. 우리는 타자의 눈, 다른 자아의 눈, 우리가 형성과정을 재구성해야만 하는 자아(근대성의 '이면'으로서)의 눈을 가져야 한다. 따라서 이제 우리는 태평양에서 출발해야 한다.[8]

뱀처럼 허물을 벗자. 그러나 그 뱀은 메소포타미아에서 아담을 유혹하던 사특한 뱀이 아니라 성장하기 위해 허물을 벗는 '깃털 달린 뱀', 즉 케찰코아틀(Quetzalcóatl, '신성한 이중성'이라는 뜻)이다.[9] 우리, 허물을

---

7) 오고르만은 몇 년 전 텔레비전 인터뷰에서 인디오는 아메리카를 발견한 적이 없다고 말했다. 아메리카를 대륙으로 여겼다는 그 어떤 정보도 없기 때문이다. 사실 인디오는 아메리카 대륙 전체를 발견하지 않았다. 그저 자기 터전에서 '살았다'. 지리적인 경험은 지역적이었을 뿐, 지구적이지는 않았다. 그러나 수많은 사람들이 제아무리 무시하고 싶어도 인디오는 아메리카 땅을 문화적으로 점유한 최초의 사람들이었다. 그러므로 유럽인의 '발견' 경험은 '두번째'이다. 원주민의 첫번째 경험 위에 덧씌워진 경험이다. 이를 철학적으로 표현해야 하는데, 하이데거 식으로 얘기한다면, 원주민 '세계' 내에 유럽 '발견자들'이 나타난다. 그러나 오고르만은 이를 방법론적 관점으로 채택하지 않는다.

8) 멕시코 게레로 주의 시우아타네호(Zihuatanejo)에서 이 글을 쓰고 있는 지금 귓가에 파도 소리가 들린다. 그리스인들에게는 대양(Gran Mar)이고, 마르텔루스와 콜럼버스에게는 시누스 마그누스이며, 발보아에게는 남해(Mar del Sur)이던 태평양의 파도소리다. 이 태평양 연안이야말로 이 강연의 2부를 시작하기에 적합한 장소라고 생각한다.

9) 케찰(Quetzal)은 눈부시게 아름다운 중앙아메리카의 새이다. 케찰의 깃털은 신성(神性)의 상징이었다. 코아틀(Coatl)은 이중성으로, 우주의 두 가지 원리를 의미한다. 아스테카인들이 뱀으로 표상한 케찰코아틀은 후에 살펴보겠지만, 지고한 신성, 우주의 두 가지 원리였다.

벗어 버리자! 이제 방법론적으로 원주민의 피부, 아프리카 노예의 피부, 비천한 메스티소의 피부, 가난한 농부의 피부, 착취당하는 노동자의 피부, 현대 라틴아메리카 도시에서 비참하게 우글거리는 수백만의 소외된 사람의 피부를 갖자. 억압받는 민중의 눈을 우리 눈으로 삼자. 마리아노 아수엘라의 유명한 소설 제목처럼 '하층민'의 시각에서 보자.[10] '생각하는 자아'(ego cogito)가 아니라 '생각되는 자아'(cogitatum)의 시각이다 (그러나 '생각되는 자아' 역시 예전에는 '생각하고 있었다'. 비록 데카르트와 후설은 이 점을 무시할지도 모르겠지만). 다시 말해서, '생각되는 존재', 그러나 이전에는 '구별'되는(후근대론자들의 주장처럼 단순한 '차이'가 아니라) 주체성으로서 타자였다. 이제 그 과정의 형태를 재구성해 보자.

1. 서쪽에서 동쪽으로: 세계사에서 인디오 아메리카

흔히 라틴아메리카는 역사에서 배제된 상태였다고, 역사 바깥에 머물러 있었다고 주장한다.[11] 문제는 역사적으로나 고고학적으로 인정할 수 있

---

10) 마리아노 아수엘라(Mariano Azuela, 1873~1952)는 멕시코의 소설가로 1910년 멕시코혁명 당시 판초 비야(Pancho Villa)의 편에 섰다. 1915년에는 이때의 경험을 담은 소설 『하층민』 (Los de abajo)을 출판하였다. — 옮긴이

11) Leopoldo Zea, *América en la historia*, México: Fondo de Cultura Económica, 1957 참고. 레오폴도 세아에 따르면, '서양 문화'는 마침내 미국 문화가 된다. 이로써 유럽은 "서양의 주변"으로 남는다(pp.155ss.). '서양 문화'가 바로 세계 문화가 된 것이다(pp.88ss.). 이와 마찬가지로 이전의 저술, 『의식으로서 아메리카』(*América como conciencia*)나 『아메리카적인 것의 본질』(*La esencia de lo americano*)에서도 세아는 '서양 문화'를 해석의 열쇠로 이용한다. 언젠가 세아가 산 미겔에서 열린 한 모임에서 살라사르 본디(Salazar Bondy)와 함께 '해방철학'을 주제로 다루었고, '종속'을 핵심어로 다루었다는 이야기를 전해 들었다 (Leopoldo Zea, *Filosofía de la historia americana*, México: Fondo de Cultura Económica, 1978 참고). 이때부터 세아는 이베리아 반도인들의 식민화 기획(pp.103ss.), 서양·미국 주

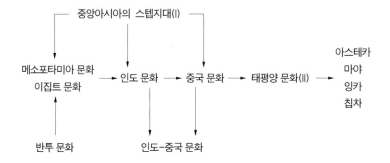

그림 1 주요 신석기 문화와 접촉지역의 동진[12]

주: 화살표는 문화 사이의 직접적인 관계를 나타내는 것이 아니라 공간적 방향과 시간적 순서를 가리킨다. 그러나 어떤 경우에는 직접적인 관계를 가리키기도 하는데, 이를테면 태평양의 폴리네시아인과 아메리카 인디오의 도시문화 사이의 관계가 이에 해당한다.

고, 이와 동시에 유럽중심주의자의 편향성을 바로잡을 수 있도록 '재구성'하는 일이다. 이를 위해 서유럽이 만들어 낸 여러 문명사에 손을 내밀어 보련다. 이런 문명사를 살펴보면 헤겔의 시각이 정말로 '전도'되었을 뿐만 아니라 유럽중심주의라는 이데올로기적 창안물임이 드러난다.

　아메리카 원주민 종족은 아메리카 발견이라는 역사적 맥락이 아니면 세계사에 나타나지도 않는다. 현행 고등학교와 대학교의 역사 수업에서는 '아메리카 발견'을 다룰 때 처음으로 인디오를 언급한다(섬과 야자

도의 식민화 기획(pp.133ss.), 그리고 이에 대립되는 기획, 즉 종속에 맞서는 기획으로 식민지 해방 기획(pp.188ss.), 보수주의 기획(pp.211ss.), 자유주의 문명화 기획(pp.244ss.)을 언급했다. 이 모든 기획은, 과거의 종합이자 미래의 비전——시몬 볼리바르와 호세 마르티가 핵심 인물이다——으로서 우리가 떠맡아야 하는 기획, 즉 '수임 기획'(proyecto asuntivo)에 포함된다(pp.269ss.). 그러나 이 모든 해석에서 원주민, 바꿔 말해서 아메리카 원주민 기획 같은 것은 없다. 계급, 그룹, 하위주체적 종족 같은 것도 없다. 한마디로, 피억압자라는 사회적 부문(착취당하고 빈곤에 시달리는 라틴아메리카 민중)을 위한 '해방 기획'은 찾아보기 어려운 것 같다.

수와, 낯선 동물과 함께 인디오는 콜럼버스가 발견한 해변에 나타난다). 인디오는 역사의 제자리에 합리적이고 역사적으로 자리 잡아야 한다. 이를 위해서 농업혁명이 이루어지고 도시연맹조직이 등장한('도시혁명') 신석기혁명으로 거슬러 올라가 보자. 이 시기를 시공간적으로 살펴본다면 헤겔의 의견과는 정반대의 결론에 이른다. 다시 말해서, 신석기혁명은 처음에 서쪽(메소포타미아와 조금 뒤의 이집트)에서 시작하여, 이후 동쪽으로 가면서 잇달아 나타났다(반드시 직접적인 접촉이 있었던 것은 아니다). 인더스 강 유역, 황하 유역, 그리고 태평양의 여러 문화를 넘어서 메소아메리카(정점은 마야와 아스테카이다)와 남미의 안데스(잉카 제국이 지배하던 영역)로 이어진 것이다.[13)]

---

12) 다르시 리베이로는 『문명화 과정』에서 이렇게 쓰고 있다. "수세공 촌락국가 형태의 정착으로 우리가 의도하는 바는 …… 도시국가이다. 관개농업과 집산적 사회경제 체제에 기초하여 완전한 도시적 생활이 시작되었는데, 기원전 4000년 이전의 메소포타미아(할라프), 기원전 4000년에서 3000년까지의 이집트(멤피스, 테베), 기원전 2800년경의 인도(모헨조다로), 기원전 2000년 이전의 중국(양사오, 하 왕조), 그리고 훨씬 후에는 …… 안데스 고원(기원전 700년의 살리나르, 갈리나소 그리고 서기 200년의 모치카), 콜롬비아(서기 1000년의 침차)에서 출현했다"(Darcy Ribeiro, *El proceso civilizatorio*, Caracas: Ediciones de la Biblioteca Universidad Central de Venezuela, 1970, p.61). 여기서 리베이로는 메소아메리카 세계를 망각하고 있다. 이를테면, 테스코코 호수 주변의 사카텐코(zacatenco)와 코필코(copilco) 지역은 기원전 2000년에 개화했다. 그러나 메소아메리카의 고전기는 서기 300년에서 900년 사이로, 유카탄과 아스테카 지역이 이에 해당한다(테오티우아칸 제3구역은 기원전 1700년에 개화했다). 볼리비아 티티카카 호수 근처의 티아우아나코는 서기 400년에서 800년 사이에 꽃을 피웠다.

13) 이 문제는 필자의 저서에서 폭넓게 다루었다. 『세계사에서 라틴아메리카 연구를 위한 가정』(*Hipótesis para el estudio de Latinoamérica en la Historia Universal*)에는 방대한 참고문헌이 수록되어 있다. 또한 『라틴아메리카 교회사』(*Historia general de la iglesia en América Latina*)와 『셈족의 휴머니즘』(*El humanismo semita*)에도 참고문헌이 실려 있다. 여기에서는 일찍이 「세계사에서 이베로아메리카」라는 제목의 논문에서("Iberoamérica en la Historia Universal", *Revista de Occidente* 25, Madrid, 1965, pp.85~95) 제시한 가설을 발전시키려고 한다.

주지하듯이, 적절한 시기와 장소에서는 도시연맹 문명, 이른바 위대한 문명이 출현했다. 우리가 보기에 이러한 문명은 적어도 여섯 개이다.[14] 그리고 주목해야 할 두 곳의 접촉지역이 있다(그림 1에서 I과 II). 그림 1은 단순하고 진부하게 보일 수도 있으나 세계사 기원에 라틴아메리카(반투 아프리카와 아시아도 포함하여)를 포함하려는 분명한 목적의식을 잘 나타내고 있다. 유럽 후기 문화에 선행하는 문화('고대 시기'와 같

---

14) 오스발트 슈펭글러는 이집트, 바빌로니아, 인더스, 중국, 그리스 로마, 아랍, 멕시코, 서양 문명을 언급한다(Oswald Spengler, *La decadencia de Occidente*, Madrid: Espasa Calpe, vol.I~IV, 1923~1927). 슈펭글러는 세계사를 분명 유럽중심적으로 해석하기 때문에 이렇듯 문명의 수를 지나치게 축소한다. 우리는 각 지역의 신석기 문화 가운데서 초기에 해당하고 또 가장 중요한 것들만 언급하고 있다. 아널드 토인비의 6대 초대문명은 이집트, 수메르, 미노스, 중국, 마야, 안데스이다(Arnold Toynbee, *A Study of History*, London: Oxford University Press, vol.I~XII, 1934~1959). 인더스가 누락되고 미노스가 포함됐다. 알프레트 베버는 "위대한 문명의 역사, 이집트 문명, 수메르-아카드-바빌로니아 문명, 중국 문명, 치파와 인더스 문명, 역사의 네 기둥"이라고 얘기한다(Alfred Weber, *Kulturgeschichte als Kultursoziologie*, München: Piper, 1963). 라틴아메리카 문명은 누락되었으며, 이는 베버의 유럽중심적 해석에서 지속되고 있다. 그렇지만 '위대한 초대 문화'(Primären Hochkulturen)라는 베버의 개념은 수용할 것이다. 야스퍼스는 추축시대(樞軸時代, Achsenzeit)가 중요하다고 강조한다. 이 시대에 속하는 사람들은 중국의 공자와 노자, 인도의 우파니샤드 사상가들, 네팔과 인도 북부의 부처, 이란의 차라투스트라, 이스라엘의 초기 선지자들(엘리야, 이사야), 소크라테스 이전의 그리스 철학자들이다. "비의적인 시대는 종언을 고하고, 그와 더불어 한적한 평온과 천재성도 종지부를 찍었다"(Karl Jaspers, *Vom Ursprung und Ziel der Geschichte*, München: Piper, 1963, p.21). 이러한 추축시대는 신석기혁명과 도시혁명의 초기에 위치하는 게 아니라 그 정점에 위치한다. 여기에서도 라틴아메리카는 또 다시 제외된다. 야스퍼스는 아스테카의 틀라마티니 그룹이나 네사우알코요틀(Nezahualcoyotl), 잉카 제국의 아마우타(amauta) 같은 사람들의 비판적 지혜를 전혀 알지 못했다. 그렇지만 토인비는 아마우타와 더불어 비판적이고 보편적인 사고 단계가 시작되었다고 보았다. 즉, '태초의 우주 창조자'인 비라코차(Viracocha)에 대한 신학적 비전, 비라코차론(viracochinism)이 만들어졌다. 야스퍼스에게 뛰어난 문화란 메소포타미아, 이집트, 인더스, 황하 문화이다. 후에 지중해, 인도, 중국 문명을 덧붙였다. 그 다음에 추축시대가 도래한다. 『세계사 시대』에는 '접촉지대'(contact zones)라는 용어가 등장하는데(H. de Franke, H. Hoffmann, and H. Jedin, *Saeculum Weltgeschichte II*, Freiburg: Herder, 1965), 우리는 이 용어를 유라시아 스텝 지역과 태평양 지역에 적용한다.

은)로서가 아니라, 알프레트 베버(Alfred Weber)의 용어를 빌리면, '세계사의 기둥'으로서 제시하려는 것이다. 아무튼 라틴아메리카에서는 두 지역에서 위대한 문명이 꽃을 피웠다. 하나는 마야와 아스테카에서 절정에 이른 메소아메리카 지역이고, 다른 하나는 잉카로 대변되는 남미의 안데스 지역이다. 이 점은 현재 논의에서 매우 중요하다. 앞으로 살펴볼 아메리카인들의 '계몽'도 야스퍼스가 얘기한 '추축시대'에 포함시켜야 한다.

메소포타미아 지역(수메르, 아카드, 바빌로니아 등)은 고도로 발달한 신석기 문화 중심지로, 관개농을 하고 있었다.[15] 이미 기원전 4세기에 우르, 에리두, 에렉, 라르사 등과 같은 도시가 존재하고 있었다. "기원전 4000년경, 동지중해에서 인도까지 이르는 광대한 반(半)건조 지역에 (그 중심은 메소포타미아이다) 수많은 공동체가 들어섰다."[16] 텔엘오베이드 문화는 "지중해에서 이란 고원에 이르기까지 고대 서아시아 전체"로 확장되었다.[17] 이런 문화적 배경에서 수메르 문명이 탄생했다. 라가시 왕국은 움마 왕국과 싸웠는데, 이때 라가시의 왕 에아나두는 승전 기념비를 남겼다. 그리고 기원전 2700년에 키시 왕국의 메실림은 지배력을 확장했다.[18] 이처럼 왕국과 왕과 소규모 제국이 차례차례 이어졌다.

---

15) Dietz-Otto. Edzard, "Im Zweistromland", *Saeculum Weltgeschichte*, I, pp.239~281; C. L. Wolley, *Ur, la ciudad de los caldeos*, México: Fondo de Cultura Económica, 1953; C. L. Wolley, *The Sumerians*, London: Oxford University Press, 1928; André Parrot, *Archeologie Mesopotamienne*, Paris: Albin Michel, 1946 참고. 메소포타미아에 대한 상세한 전거로는 『캠브리지 고대사』를 참고하라.

16) Gordon Childe, *Los orígenes de la civilización*, México: Fondo de Cultura Económica, 1959, p.174.

17) Pierre Jouget et al., *Les Premières Civilisations*, Paris: PUF, 1950, p.115.

18) 두셀이 혼란을 일으킨 것 같다. 역사에 따르면, 라가시와 움마 사이의 갈등을 조정한 왕은 키시 왕국의 메실림(기원전 2500년경)이다. 라가시의 에아나두는 주변의 도시국가를 정복하여 영토를 확장하고 기원전 2600년경에 승전기념비를 세웠다.—옮긴이

수메르에서 가장 장려한 신전은 우르의 지구라트이다. 계단이 나 있는 피라미드 형태의 이 신전은 달의 신 난나르(Nannar)에게 바친 것이다. 마치 멕시코 테오티우아칸 유적지에 있는 거대한 '망자의 거리' 같다. 한편, 니푸르에서는 엔릴(Enlil)을 숭배했고, 에렉에서는 안(An)을 숭배했다. 우주에는 중심이 있고, 그곳에서 하늘·땅·지하는 하나가 된다.[19] 그런 곳이 바로 지구라트, 즉 '신비의 산'이다. 이러한 신화적·제의적 비전은 고도의 '합리적 사고'를 상정한다. 신화는 고도의 비판적 합리성을 상정하며, 모종의 계몽을 상정한다. 인간의 언어, 그리고 의미 있는 '이야기'로 체계화된 상징적 담론은 상당한 수준에 도달한 이성의 산물이다. 클로드 레비스트로스는 브라질 열대지방의 보로로 원주민과 인근의 원주민의 신화 구조를 밝혀냈다(이들의 신화는 메소포타미아나 고대 멕시코나 페루 잉카의 신화만큼 복잡하지는 않다). '합리적으로' 약호화된 매우 복잡한 체계였다.

> 신화는 2차 약호 위에 놓여 있다(1차 약호는 언어를 구성하는 약호이다).[20]

그러므로 메소포타미아에서 잉카 제국에 이르기까지 도시 문명에서는 합리적인 신화세계가 꽃을 피웠다. 앞으로 얘기하겠지만, 에르난 코르테스는 이러한 신석기 수준의 문화에서 볼 수 있는 합리적 의식과 직면했을 것이다.

---

19) E. Burrows, "Some Cosmological Patterns in Babylonian Religion", *The Labyrinth*, ed. S. H. Hooke, London, 1950, pp.45~70 참고.

아무튼 몇 세기 뒤에, 함무라비(기원전 1728~1686년)의 유명한 법전은 합리적 보편성을 지닌 윤리 원칙을 표명했다.

나는 평화로 사람들을 다스렸으며, 강자는 약자를 억압하지 못하고, 고아와 과부에게 정의를 베풀도록 지혜로 사람들을 지켜 냈다.[21]

나일 강을 에워싼 사막에 자리 잡은 이집트는[22] 반투 문화와 동일한 핏줄로, 원초적 신화도 반투 문화에서 유래했다.[23] 기원전 3000년경에 '남부 왕국'(반투 아프리카, 블랙 아프리카)은 북쪽에 있는 '호루스의 종

---

20) Claude Levi-Strauss, *Mitologías: Lo crudo y lo cocido*, vol.I, México: Fondo de Cultura Económica, 1986, p.21[『신화학 1: 날것과 익힌 것』, 임봉길 옮김, 한길사, 2005]. 신화를 해석하는 레비스트로스의 종족지학 언어는 3차 약호(메타언어)를 구성한다. 그러나 "기원으로 소급하려는 성향의 철학적 성찰과 달리, 우리가 여기서 다루는 성찰은 초점이 없는 광선과도 같으나 …… 공통 기원, 즉 흩어진 광선이 신화 구조를 통해서 집중되는 이상적인 지점을 상정하고 있다"(p.15). 종족지학에서 해석하는 메타언어는 분명 철학적 메타언어가 아니다. 그렇더라도 신화는 소박한 언어, 무비판적 언어와는 거리가 멀다. 오히려 신화는, 3~4백만 년 전에 호모하빌리스(homo habilis)가 나타났다는 것을 감안하면, 수만 년에 걸친 호모사피엔스의 발전과 수십만 년에 걸친 인류의 합리적 사고 과정을 의미한다.

21) '외재성' 또는 타자성(고아, 과부, 외국인, 가난한 사람 등)의 윤리 원칙은 생활세계의 보편성마저도 문제 삼기 때문에 콜버그(Lawrence Kohlberg)의 도덕성 발달단계에서 5단계[사회적 계약과 합법 지향]와 6단계[보편적인 윤리적 원리 지향]를 넘어선다. 아무튼 콜버그의 도덕성 발달단계나 존 롤스(John Rawls)의 두 가지 원칙은 자유주의적이며, 따라서 근대 생활세계 경험에 국한된다.

22) Eberhard Otto, "Im Niltal. Aegypten", *Saeculum Weltgeschichte* I, pp.282ss.; Etienne Drioton and Jacques Vandier, *L'Egypte*, Paris: PUF, 1952; John Wilson, *La cultura egipcia*, México: Fondo de Cultura Económica, 1958; Jouget et al., *Les Premières Civilisations*, pp.21~300 참고.

23) 오시리스는 육신이 부활하는 신으로, 이 위에 나일 강의 문화가 건설되었다. 『사자의 서』에 기술되어 있듯이, 피라미드는 이러한 부활을 기대하는 사자의 무덤이다. 최근에 밝혀진 바에 따르면, 오시리스는 반투 문화, 즉 흑인 아프리카 문화에서 유래했다. 이런 식으로 반투 문화는 헤겔이 배제시킨 세계사에 들어간다.

복'을 무찔렀다.[24] '이집트 민족'의 역사는 제1왕조 티니타(아비도스 근처의 티스 또는 티니스라는 도시에서 유래한 이름이다)의 창시자로부터 시작한다. 이 문화의 윤리적 수준은 대단하다. 『사자의 서』를 살펴보자.

> 나는 배고픈 자에게 빵을 주고, 목이 마른 자에게는 물을 주고, 헐벗은 자에게는 옷을 주고, 난파당한 자에게는 배를 주고, 신에게는 제주와 제물을 바쳤다. …… 신성한 영이여, 저를 자유롭게 하시고, 보살펴 주소서, 위대한 신(오시리스) 앞에서 저를 허물하지 마소서.[25]

'육신'(몸도 아니고 영혼도 아니다)은 죽고 부활한다.[26] 이러한 신앙은 '신화적' 합리성의 차원에서 볼 때, 육신이 더할 나위 없이 존엄하다는 표현이다. 따라서 육신에게 빵이나 물을 주든지 옷을 입히는 것이 절대적이고 구체적인 윤리 원칙이다.[27] 집을 언급하지 않는 까닭은 이집트의 무더운 날씨에서는 배가 곧 집이자 생존수단이자 운송수단이기 때문이다.

동쪽으로 가면, 인더스 강 유역과 펀자브 지방(현재의 파키스탄)에서 모헨조다로, 하라파와 같은 문명이 꽃을 피웠다. 이들 유적지는 기원전 2500년까지 거슬러 올라간다. 이와 더불어 암리, 찬후다로, 장가르, 날, 주카르는 여러 구역으로 나누어진 도시였으며, 도로의 너비는 최대 8미터에 이른다. 현재 아리아족과 같은 인도유럽인의 침입설은 폐기되었

---

24) 이런 이유로 이집트의 파라오는 항상 두 개의 왕관을 쓰고 있다. 이 가운데 안에 착용한 왕관은 흑인 반투 왕관이며, 남쪽을 향하고 있다.

25) Juan Bergua trans., *Papiro Ñu*, Madrid, 1962, pp.181~182.

지만 산스크리트어는 상업과 경전에 사용되다가 점차 전 지역으로 퍼져 나갔다. 또한 리그베다 시기에는 원초적 경험에 지배계급(카스트)의 경험이 덧씌워졌다.[28] 추축시대에는 부처가 카스트 계급의 종교를 비판하

---

26) 이에 관해 필자는 초기 저작인 『셈족의 휴머니즘』과 『기독교 세계의 인간학에 나타난 이중성: 기독교 기원에서부터 아메리카 발견까지』에서 논하였다(Enrique Dussel, (*El humanismo semita*, Buenos Aires: Editorial Universitaria de Buenos Aires, 1969; *El dualismo en la antropología de la Cristiandad: Desde el origen del cristianismo hasta el descubrimiento de América*, Buenos Aires: Editorial Guadalupe, 1974). 해방철학은 세계사에서 가장 오래된 선례부터 논해야 하며, 실제로 필자는 그렇게 해왔다. 따라서 필자가 역사를 무시하고 있다는 아르투로 로이그(Arturo Roig)나 레오폴도 세아의 비판은 부당하다. 실제로 세아는 『라틴아메리카의 문화와 철학』에 실린 「라틴아메리카 철학의 종속과 해방」이라는 글에서 필자를 이렇게 비판한다. "알베르디(Juan Bautista Alberdi) 세대의 해방철학에 대하여 또 다른 아르헨티나인 …… 엔리케 두셀의 반응을 주목할 필요가 있다. …… [두셀은] 불쾌한 과거를 지우려고 하며, 이렇게 과거를 동화하기보다는 지움으로써 영점에서 새로 출발하려고 한다"(Leopoldo Zea, "Dependencia y liberación en la Filosofía latinoamericana", *Filosofía y cultura latinoamericana*, Caracas: Centro Rómulo Gallegos, 1976, pp.211ss.). 이러한 비판은 필자가 아주 좁은 의미로 철학을 정의했다는 사실은 간과한 것이다. 다시 말해서, 그 당시 필자에게 철학이란 대학교에서 가르치는 강단 철학이었다. 라틴아메리카 철학의 '정상화'를 주장한 프란시스코 로메로(Francisco Romero)가 가르치던 식민시대의 스콜라철학이나 1920년대부터 활동한 라틴아메리카 철학의 '창시자들' 철학이었다. 다시 한번 말하지만, 세아는 이전의 라틴아메리카 '사상'(볼리바르, 알베르디, 사르미엔토, 바레다 등의 사상)을 모두 부정했다고 필자를 비판한다. 그러나 필자는 이전의 라틴아메리카 '역사'를 부정한 적이 없다(이에 대해서 여러 권의 책을 저술하기도 했다). 오히려 필자는 그리스인, 셈족, 중세인, 현대인, 라틴아메리카 역사에서 출발하여 라틴아메리카 '해방철학'을 정초함으로써 우리가 이들에게 무엇을 빚지고 있고, 우리가 이들과 무엇이 다른지를 보여 주려고 하였다. 그러나 라틴아메리카 대학교에서 가르치는 철학은 아직까지도 대부분 창조적이 아니라 모방적이다. 필자는 세아와 유사한 '기획'을 분명하게 제안한 바 있다. 그러나 그 기획은 민중적인 것, 억압받는 사람들의 것을 '수임하는' 기획이라는 점에서 '해방 기획'이다.

27) 이것이 윤리학의 경제적 상황이다. 이 점에서 기독교의 창시자는 『가족의 기원』을 저술한 엥겔스와 일치한다(「마태복음」, 25장).

28) 앞서 인용한 『세계사 시대』에서 인도에 관한 장과 다음 책을 참고하라. Ernest Mackay, *The Indus Civilization*, London: Lovat Dickson, 1935; Mortimer Wheeler, *The Indus civilization*, Cambridge History of India, Cambridge: Cambridge University Press, 1953.

고, 명상을 하는 승려 공동체의 고행이 시작되었다.

조금 더 동쪽으로 가면, 중국의 황하 지방에서는[29] 신화적인 하(夏) 왕조는 차치하고라도 기원전 1523년부터 1027년까지 상(商) 왕조가 다스렸다. 상 왕조는 장강(長江), 산서(山西), 섬서(陝西)를 점령하였으며, 수도는 안양(安陽)이었다. 야스퍼스가 얘기한 추축시대에는 공자가 지혜를 가르쳤다. 노자의 『도덕경』에는 이런 말이 있다.

고요함은 무위(無爲)를 의미한다. 무위의 도가 널리 퍼지면 사람들은 각자 소임을 다한다. 무위는 자기 자신에게 머무른다는 뜻이다. 마음이 평온해지면 고통과 두려움을 걱정하지 않으며, 장수를 누린다.[30]

도는 절대적인 것이다. 도를 따른다는 윤리가 수세기 동안 지배했다. 또 중국인은 아프리카 동부 해안까지 항해했으며, 아메리카 대륙의 서부 해안까지도 항해한 것으로 보인다. 1489년 마르텔루스의 지도에서(아랍과 중국의 선원은 포르투갈 선원과 교역했다) '카티가라'는 어쩌면 페루 해안에 위치한, 잉카 이전의 찬찬 문명이 아니었을까?[31] 아무튼 신

---

29) 바로 위에 언급한 『세계사 시대』와 다음 책을 참고하라. Marcel Granet, *La civilización china*, La evolución de la Humanidad, vol.29, México: UTEHA, 1959; Marcel Granet, *El pensamiento chino*, La evolución de la Humanidad, vol.30, México: UTEHA, 1959.

30) Lao-Tsé, *Tao-Té King*, Buenos Aires: Sudamericana, 1959, pp.167~168. [두셀이 인용한 구절은 린위탕(林語堂) 본의 스페인어 번역본 37장인데, 『노자』 원문과 차이가 있다. — 옮긴이]

31) Gustavo Vargas Martínez, *América en un mapa de 1489*, México: Ediciones Taller Abierto, 1996 참고. 이 책에 따르면, "남위 8.3도에 위치하고 있으며 또 콜럼버스가 그린 지형 스케치와 뮌스터의 지도에 의하면 페루 북부 해안에 해당하므로, 아마도 찬찬일 것이다. 이 점은 이상할 것이 전혀 없다. 자크 마유를 비롯하여 여러 학자도 이렇게 생각한다"(Jacques Mahieu, *El imperio vikingo de Tiahuanacu: América antes de Colón*, El Laberinto 15, Barcelona: Ediciones de Nuevo Arte Thor, 1985, p.36 참고).

석기의 역사는 동진하여 아메리카 대륙의 태평양쪽 해안까지 도달했다. 그러나 우리의 갈 길은 아직도 멀다. 이것은 단지 시작일 뿐이다!

2. 태평양과 세마나우악, 아비아 알라, 타우안틴수요[32]

세계사를 미성숙(칸트의 말로는 '미숙함')이라는 요인이 아니라 인류의 지속적인 발전으로 보려고 하는 새로운 시각은, 아프리카와 아시아는 물론이고 태평양 동쪽의 아메리카 원주민까지 포함해야 한다. 사실, 아메리카 원주민은 동쪽의 동쪽, 태평양의 동쪽에 사는 주민이었다. 인종·언

---

32) '아나우악'(anáhuac)은 아스테카 제국에서 사용한 나우아어로, 사방으로 땅을 에워싸고 있는 물 반지를 뜻한다. 아스테카인들은 멕시코를 동서로 에워싸고 있는 대서양과 태평양을 '대양'(teoatl) 또는 신성한 물(ilhuica-atl)이라 불렀으며, '세계' 전체를 가리켜 세마나우악(Cemanáhuac)이라 불렀다(Miguel León-Portilla, *La filosofía náhuatl*, México: UNAM, 1979, pp.113, 150 등 참고). 한편, 현재의 파나마에 거주하던 쿠나(kuna)족은 그들이 아는 땅의 전부를 '아비아 알라'(Abia Yala)라고 하였고, 잉카 제국에서는 '타우안틴수요'(Tahuantinsuyo)라고 하였다. 원주민 언어마다 땅(아메리카 대륙)을 가리키는 단어가 다르다. 아메리카 대륙의 수많은 원주민 언어 가운데 여기서는 단지 세 언어만 제시한다. 참고로, 아이반 와구아는 「500년! 유럽인의 아비아 알라 침략이 남긴 몇 가지 결과: 원주민의 시각」에서 다음과 같이 쓰고 있다. "쿠나족은 유럽인이 도착하기 이전부터 이 땅을 '아비아 알라'라고 부르고 있었다. 이 말은 '성숙한 땅', '위대한 어머니 땅', '피의 땅'이라는 뜻이다. 이런 우리 땅을 현재는 '아메리카'라는 이탈리아어 명칭으로 부른다"(Aiban Wagua, "¡Medio Milenio! Algunas consecuencias actuales de la invasión europea a Abia Yala: Visión indígena", Ustupu, Kuna Yala(Panamá), 미출간, 1990, p.14). 펠리페 포마 데 아얄라(일명 구아만 포마)의 『제1 신연대기와 선정』에 삽입된 세계지도에는 이런 설명이 달려 있다. "인디아스 왕국의 세계지도. 북쪽 바다(카리브 해) 오른쪽에 안티수요(Anti-suio)라는 왕국이 있고, 태양이 뜨는 곳에는 코야수요(Colla-suio) 왕국이 있으며, 남해(태평양) 쪽에 콘데수요(Conde-suio) 왕국이 있고, 태양이 지는 곳에 친카이수요(Chincai-suio) 왕국이 있다"(Felipe Poma de Ayala, *Primer nueva crónica y buen gobierno*, vol.III, México: Siglo XXI, 1980, pp. 913~916). 이 모두를 가리켜 타우안틴수요라고 한다. 이것이 '땅', '세계'에 대한 잉카인의 시각이었다. 펠리페 포마 데 아얄라의 지도에서 네 왕국, 즉 중국, 태평양 문화(특히 폴리네시아 문화), 아스테카와 마야, 칩차와 잉카는 십자가 형태를 이루고 있다.

어·문화로 보건대 이들은 아시아인이다. 콜럼버스는 죽는 순간에도 아시아에 도착했다고 확신하고 있었으나 아메리고 베스푸치 덕분에 아시아가 아니라 '신세계'라고 알게 되었다. 지금까지 의식하지 못한 것은(적어도 일상적인 의식의 수준이나 중등학교와 대학교의 역사 수업에서) 인디오 아메리카는 사실 극동아시아였다는 사실이다. 아메리카의 '아시아 존재'는 오고르만의 결론과는 정반대로 진실이다. 이제 상세하게 살펴보자. 아마도 아메리카의 '발견'으로 아메리카 인디오가 세계사('발견'이라는 맥락의 세계사)에서 '위치'를 차지하게 되었다는 말은 못할 것이다. 아메리카 인디오의 '위치'는 전혀 다른 것이며, '발견'은 이제 '은폐'이자 학살을 자행한 '침략'으로 해석된다. 이를 위해서 '동진하는', '동쪽으로 향하는' 인류 역사가 어떻게 진행되었는지 살펴보기로 하자.

추축 문화(메소포타미아, 이집트, 인더스, 황하, 메소아메리카, 잉카 지역) 사이에 다양한 접촉지대가 있다. 그 중 하나가 동지중해 지역이다.[33] 이보다 더 중요한 곳은, 유라시아 대륙 여러 문화 사이의 관계에서 볼 때, 중앙아시아의 이주 지역이다(그림 1의 I).[34] 몽골(이미 기원전 5000년에 말을 길들인 지역이다)과 몽골의 심장부인 고비 사막에서[35] 동투르키스

---

33) 크레타 문화가 접촉한 곳은 에게 해 연안, 나일 강 삼각주, 아나톨리아 남부, 키프러스, 그리고 가자, 게제르, 메기도(Megiddo), 티르(Tyre), 비블로스(Biblos), 알레포(Alepo), 카르케미시(Charchemish)와 같은 도시이다. 이 지역은 후일 히타이트, 이집트, 아카드, 바빌로니아, 페니키아 등에 병합되었다. Gustave Glotz, *La civilización egea*, La evolución de la humanidad, vol.10, México: UTEHA, 1956, pp.211ss.; Wolfgang Helck, "Der Ostmittelmerraum", *Saeculum Weltgeschichte*, vol.I, pp.451~550 참고.

34) 앞서 인용한 『세계사 시대』 참고. 특히 다음 문헌을 참고하라. Karl Narr, "Exkurs über die frühe Pferdehaltung", *Saeculum Weltgeschichte*, vol.I, pp.578~581; William Montgomery McGovern, *The Early Empire of Central Asia*, Chapel Hill: University of North Carolina, 1939.

탄이나 중국(신장, 준가리아, 투루판 분지, 타림)을 지나고, 서투르키스탄 또는 러시아(투란)를 통과한 다음, 다시 남쪽을 향하여 이란을 거치고 서쪽으로 스텝 지역을 지나 흑해 북쪽으로 유럽에 이른다. 대상(大商)이 지나던 이 거대한 지역이 실크로드이며, 16세기까지 유라시아 대륙의 역사에서 핵심적인 역할을 담당했다. 이 지역에서 철제무기로 무장한 기마병들이 잇달아 '밀려왔는데', 히타이트족, 힉소스족에 이어 아이올리스족, 도리아족, 이오니아족이 들어왔고, 나중에는 페르시아족과 게르만족이 들어왔다. 투르크족이(기원전 760년부터 투루판에 모습을 드러냈다) 이 지역을 지배하는 동안, 유럽인은 15세기 말 대서양으로 뛰어들어 이슬람 세력의 '포위'로 접근이 불가능하게 된 인도양과 다시 접촉하려고 하였다(140쪽의 '부연 설명' 참고).

태평양도(스페인인은 물론이고 아스테카인이나 잉카인에게도 '남해'였다. 마르텔루스 지도에서는 신비한 시누스 마그누스이다) 우리의 흥미를 끄는 또 하나의 접촉지역이다(그림 1의 II). 그리스인의 '대양', 즉 태평양은 신석기시대의 노련한 선원들이 항해하던 영역이었다. 다시 말해서, 태평양은 아메리카 초기 역사(엄밀한 의미로는 아메리카 원사시대)의 중심지였다. 수만 년 전 간빙기에, 최근의 연구로는 기원전 약 5만 년에, 수많은 아시아 이주민이 도보로 아나디리 강 유역을 지나고, 베링 해협을 건너, 유콘 강으로 들어옴으로써 아메리카 대륙을 '발견'하였고,[36] 이로

---

35) 이 지역에서는 정치적·군사적 지도자를 가리켜 '칸'이라는 칭호를 사용했다. 마르텔루스의 1489년 지도에는 중국 북서쪽에 "전역이 타타르 지방"이라고 써 있는 지역이 있다. 이를 본 콜럼버스는, 1강에서 얘기했듯이, 1492년 1차 항해에서 '위대한 칸'과 접촉할 수 있는 길을 찾았다.
36) 아메리카 원주민이 대륙 전체를 '의식'하지 못했다는 오고르만의 주장은 일리가 있다. 그러나 여기서 지적하고 싶은 것은 존재론적으로나 객관적으로 인류는 여러 세대에 걸쳐 알래

써 원사시대(선사시대가 아니라)가 시작되었다.[37] 이들은 고비 사막이나 시베리아의 인구팽창 압력 때문에 아시아에서 탈출한 사람들로(가장 늦게 도래한 사람들은 두 대륙 사이에 머물렀으며, 이들이 에스키모이다), 오스트랄로이드, 태즈메이니아인, 멜라네시아인, 원(原)인도네시아인, 몽골인, 말레이폴리네시아인이었다. 따라서 아메리카 인디오는 아시아인이며, 원래 거주지는 주로 아메리카 대륙의 서쪽 태평양 연안이었다.

여기서 라틴아메리카를 세계사에 '위치'시키기 위해 몇 가지 사실을 예로 들려 한다. 기원전 약 1700년에 버마, 자바, 인도네시아와 중국의 섬에서 쫓겨난 원폴리네시아인이 대양으로 뛰어들었다. 이들은 멜라네시아(뉴기니)를 건너, 사모아(기원전 800년의 유골이 발견되었다)로 왔다. 이곳에서 일부는 북서쪽(미크로네시아)으로 떠나 하와이에 이르렀고(기원후 124년에 도착했다), 다른 일부는 동쪽(마르키즈 제도)과 남동쪽(소시에테 제도, 투아모투 제도, 타히티 제도, 핏케언 제도 등)으로 떠났다. 두 번

스카에서 아메리카 대륙 남단의 티에라 델 푸에고(Tierra del Fuego)에 이르기까지 지역과 유역과 산을 차례차례 발견해 나갔다는 사실이다. 이것은 '아메리카의 발견'이 아니다. 이보다 훨씬 중요하다. 이전에 사람이 살지 않은 대륙을 실질적으로 '인간화'한 것이기 때문이다. '정복'은 이러한 '인간화'에 기반을 두어야 하며, 이것이 '윤리적으로' 기본이다. 첫번째 '점령'은 '자연의 인간화'였으며, 두번째 점령은 이미 존재하던 '문화에 대한 지배'였다.

37) 접두사 '선'(pre-)은 모두 유럽중심주의의 상이한 정도를 가리킨다. 예컨대, '문자'와 함께 역사가 시작된다는 것이다. 마치 말은 본질적으로 이성적인 산물이 아니며, 문자로 표현하지 못하는 것처럼 얘기한다. John Cawte Beaglehole, *The Exploration of the Pacific*, London: A. & C. Black, 1947; Felix Maxwell Keesing, *Native Peoples of the Pacific*, New York: Macmillan, 1946; Paul Rivet, *Los orígenes del hombre americano*, México: Fondo de Cultura Económica, 1960; Heins Kelm, "Frühe Beziehungen Amerikas zu Asien und Polynesien", *Saeculum Weltgeschichte*, vol.I, pp.610~637, 663~668; Hans Nevemann, "Die polynesische Hochkultur", *Saeculum Weltgeschichte*, vol.I, pp.355~378; Salvador Canals Frau, *Prehistoria de América*, Buenos Aires: Sudamericana, 1950 참고.

에 걸쳐 칠레에서 수백 킬로미터 떨어진 이스터 섬을 침입했는데, 마지막 침입자는 아키리인이었다. 남태평양의 훔볼트 해류를 이용하면 7~8월에 거대한 뗏목을 타고(150명까지 타고 4~5주 동안 항해할 수 있다) 타히티 섬에서 이스터 섬은 물론이고, 아라우카족이 살던 칠레 해안이나 잉카인이 살던 페루 해안까지 항해가 가능하다. 크리스마스 섬에서 적도 해류를 타면 마야나 아스테카 지역까지 갈 수 있다. 북쪽은 대륙 연안을 따라 항해하면(중국인의 항해 방식이었다) 훨씬 쉽게 아시아 북동쪽에서 알래스카로 갈 수 있으며, 캘리포니아 해안까지도 내려올 수 있다.

태평양은 문화적 '세계'였다. 예를 들어, 통가, 사모아, 타히티, 뉴질랜드, 망가레바, 하와이, 이스터 섬, 그리고 칠레의 아라우카족은 도끼(무기 또는 연장)를 'toki'라고 표현한다. 동사 'tokin'과 'thokin'은 '명령하다', '통치하다', '심판하다'라는 뜻이다.[38] "객관적인 자료를 범주로 분류하면 'toki'의 등어선(等語線)은 멜라네시아 동쪽 끝에서 태평양 섬을 지나 아메리카 대륙(이곳에서는 고급 어휘로 사용된다)까지 이른다. 이런 궤적에서 이 단어의 의미는 동일한 의미론적 변화를 보인다."[39] 이 밖에도 폴리네시아의 여러 언어와 케추아어(잉카 제국의 여러 언어 가운데 하

---

38) 1990년 8월, 1492년에 관한 세미나에 참석했을 때, 필자는 마푸체족(아라우카족) 추장들에게 'toki'가 마푸체어로 무슨 뜻이냐고 물어봤다. 이들의 설명에 의하면, 마푸체 사회는 일처다부제의 모계 부족사회이며, 전쟁할 때가 다가오면 용감하고 강하고 영리한 남성을 지도자로 선출한다. 이 지도자는 로마의 집정관처럼 오로지 전쟁 수행과 관련된 업무를 담당한다. 전쟁이 끝나면 'toki'(군사 지도자)는 다시 예전 업무로 복귀하며, 추장은 정치적 권력을 되찾는다. 이것은 사실상 폴리네시아인의 군사제도이다. 아무튼 스페인인은 식민시대 내내 마푸체족의 수중에 있는 칠레 남부를 정복할 수 없었다.

39) José Imbelloni, *La segunda esfinge indiana*, Buenos Aires: Librería Hachette, 1942, p.391; José Imbelloni, "La première chaîne isoglosématique océano-américaine, le nom des haches lithiques", *Festschrift W. Schmidt*, Wien: Mödling, 1928, pp.324~335 참고.

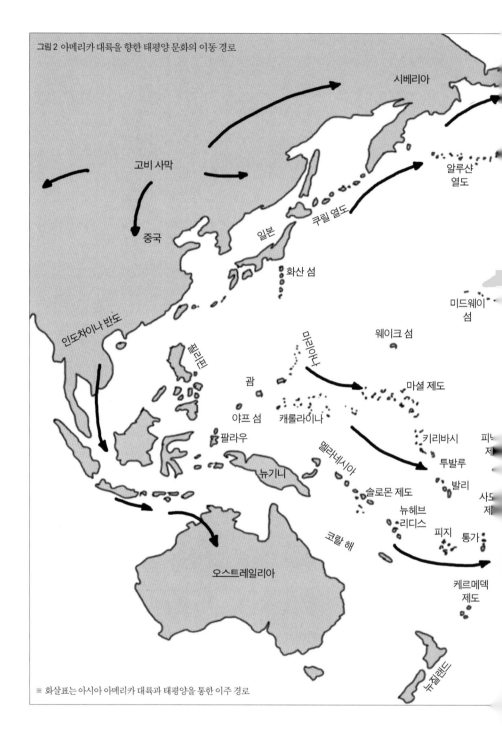

그림 2 아메리카 대륙을 향한 태평양 문화의 이동 경로

시베리아

고비 사막

중국

알루샨 열도

쿠릴 열도

일본

화산 섬

미드웨이 섬

인도차이나 반도

필리핀

마리아나

웨이크 섬

괌

마셜 제도

야프 섬

캐롤라이나

팔라우

키리바시

피닉스 제도

뉴기니

멜라네시아

투발루

발리

솔로몬 제도

사모아 제도

뉴헤브리디스

피지

통가

코랄 해

오스트레일리아

케르메덱 제도

뉴질랜드

※ 화살표는 아시아 아메리카 대륙과 태평양을 통한 이주 경로

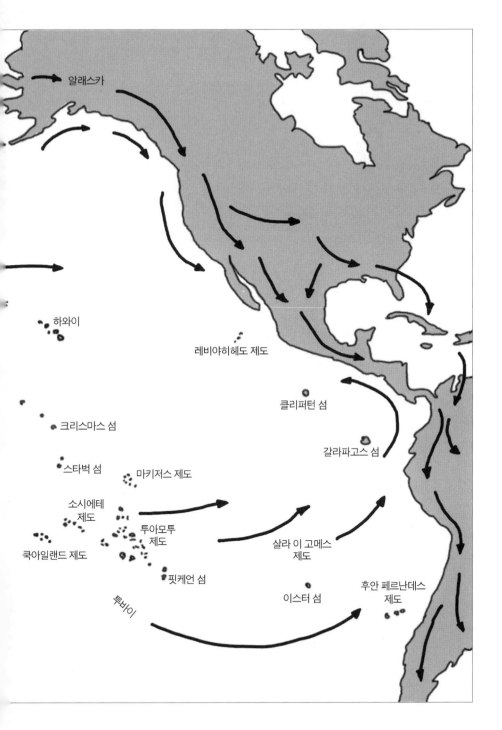

나이다) 사이에는 유사한 단어가 있다. 이를테면, 휴대하다(auki, awki), 매개물(waka, huaca), 먹다(kamu, kamuy), 늙은(auki, awki), 전사(inca, inga), 강력한(puhara, pucara) 등이다.[40]

다른 문화적 차원, 즉 빌헬름 슈미트(Wilhelm Schmidt)와 로버트 프리츠 그레브너(Robert Fritz Gräbner)의 용어로 '문화권'에서 보더라도 폴리네시아인과 아메리카 인디오 사이의 유사성은 놀랄 만하다. 프리데리치(Georg Friederici)는 페루의 목제 농기구 타크야가 뉴질랜드 마오리족의 타크야와 세세한 부분까지 동일하다는 것을 밝혀냈다. 칠레 남부 지방에서는 폴리네시아의 전통 음료 카바를 마시는데, 명칭도 동일하고 식물의 뿌리를 씹어서 발효시키는 방법도 동일하다. 혀를 내미는 행위는 신성한 제스처로, 폴리네시아 전역을 비롯하여 인도, 이스터 섬의 모아이, 아스테카에서도('태양의 돌'에서 다섯번째 태양, 우이칠로포츠틀리는 혀를 내밀고 있다. 이 돌은 현재 멕시코 국립인류학 박물관에서 전시하고 있다) 동일한 종교적 의미가 있다. 이 밖에도 동일하거나 유사한 요소는 셀 수 없이 많다. 이를테면, 입으로 부는 화살, 창, 곤봉, 올가미, 활, 새총, 밧줄, 낚싯바늘, 그물 다리, 노, 뗏목, 쌍 카누, 뱃머리 장식, 주거 형태, 절구, 나무 의자, 목침, 해먹, 모기장, 머리빗, 비옷, 베 짜는 방식, 코걸이, 나무로 만든 북(연주하는 리듬도 동일하다), 활처럼 생긴 악기, 팬플루트, 갖가지 놀이, 술, 계단식 경작, 관개 방식, 독으로 물고기 잡기, 조개껍데기로 만든 제물, 가면 춤, 신체 훼손 등이다. 이러한 외적인 면 이외에 종교 의

---

40) Canals Frau, *Prehistoria de América*, p.425. 프라우는 다른 예도 제시한다. 폴리네시아에서는 사람을 'tama'라고 하는데, 아메리카 호카(Hoka)족도 같은 단어를 사용한다. 코는 양쪽 모두 'ihu'라고 한다. 머리는 각각 'upoko'와 'epoko', 태양은 'laa'와 'ala', 카누는 'matoi'와 'mato'라고 한다.

식에서 사용하는 도구의 의미, 언어, 음악 등도 유사하다.

이러한 사실로 볼 때, 태평양은 '원시시대에 아메리카 인디오의 문화 중심지'였다. 그리고 태평양 해안으로부터 퍼져 나간 다양한 문화적 요소는 페루, 과테말라, 멕시코의 고원, 즉 도시적인 '핵심 아메리카'에 영향을 주었다. 아시아가 태평양 문화의 핵심 창조자라는 점을 고려하면, 기원으로 보거나 원시시대로 보거나 아메리카 인디오는 아시아의 일부이다. 그렇다고 해서 고대 멕시코의 도시문화를 비롯하여 여타 아메리카 대륙의 문화가 폴리네시아 문화의 영향 아래서 탄생했다는 의미는 아니다. 이런 주장은 중대한 오류일 것이다. 왜냐하면 멕시코의 테스코코 호수에서 기원전 7000년경의 농경사회 화석이 발견되었기 때문이다. 우리가 여기서 암시하고자 하는 바는 단지, 아메리카 원주민은 아시아에서 도래했고(베링 해협을 건너온 '아메리카인의 기원'), 태평양은 지속적인 문화적 교류의 공간이었다는 점이다. 거대한 대륙이 태평양의 동쪽에 있었으며, 이곳에 사는 주민은 이 땅을 다양한 이름으로 불렀다. 아스테카인은 세마나우악, 파나마의 쿠나족은 아비아 얄라, 잉카인은 타우안틴수요…… 이처럼 아메리카 인디오들이 이미 인간화된 대륙 전체를 다양한 토착 지명으로 지칭하고 있을 때, 콜럼버스가 도착했다.

3. 테코하,[41] 아메리카 토착민의 '세계'

아시아에서, 태평양에서, 알래스카에서 건너온 아메리카 인디오는 5만 년에 걸쳐 강 유역을 통해(오대호에서 미주리 강 유역과 미시시피 강 유

---

41) 과라니족의 표현으로, 뒤에 설명하겠다. (각주 56번 참고)

역을 거쳐 플로리다와 카리브 해에 이르고, 다시 앤틸리스 제도와 같은 섬을 통해서 오리노코, 아마존, 리오 데 라 플라타에 도착했다. 현재 지명으로 얘기하면, 시카고에서 부에노스아이레스까지다), 산맥을 통해(로키 산맥을 지나 멕시코의 시에라 마드레 오리엔탈과 시에라 마드레 옥시덴탈—거대한 깔때기 모양으로 인구가 집중된 곳이다—에 이르고, 다시 콜롬비아와 페루의 안데스 산맥을 지나 티에라 델 푸에고에 이른다) 아메리카 대륙을 남하했다. 인종적·언어적·종교적으로는 아시아이지만, 긴 이주 여정을 거치는 동안, 반(半)자율적인 여러 중심지에서 그리고 중심지 사이의 접촉이 거의 없는 상태에서 새로운 문화가 형성되었다. 대륙 최남단에서 단순한 수렵채집 생활을 하던 알라칼루프족이나 야간족에서 최북단의 에스키모까지 모두들 신화적 존재인 '위대한 천상의 신'을 믿었다. 그리고 이 천상의 신은 '이중성'(위대한 어머니이자 아버지, 쌍둥이 형제나 자매, 추상적인 이중성의 원리)을 띠게 된다. 이러한 신화는 아메리카 대륙 전역에 걸쳐 놀랄 만큼 유사하다.[42] 여기서 우리의 목적은 아메리카 인디오의 삶이나 세계를 기술하려는 것이 아니라 세계사에서 인디오의 위치를 시사하려는 것이다.

필자의 해석에 의하면, 원사시대 아메리카 인디오의 문화는 3단계로 발전했다. 1단계는 남쪽과[43] 북쪽에서[44] 어업과 수렵, 채집을 하던 유

---

42) W. Krickeberg, H. Trimborn, W. Müller and O. Zerries, *Die Religionen des alten Amerika*, Stuttgart: Kohlhammer, 1961; Wihelm Schmidt, *Der Ursprung der Gottesidee*, Münster: Aschendorff, vol.I-X, 1926~1955(참고로, 이 책은 인류의 최초 신앙은 일신론이라고 주장하며, 단일신교를 언급할 때도 이중성이 원초적 형태라는 사실을 간과하고 있다). Wihelm Schmidt, *Ursprung und Werden der Religion*, Münster: Aschendorff, 1930; Juan Comas, *Ensayos sobre indigenismo*, México: Instituto Indigenista Interamericano, 1953.

목민 씨족과 부족이다. 2단계는 농경민이 씨족, 부족, 부족 연합체로 전(前)도시적 마을을 형성한 시기이다. 이때 잉카 제국의 남쪽과 남동쪽 산맥에서 아마존(투피과라니족과[45] 아라왁족)과 카리브 해에 이르는 문화와 현재 미국의 남동쪽 문화, 초원 문화, 남서쪽 문화가 나타났다. 3단계에서는 '핵심 아메리카' 즉 아메리카의 도시가 메소아메리카(멕시코와 과테말라에 걸친 아스테카와 마야), 콜롬비아의 칩차 문화, 그리고 에콰도르에서 칠레, 아르헨티나에 이르는 잉카 제국에서 출현했다. 이처럼 거대한 문화적 '세계'가 아메리카 전 대륙을 차지하고, 강과 산과 유역과, 초원을 '발견'하고, 이 대륙에 다양한 '명칭'을 부여하고, 이 모두를 완전한 인간적 의미의 생활세계로 통합했다. 아메리카 대륙은 야만적이고 문명화되지 못한 '빈 공간'(vacuum)이 아니었다. 의미가 있고, 역사가 있고, 인간화된 곳이었다. '충만한 공간'(plenum)이었다.

　2단계의 문화에서 예를 하나 들어 보자. 아마존 밀림에서 파라과이에 걸쳐 거주하고 있는 원주민 투피과라니족은 외적인 문화 표현에서 전혀 발전이 없는 것처럼 보이고,[46] 따라서 진정한 '야만인'처럼 보이는

43) 이들은 마젤란 해협, 팜파, 그란 차코(Gran Chaco), 동브라질에 사는 인디오이다. Dussel, *Hipótesis para el estudio de Latinoamérica en la Historia Universal*, pp.130ss. 참고. 상세한 설명을 곁들인 지도는 다음 책을 참고하라. Enrique Dussel, *Historia general de la iglesia en América Latina*, Salamanca: Ed.Sigueme, 1981, Introducción, vol.I/1, pp.129ss. 아울러 다음 글도 참고하라. Otto Zerries, "Die Religionen der Naturvölker Südamerikas und Westindiens", eds. W. Krickeberg et al., *Die Religionen des alten Amerika*, pp.269ss.

44) 캘리포니아족, 쇼쇼니족, 캐나다의 알곤킨족, 애서배스카족, 에스키모인이다. Werner Müller, "Die Religionen der Indianervölker Nordamerikas", eds.W. Krickeberg et al., *Die Religionen des alten Amerika*, pp.171ss. 참고.

45) 원주민 종족 분류의 기준은 언어이다. 과라니어는 투피과라니어에 속한다. 두셀처럼 '과라니'와 '투피과라니'를 구별하지 않고 혼용하는 경우도 많다.―옮긴이

데(호세 데 아코스타의 분류로는 가장 원시적인 3등급 야만인이다),[47] '발견'이라는 현상에서(1492년의 역사적이고 비유적인 의미로서 발견은 15세기에서 현재에 이르는 동안 아메리카 전 대륙으로 확산되고 있다) 완전히 '은폐된' '타자'이다. 그러나 투피과라니족의 '세계'(하이데거의 존재론적 의미로)는, 이들의 문화적 경험의 핵심으로 '들어가 보면', 인류의 발전이라는 면에서 근대 세계와 크게 다르지 않다. 실제로 투피과라니족의 세계, 생활세계의 핵심 동력인 '위대한 찬가'[48] '아으부 라프타'(Ayvu Rapyta)는 이렇게 표현한다.

진정한 아버지 냐만두,
'하늘의 존재'[49] 가운데 처음이신 분,
'하늘의 존재'에 담긴 지혜 가운데 처음이신 분,
'꽃을 피우는'[50] 지식을 갖추었으니

---

46) "과라니족은 밀림에서 산다. ······ 삶은 빠르고, 덧없으며, 절망적이다. 홍수가 범람한 세계에서 끊임없이 빛과 식량을 얻기 위해 싸운다"(León Cadogan, *La literatura de los Guaraníes*, México: Joaquín Mortiz, 1970, pp.11~12). 박물관에도 과라니족의 유물은 희소하며, 인류학자의 소장품도 거의 없다. 과라니족의 가옥, 직물, 도기 등 기술 수준은 극도로 열악하다.

47) "3등급에는 ······ 짐승과 유사한 야만인들이 포함된다. 이들에게는 인간적인 감정도 거의 없고, 법률이나 왕이나 계약이나 판사나 나라도 없다. 또 거처를 자주 옮기거나 일정한 거처가 없으며, 집이라고 해야 동물이 사는 굴이나 울 같다. ······ 이처럼 브라질에 사는 대다수는 ······ 벌거벗고 다니고, 겁이 많으며, 남색이나 음욕과 같은 수치스러운 죄악에 빠져 있다"(José de Acosta, *De procuranda Indorum salute*, Madrid: BAE, 1954, p.393). 지금 우리가 언급하는 과라니족이 이러한 정의에 정확하게 들어맞았을 것이다.

48) '찬가'는 시이고, 부르는 노래이고, '축제'에서 '공동체'가 리듬과 춤으로 거행하는 제의이다. 또 찬가는 과라니족의 생존에서 핵심적인 행위이다.

49) 이미 얘기했듯이, '하늘의 존재'는 신성한 것, 영원한 것이다.

50) '꽃을 피우다'도 앞서 언급한 것처럼 생산적인 행위, 자신에게서 꺼내는 행위, 창조 행위를 가리킨다.

불꽃과 부드러운 안개를 일으키셨다.

하늘의 존재에 담겨진 지혜에서

인간으로 합쳐지고 일어서서

꽃을 피우는 지식으로

저절로 미래의 '말의 근본'을 깨닫고 ······

'하늘의 존재' 일부를 형성하게 하였다. ······

이것이 진정한 아버지, 처음이신 분, 냐만두가 행한 일이다.[51]

과라니족의 생활은 신비하고 또 매우 이성적인 '말'의 숭배였다. 신성으로서 말, "사람(ayvu o ñe'ê)의 초기 중핵으로서 말, 사람 안에 들어온 신성의 일부로서"[52] 말, 인간 존재의 본질로서 "말이자 영혼"이다. 또 꿈에서[53] 드러나는 말, 해석되는 말, 공동체 축제에서 '제의적인 찬가'로 표현되는 말이다. 과라니로서 한 사람의 일생은 '이름'을 지어 줄 때 시작된다. 일생은 다름이 아니라 그 사람이 하는 말의 '발전'이다. 즉, "발로 서 있는[54] 그것, 말의 흐름"이다.[55] 인간 존재는 태어날 때("꽃이 필"

---

51) Bartolomeu Meliá, *El guaraní: experiencia religiosa*, Asunción: Biblioteca paraguaya de Antropología, 1991, pp.29~30; Cadogan, *La literatura de los Guaraníes*, pp. 53~57.

52) Meliá, *El guaraní: experiencia religiosa*, p.34.

53) 프로이트가 합리적으로 설명한 꿈이라는 의미이다.

54) '발로 서 있다'는 '근거하고 있다', '기초하고 있다', '참되다'는 뜻이다. 곧 살펴보겠지만, 아스테카인들도 마찬가지이다.

55) León Cadogan, *Ayvu Rapyta: Textos míticos de los Mbyá-guaraní del Guairá*, Universidad de Sao Paulo, 1959, p.40. 카도간의 다음 책도 참고하라. Cadogan, *Ywyra ñe'ery: fluye del árbol la palabra*, Asunción: Centro de Estudios Antropológicos, 1971; Bartolomeu Meliá, *Die schönen Ur-Worte: die Kunst des Wortes bei den Guaraní*, Frankfurt: Museum für Völkerkunde, 1988. "말, 이름, 기도, 찬가, 병 치료를

때, 창조될 때) 표현된 "우리 아버지 냐만두"의 영원한 말에 "서 있다"(근거를 두고 있다). 이 영원한 말이 과라니족 개개인의 '존재 방식', 즉 테코 (teko)를 인도한다.[56]

우리의 첫 아버지시여!
우리 '존재 방식'(teko)의 규범을 처음으로 깨달은 분은 바로 당신이옵니다.
'지상의 거처'(tekkoha)가 나타나고, 열리기 전에
'말의 근본'이 되어야 함을
최초로 스스로 깨달은 분도 바로 당신이옵니다.[57]

지상의 거처는 과라니족이 마을을 만들고, 농사를 짓고, 인간으로 살기 위해 밀림에 '열어 놓은'[58] 장소이다. 바로 그곳에서 과라니족은 꽃을 피우는 최초의 아버지, 창조자에게서 기원했으나 신비롭게 감춰진 '말의 근본'(운명과도 같은)으로부터 자신의 '말'을 발전시킨다.

위한 기원, 예언, 종교적·정치적 훈계 등 모든 말하기(ñembo'e) 형식이 과라니 종교만의 특징적인 형태이다. 과라니족은 종교적이다. 말을 하고, 또 말을 함으로써 최초의 아버지 존재, 말이자 영혼인 아버지의 존재에 참여하기 때문이다(Meliá, *El guaraní: experiencia religiosa*, pp.41~42).

56) '테코'는 그리스의 '에토스'와 비슷한 것으로, '존재 방식'과 '거주하는 장소'를 의미한다. '테코하'(Tekoha)는 과라니의 존재 방식이 확립될 수 있는 '장소'를 뜻한다. "테코하는 과라니 삶에 본질적인 경제적 관계, 사회적 관계, 정치적·종교적 조직체를 의미하는 동시에 이런 관계나 조직을 만들어 내는 것이다. 중언부언처럼 보일지도 모르겠으나, 과라니 지도자들이 인정하고 있듯이, 테코하가 없다면 테코도 없다"(ibid., p.64).

57) ibid., pp.44~45.

58) '열리다', '개시하다'는 하이데거 철학에서 빛을 발한다. 다만 하이데거는 독일의 검은 숲 (Schwarzwald)을 생각한 반면에 우리는 아마존과 파라과이의 정글을 염두에 두고 있다.

말은 항상 공동체적이고 경제적이며, 완전한 '호혜성'의 체계 내에 있다.

과라니 축제는 의식일 뿐만 아니라 활발한 호혜성 경제의 구체적인 비유이기도 하다. …… 소비재이건 내구재이건 물건의 교환은 평등분배의 원칙에 따른다. 이러한 원칙에 의하면, 물건을 줘야 하는 의무는 물건을 받아야 하는 의무를 수반한다. 이렇게 받고 나면 다시 줘야 하는 의무를 지게 된다. 따라서 교환은 실제로 사회적 대화이다. 이를 통해서 줄 줄 아는 사람의 위신과 받을 줄 아는 사람의 기쁨이 완전한 원환을 형성한다. 이는 태초에 초대하고 초대받은 첫 아버지와 첫 어머니의 모델을 따른 것이다.[59]

'축제'는 '말'(꿈속에서 영감을 얻은 말, 신화적이고 즉흥적인 긴 이야기를 노래한 말, 낮 동안에 매우 아름다운 음악과 리듬으로 공동체가 제의

---

59) ibid., pp.45~46. 이러한 '호혜성'은 '말'이라는 지평과 '호혜성의 경제'에 기초를 둔 공동체에서 기원한 것인데, 이를 직관적으로 파악한 예수회 선교사들은 파라과이의 '사회주의적' 선교공동체에서도 이러한 호혜성을 유지하고 있었다. 사실 선교공동체는 사회주의가 아니었다. 다만 생산물이 '사용가치'만 지니는(교환가치는 없는) 경제 형태였다. 선교공동체는 계급 형성 이전의 농촌 씨족 집단이었기에 유토피아 수준에 도달할 수 있었다. 마르크스는 분명 이러한 형태의 사회에서 근대적(자본주의적) 개인 이전의 공산적 인간 관계 유형을 발견했다. 그리고 유토피아적 지평에서 근대인이 이러한 '공동체성'에 편입된다면 완전한 공동체에서 완전한 개성이 실현되리라고 전망했다. 마르크스의 『정치경제학 비판 요강』(1857) 참고. 마르크스의 이 책에 대한 상세한 연구는 필자의 다음 책을 참고하라. Enrique Dussel, *La producción teórica de Marx*, México: Siglo XXI, 1985; *Hacia un Marx desconocido*, México: Siglo XXI, 1988; *El último Marx*, México: Siglo XXI, 1990. 필자의 책은 1991년 12월 16일 소비에트 연방이 공식적으로 사라진 이후에도 여전한 현재성을 보이는 마르크스를 다루고 있다.

적 춤으로 풀어낸 말)의 장소이다. 또 잔치에 참여한 사람은 의무적으로 잔치를 준비하고 사람을 초대해야 하기 때문에 축제는 경제적 호혜성의 장소이기도 하다.[60]

경작지는 몇 년 안에 박토가 되기 때문에 과라니족은 밀림을 옮겨 다녀야 한다. 따라서 이 모든 찬양의 말은 '악이 없는 땅'을 달라는 경향을 띤다.

> 그 표현은 현대 종족지학자들이 '악이 없는 땅'이라고 번역하는 '으브 마라네으'(yvy marane'y)이다. 이 말의 의미는 단순히 '손때 묻지 않는 땅, 건물을 세우지 않는 땅'이다. 또 '나무를 베어 내지도 않고 사람이 많이 들락거리지 않는 산'이라는 뜻의 '카아 마라네으'(ka'a marane'y)를 사용하기도 한다.[61]

이러한 땅은 쫓아내야 할 적도 없고, 해를 끼치는 동물도 없으며, 먹기 위해 일을 해야 하는 땅도 아니다. 완벽한 호혜성을 누리며 영원히 노래하고 춤추고, 말의 근본을 입 밖에 내기만 하면 되는 땅이다. "과라니의 영혼에 깃든 말, '아으부'(Ayvy)는 '말이자 영혼'이고 '영혼이자 말'이다. 과라니의 삶과 죽음은 그 사람 말의 일생이다. 그 사람의 말이 취하는 형태에 따라 성공과 실패를 가늠한다. 과라니의 역사는 그 사람 말의

---

60) 따라서 과라니족은 스페인인을 축제에 초대했고, 이로써 스페인인과 영원한 주고받기 계약이 성립되었다고 믿었다. 그들과 함께 먹고 즐기던 사람이 다음 축제를 위한 노동에도 협력하지 않고 초대도 하지 않았을 때 어떻게 놀라지 않을 수가 있겠는가? 이런 유럽인들은 배신자였다. 최초의 아버지를 욕되게 하는 용서할 수 없는 죄를 저지른 사람들이었다. 악마이고 사악한 사람들이었다.

61) Meliá, *El guaraní: experiencia religiosa*, p.77.

역사이다. 이름으로 붙여진 말이고, 귀로 듣는 말이며, 그 사람이 말하고, 노래하고, 기도하는 말이다. 죽음조차 '갔다'(ayvukue)라는 말로 표현한다."[62]

　이 모든 것을 리오 데 라 플라타의 정복자나 파라과이에 대단한 선교공동체를 세운, 관대하고 사려 깊은 예수회 신부들에게 얘기할 수는 없었을 것이다. 저 '원주민들', 야만인들은 열대밀림 한가운데서 역사적이고 신성하고 영원한 '말'을 유달리 신봉했다. 만약 그들의 '세계'를 알려면 그들의 '혀'(말)를 알아야 하고, 그 말을 '살아야' 했을 것이다. 만약 그들과 '대화'를 하려면 그토록 아름답고, 그토록 심오하고, 그토록 이성적이고, 그토록 생태적이고, 그토록 '발전'한[63] '테코하'에서 과라니 고유의 '세계'를 경험할 필요가 있었을 것이다. 리처드 로티 식의 담화가 성립하려면 타자의 '세계'를 '발견'하고, 사전에 담화가 가능한 조건을 마련할 필요가 있었을 것이다. 그 경우에 '이해', '합의'는 항상 어려움이 뒤따르겠지만 그렇다고 전혀 불가능하지도 않다. 그러나 앞서 언급한 담화의 조건 없이는, 정복자들의 유럽중심주의에서는(근대인 세풀베다 역시 이러한 입장을 취했으며, 또 대화가 쉽다고 생각하거나 아니면 하버마스처럼 대화 가능성의 조건에 대한 이론을 전개하지 않는 합리주의자들은 오늘날에도 이런 입장을 공유하고 있다) 그 어떤 '담화'도 불가능하다('실제적인 의사소통 공동체'에서 논의는 더더욱 불가능하다). 불행한 일이나, 역사적으로 이 모든 것은 유럽인이 아메리카를 '발견'한 순간부터 '은폐'되었

---

62) ibid., p.84.
63) 약 4백만 년 전의 호모하빌리스부터 과라니족까지 인류 '발전'에 본질적인 요소는 성취되었다. 이들과 '근대' 인간 사이의 차이점은 사실상 무의미하다(언어, 윤리적 감각, 존엄성의 존중, 삶의 의미 등이 그러하다).

다. 망각, 야만화, '근대화'라는 망토로 뒤덮인 아메리카 전 대륙 위에 저 신화적인 1492년은 통시적으로 투사되었다.

　우리는 미발달된 종족(남아메리카와 북아메리카의 유목민)이나 훨씬 더 발달된 종족('핵심 아메리카'의 사람들)의 예를 수백도 넘게 들 수 있다. 그러나 문제를 지적하는 데는 과라니족의 예로도 충분하다. 다음 강에서는 '핵심 아메리카'의 문화 중에서 나우아인들을 예로 들려고 한다.

부연 설명: 이슬람 세계의 '주변부'로서 유럽

15세기에는, 적어도 1492년까지, 오늘날 '서유럽'이라고 부르는 곳은 이슬람 세계의 '주변부적이고' '부차적인' 세계였다. 한 번도 역사의 '중심'인 적이 없었다. 서유럽은 동쪽으로 빈(Wien)을 넘어가지 못했다. 1681년까지 투르크족이 에워싸고 있었기 때문이다. 서유럽의 서쪽 끝은 세비야였다. 라틴게르만 유럽의 전체 인구도 1억을 넘지 못했다(당시 중국 한국가의 인구보다 적었다). 또 고립된 문화였다. 유라시아 대륙의 교역 취약지대에서 존재감을 회복하지 못한 것은 십자군 전쟁의 실패 탓이다. 성묘(聖墓, Santo Sepulcro)가 위치한 곳은 대상들의 교역이 이뤄지는 곳이기도 했다. 대상들은 중국에서 투란과 투르키스탄을 거쳐 안티오크에 왔으며, 홍해와 페르시아 해 항해길로 현재의 팔레스타인에 집합했다. 이탈리아의 도시 제노바(콜럼버스의 고향인 이 도시 출신들은 1474년 이래 대서양 해안에서 은밀한 발견을 하였다), 베네치아, 나폴리, 아말피에서 열대 아시아, 향신료의 고향 인도에 가려면 이러한 통로가 필요했다. 동지중해를 장악하려던 시도가 좌절된 후, 유럽인은 이슬람 세계의 주변부에 고립되었다.

여러 무슬림 왕국은 아프리카 북부에서 시작해(알모라비드인이[64] 거주하던 곳으로 모로코와 마그레브의 여러 도시가 번영을 누렸다. 트리폴리도 포함된다. 이러한 도시들은 대상을 통해 사하라 이남과 연결되었으며, 여기서 다시 사바나 지역의 말리, 가나 등의 왕국과 연결되었다) 현재의 리비아와 이집트(후에 오스만 제국이 점령한다), 바그다드 칼리프와 이란을 거쳐 인도(수도는 아그라였으며, 타지마할과 같은 장려하고 아름다운 건물이 있다. 후에 수도는 델리로 바뀌었다) 북부를 점령하고 있던 몽골 제국까지 이르렀다. 이슬람 왕국의 지배력은 상인 덕분에 말라카(Malacca)까지 확장되었고, 16세기 말부터 필리핀 남부의 민다나오 섬은 이슬람화되었다. 따라서 '이슬람 세계'(Dar al Islam, 문자적 의미는 '이슬람의 집')는 대서양에서 태평양까지 이르렀다. 사실, 투르크 침입자들은 같은 무슬림인데도 아랍인과 무슬림 상업세계의 등뼈를 부러뜨렸다. 발칸 반도, 그리스, 터키를 점령한 투르크인은 이슬람 세계를 양분하고, 서쪽 부분을 고립시켰다. 이로써 중국은 심각한 경제위기에 봉착했다. 한편, 황금색 몽골 유목민(Golden Horde)은 러시아를 지배하고 있었다(1240~1480년). 1453년 투르크의 콘스탄티노플 점령으로 유럽은 포위되었고, 그 역할도 대폭 위축되었다.

이러한 상황에서, 헤겔처럼 세계사의 초기, 중심, 끝으로서 유럽을 이야기한다는 것은 유럽중심적 근시안에 빠지는 것이다.[65] 서유럽은[66] '중심'이 아니었다. 서유럽 역사는 한 번도 역사의 '중심'인 적이 없었다.

---

64) 특히 다음 책을 참고하라. Robert Cornevin y Marianne Cornevin, *Histoire de l'Afrique*, Paris: PUF, 1964, pp.145ss.

65) Samir Amin, *Eurocentrism*, New York: Monthly Review Press, 1989 참고.

66) 부록 1을 참고하라.

그림 3 이슬람 세계의 주변부로서 유럽(1480~1600)

I	주변부 유럽	II	오스만 제국	III	기타 이슬람 민족
IV	황금색 몽골 유목민	V	청색 몽골 유목민	VI	기타 몽골 유목민
VII	사파비 제국	VIII	몽골 제국	IX	중국
X	이슬람 상인	XI	민다나오(필리핀)의 이슬람인		
XII	콥트교도(프레스터 존)	A	대서양	B	지중해
C	아라비아 해	D	시누스 마그누스(태평양)		

1492년에 이르러서야 비로소 중심성을 경험하고 다른 문명을 '주변'으로 구성할 수 있었다. 우리의 견해로는, 이처럼 이슬람 세계의 압박으로 협소한 테두리 안에 갇혀 있던 서유럽의 '탈출'이 '근대성의 탄생'이다. 1492년이 서유럽 근대성의 출생일이며, 유럽의 자아가 다른 주체와 사람들을 대상으로, 도구로 구성하는 '경험'을 한 최초의 날짜이다. 이로써 유럽인들은 다른 사람들을 유럽적인, 문명적인, 근대적인 목적을 위해

지배하고, 이용할 수 있었다.

　이런 서유럽이 최초로 세계 정복에 뛰어든 것이다. 러시아의 이반 2세는 북쪽 타이가 지대까지 영토를 확장하고, 이반 3세는 1485년 크렘린 궁을 짓기 시작하며, 17세기 초엽에는 태평양까지 진출한다. 반면에, 유럽은 스페인과 포르투갈(1415년에 아프리카의 세우타를 점령한다) 덕분에 서쪽으로 확장할 수 있었고, 예언자 무함마드가 사망한 7세기부터 시작된 이슬람의 포위망에서 벗어날 수 있었다.[67] 후일 유럽은 이러한 스페인을 망각하고 경멸했으며, 헤겔은 유럽으로 간주하지도 않았지만, 스페인은 실제로는 근대성이 시작된 나라이다. 한편, 멕시코 정복은 서유럽 자아가 다른 제국, 다시 말해서 노예로서, 피식민인으로서, 피지배자로서, 피착취자로서, 굴복당한 자로서 타자를 지배한 '최초의 경험'이자 '강렬한' 경험이었다. 우리는 이제 이 모든 것을 '밑으로부터', 타자로부터, 인디오로부터, 이 6강에서 열어 놓은 지평으로부터, 태평양으로부터, 아시아로부터 볼 수가 있다. 따라서 이제는, 아메리카 인디오가 이슬람 세계의 주변을 맴돌던 유럽인의 도착을 어떻게 경험했는지 살펴보도록 하자. 이로써 유럽인은 세계사의 '중심성'을 향해 승전 가도를 달리기 시작했다.

---

67) 유럽은 '가장자리' 유럽(러시아, 스페인, 후일의 영국)부터 팽창한다(Leopoldo Zea, *Discurso desde la marginación y la barbarie*, Madrid: Anthropos, 1988 참고).

'침략'에서
타자의 '발견'으로

| 개요 |

3부에서는 의도적으로 다른 시각에서 1492년을 '해석'하겠다. 다시 말해서, '타자'로부터의 해석학이다. 1492년은 이제 역사적 사건이 아니라 '신화적' 사건이 된다. 따라서 근본적으로 합리적인 사건이지만 상징적·비유적 의미가 덧씌워진 사건이다.* '1492년'은 '담론'(마야인과 아스테카인의 경우는 '텍스트')이 되는데, 이제 그 의미를 살펴보려고 한다. 이해할 수 없는 것은 다음과 같은 것이다. 즉, 서유럽의 '발명'으로서 '발견'은 헤겔의 주장처럼 문명이 동에서 서로(아시아, 중동, 유럽, 대서양, 아메리카) 이동하는 과정에서 이뤄졌으며, 이로써 유럽과 아시아 사이의 대양에 위치한 대륙을 인식하고 지배했다는 것이다. 이 사실의 중요성을 폄하하려는 의도는 절대 아니다. 1강에서는 전적으로 이 문제만 다루기도 하였다. 그렇지만 사람들이 외면하려 드는 사실이 있다. 바로 문명이 서에서 동으로(중동, 아시아, 태평양, 아메리카) 이동하는 과정에서 '1492년'은 신화적이고 은유적인 사건, 즉 낯선 신들의 '재림'이 되었다는 것이다(제1형태). 이 신들은 인간으로 밝혀진 뒤에 야만적인 '침략자'로 돌변했다(제2형태. 이로써, 예를 들면, 아스테카의 희생신화는 근대성의 희생신화로 대체되었다). 인디오 '세계'에서는 '세계의 종말'이 닥쳤다고 이해했다(제3형태). 인디오 세계에서 보는 '1492년'의 '의미'는(통시적인 관점이다. 1492년 대서양의 카리브 해 섬에서 시작되었으나 아마존의 몇몇 씨족과 부족은 1992년 현재까지도 신화적인 1492년 이전에 살고 있다) 분명 '인간적'이다. 따라서 해석학적이고 합리적으로 기술이 가능하다. 이러한 '다른' 해석은 사실이며, 연구의 대상으로 삼아야 한다. 인디오들이 바라본 1492년은 근대적·유럽적인 시각에서처럼(이제는 지구적으로 받아들이고 있지만), 한 대륙의 '발견'이 아니었다. 그렇지만 인간적인 해석이고, 지금까지도 매우 중요한 의미가 있는 해석이다. 왜냐하면 '근대성 신화'가 지금도 주변부의 희생을 요구한다는 사실이 드러나기 때문이다. 그런데 미국, 라틴아메리카, 그 밖의 주변부 세계에서 사는 수많은 사람들은 아직까지도 지배적인 유럽중심주의에서 벗어나지 못하고 있다.

---

* 은유의 다양한 의미에 대해서는 Paul Ricœur, *La métaphore vive*, Paris: Seuil, 1975 참고.

7강_신들의 '재림'에서 '침략'으로

신들의 어머니, 신들의 아버지, 늙은 신,[1]
땅의 배꼽에 누워 있고[2] / 터키석 울에 갇혀 있는 분.[3]
파랑새 색깔의 물속에 있고,[4] / 구름 속에 들어 있는,[5]
늙은 신이여, 망자의 지역[6] 어둠 속에 거처하는 분이여,
불과 시간의 주인이신 분이여.

— 오메테오틀 찬가[7]

여기서는 근대 유럽인의 첫 경험인 1492년의 의미를 아스테카인의 '세
계'에서 살펴보고자 한다. 정복은 정확하게 얘기하면, 아스테카 제국부
터 시작되었기 때문이다. 경우에 따라서는 다른 문화도 언급하여 다른

---

1) '늙은 신'이란 오메테오틀(Ometéotl)로서, 어머니이자 아버지라는 원초적 이중성의 원리
   이다. 마야의 원초적 어머니이자 아버지 신인 알롬 카울롬(Alom-Qaholom)과 동일하다
   (*Popol-Vuh*, México: Fondo de Cultura Económica, 1990, pp.23, 164). 또 원초적인 '신성한
   이중성'이기도 하다(미국의 대평원에서 카리브 해, 아마존 분지, 티에라 델 푸에고까지 아메리카
   대륙의 여러 문화에서 등장하는 '쌍둥이'가 연상된다). 헤라클레이토스의 이중성 원리도 이와
   동일하다.
2) '사지를 펴고 드러누운', '쉬고 있는', '누워 있는'이라는 이 단어는 '아래에 있다', '기초가 되
   다', 근거로서(헤겔의 대논리학, 소논리학에서는 'als Grund') 절대자라는 의미로 '최종 근거'
   라는 관념의 표현이다. 우주의 근거로서 '누워 있다'(ónoc)는 '진리'를 부여한다는 뜻이다.
3) '갇혀 있다'는 아마도 '본래적, 본질적'(in sich)이라는 뜻일 것이다.
4) '물'은 대양, 즉 아스테카 제국의 남쪽과 북쪽 바다를 뜻한다.
5) 문자적 의미는 '위쪽' 하늘. 하늘에는 '아래쪽'과 동일한 대양이 펼쳐져 있다. 위쪽의 물이 하
   늘이다.
6) 문자적 의미는 '아래'. 이로써, 메소포타미아의 신앙과 마찬가지로, '하늘, 땅, 지하'라는 세 짝
   이 완결된다. 아래(topan mictlan)는 '망자의 지역'이며, 의로운 사람들이 거처하는 천상, 틀
   랄로칸(Tlalocan)과 구별해야 한다.
7) *Códice florentino*, libro IV, folio 34 r. Miguel León-Portilla, *La filosofía náhuatl*, México:
   UNAM, 1979, p.93에서 재인용.

설명도 제시할 생각이나, 주지하듯이 가능성은 많으나 실제 예는 적으므로 문제를 지적하는 정도에 지나지 않을 것이다. 먼저, 1989년 프라이부르크에서 시작한 상호문화적 대화를 지속한다는 의미에서[8] 아메리카 대륙의 추상적이고 반성적인 사고부터 언급하겠다.

1. 틀라마티니

초기 유목문화나 농경문화(과라니족의 경우처럼)에서는 사회적 분화가 거의 없었으므로 '철학자'[9] 같은 역할을 담당하는 인물이 나타나지 않는다. 반면에, 도시문화에서는 그런 인물이 분명하게 모습을 드러낸다. 잉카 가르실라소 데 라 베가의 『잉카 왕실의 연대기』를 보자.

> 또한 눈에 보이는 신으로 태양을 숭배하여 희생물을 바치고 대규모 축제를 개최했으며 …… 잉카의 왕들과 '철학자 같은 사람들인'(잉카 가르실라소 데 라 베가의 주석이다) 아마우타(amauta)들은[10] 타고난 명석

---

8) 1991년 멕시코에서 필자와 카를 오토 아펠은 유럽인이 도착하기 이전의 아메리카 원사시대에 철학이 존재했는지, 또 야스퍼스가 말한 추축시대에 계몽(Aufklärung)이 가능한지를 놓고 대화를 나누었다. [두셀은 1989년 11월 25일 독일 프라이부르크에서 「해방철학과 카를 오토 아펠 철학의 변형 서론」이라는 글을 발표하였고, 이에 응하여 아펠이 1991년 멕시코에 방문함으로써 '상호문화적' 대화가 시작되었다. 이후 두셀이 발표한 글을 모아 1993년에 출판한 책이 *Ricœur, Rorty y la filosofía de la liberación*이다. 이 책의 영역본은 *The Underside of Modernity: Apel, Ricoeur, Rorty, Taylor and the Philosophy of Liberation*이며, 스페인어본과 영역본 모두 인터넷에 공개되어 있다. — 옮긴이]

9) 여기서 말하는 철학자란 그리스어의 어원적 의미, 즉 '지혜를 사랑하는 사람'을 가리킨다. 세속화 이전이므로, 현재의 의미로는 철학자이자 신학자에 해당한다. 기독교 세계는 기원후 3세기부터 철학자를 비신학자 기독교인으로 만들었다.

10) 아마우타는 아이마라어로 '현자', '현인'이라는 뜻이다. — 옮긴이

함으로 진실로 지고한 하느님과 주님의 길을 따랐다. 하늘과 땅을 창조하신 …… 이 분을 잉카인들은 파차카막(Pachacámac)이라고 불렀다. 이 이름은 우주세계를 뜻하는 'pacha'와 생명을 불어넣는다는 뜻의 동사 'cama'의 현재분사형 'cámac'을 합성한 단어이다. 동사 'cama'는 영혼을 뜻하는 명사 'cama'에서 파생되었다. 따라서 파차카막은 우주세계에 영혼을 불어넣은 존재를 뜻하지만, 고유한 의미, 완전한 의미는 우주에 영혼을 불어넣었듯이 육신에 영혼을 불어넣은 분이라는 뜻이다. …… 잉카인은 태양신보다 파차카막을 훨씬 더 숭앙하기 때문에, 이미 얘기했듯이, 감히 그 이름을 입에 담지 못했다. …… 이러한 이유에서 파차카막에게는 신전을 지어드리지 않았고, 희생물도 바치지 않았으며, 오로지 가슴으로(정신적으로) 존경했고, 미지의 하느님으로 간주했다.[11]

아마우타는 잉카 제국에서 고유의 역할을 담당했다. 이들은 파차카막(페루 해안 지역에서 사용하던 용어) 또는 '세계의 기원적인 광휘, 지배자, 주인'(Illa-Ticsi Huiracocha Pachayachic)을 우주의 제1원리로 간주하였다. 아스테카인에 대한 자료는 훨씬 더 많다. 아스테카에서 틀라마티니(tlamatini)는[12] 사회적으로 훨씬 명확하게 정의되었다. 베르나르디노

11) Inca Garcilaso de la Vega, *Comentarios reales de los incas*, vol.I, Lima: Editorial Universo, 1967, p.74. 잉카 가르실라소는 이렇게 덧붙인다. "그 사람, 즉 기독교도의 하느님과 파차카막은 모두 하나이다"(p.75). 그리고 페드로 데 시에사(Pedro de Cieza)를 가리켜 "스페인인이면서도 잉카 인디오인 나보다 스페인어를 모른다"라고 비판한다(p.74).
12) 'tlamatini'는 '사물', '어떤 것'이라는 의미의 'tla'와 '그는 알고 있다'는 뜻의 'mati', 그리고 명사형 어미 'ni'의 합성어다. 따라서 틀라마티니(Tlamatini)는 '무언가를 아는 사람'이라는 뜻이다. [틀라마티니는 일반적으로 '현자', '현인'으로 번역한다. 이 책에서 두셀은 '현자'라

데 사아군의『누에바 에스파냐 문물 일반사』10권에는 여러 직업이 등장하는데, 목수, 석수, 미장이, 화가, 가수 다음에 틀라마티니를 언급한다.[13] 완벽하게 정의된 계급, 기능, 직업이 있었던 것이다. 페르난도 데 알바 익스틀리소치틀(Fernando de Alva Ixtlizóchitl)은 통치자, 재판관, 전사, 사제와 더불어 '현자'를 특별히 구분한다(사아군은 초고의 여백에 '철학자'라고 써 놓았다).

철학자들, 즉 현자들은 그 사람들(아스테카인들)이 알거나 알게 된 모든 지식을 그림으로 그리고, 역사와 지식이 담긴 모든 노래를 암기하여 가르치는 직책을 맡았다.[14]

틀라마티니는 규율이 엄격한 현자 학교, 칼메칵(Calmécac)에서 교육을 받았으며,[15] 어떤 사람들인지도 우리는 잘 알고 있다. 레온 포르티

는 번역어와 아울러 나우아어 단수형 '틀라마티니'와 복수형 틀라만티니메(tlamantinime)를 혼용하고 있다. 아스테카에도 철학이 있고 철학자가 있었다는 사실을 강조하려는 두셀의 의도를 존중하여 단수형은 '틀라마티니', 사회계층을 의미하는 복수형은 '틀라마티니 그룹'으로 번역한다. —옮긴이]

13) Bernardino de Sahagún, *Historia general de las cosas de Nueva España*, México: Porrúa, 1956, p.555. 신성한 고문서(códice)를 그리는 화가는 중요한 직업이었다. '찬가'를 부르는 가수도 마찬가지였다. 앞서 보았듯이 과라니족도 찬가가 있었으나 아스테카의 찬가는 열대밀림의 단순하고 빈곤한 과라니족의 찬가와는 비교가 되지 않을 정도로 훌륭하고, 제례화된 노래였다.

14) Alfredo Chavero ed., *Obras históricas de D. Fernando de Alba Ixtlilxochitl*, vol.II, México, 1892, p.18. 레만이 편찬한『콜로키움과 기독교 교리』를 보면, 통치자, 사제, 점성가의 역할을 언급한 연후에 또 다른 사회적 역할을 기술하고 있다. "고문서를 살펴보는 사람들, 그 숫자를 세어 보는 사람들, 시끄럽게 고문서 책장을 넘기는 사람들, 고문서를 그리는 검은색과 붉은색 잉크를 관리하는 사람들. 이들이 우리를 데려가고, 인도하고, 길을 일러 주는 사람들이다"(Walter Lehmann ed., *Sterbende Götter und Christliche Heilsbotschaft*, Stuttgart: Kohlhammer, 1949, pp.96~97). 즉, 틀라마티니이다.

야는 나우아어 단어의 심오한 의미를 밝혀내고 있는데, 그 가운데 조금
만 여기서 언급하기로 한다.

> 틀라마티니는 빛이요, 햇불이요, 그을리지 않는 굵은 햇불이다.[16] 구멍
> 난 거울, 양쪽에 구멍이 난 거울이다.[17] 검은색과 붉은색 잉크가 틀라
> 마티니의 것이니 …… 그 스스로가 글이고 지혜이며, 사람들에게는 길
> 이고 진정한 안내자이다. 진정한 현인은 신중하며, 전통을 지킨다. 전해
> 내려오는 지혜가 틀라마티니의 지혜이며, 틀라마티니는 바로 이런 지
> 혜를 가르치는 사람이고, 진리를 따르는 사람이다.[18] 진리의 선생은 쉼
> 없이 훈계한다. 사람들의 얼굴을 현자로 만들고,[19] 사람들이 어떤 얼굴

---

15) 아스테카인에게도 철학이 있다는 것을 보여 주고자 이렇게 강조한다.
16) 그을리지 않았다는 것은 맑고, 투명하고, 명료하다는 의미이다.
17) 신들은 바늘구멍을 통해서 땅을 바라봤다. 그러나 점성가들 역시 구멍이 뚫린 물건으로 하
   늘을 보기도 했다. '양쪽에 구멍이 난'은 신의 관점에서 본 인간의 의미와 인간의 관점에서
   본 신의 의미를 발견했다는 뜻이다.
18) 진리를 뜻하는 'Neltiliztli'의 어원은 'nelhuáyotl'(토대, 근거)로, 과라니족의 '말의 근거'와
   도 같다. 또 다른 어원은 'tla-nél-huatl'(뿌리)이다. "결론적으로, 어떤 것이 진리인지, 즉 (과
   라니족처럼) 발로 서 있는지 아닌지를 탐구할 때, 나우아인은 그것이 고정되어 있고 기초가
   튼튼한지 아니면 '지상의'(tlaltícpac) 사물, 꿈과 같은 사물처럼 '여기서 일순간에' 덧없이
   사라지는지 알고자 했다"(León-Portilla, *La filosofía náhuatl*, p.61). 이 모든 것은 '근거 확
   립'의 문제이다. "인간이 '진리'일까? 그렇다면 우리의 찬가는 진리가 아니란 말인가? 무엇
   이 우연히 발로 서 있을 수 있을까?"(*Ms. Cantares mexicanos*, folio 10, v. León-Portilla, *La
   filosofía náhuatl*, p.327에서 재인용). [7강 각주 52번의 간략한 설명을 참조하라. ― 옮긴이]
19) 'Teixtlamachtiani'는 '부자로 만드는 사람, 무엇과 무엇을 소통시키는 사람'이라는 뜻이
   다. 'ixtli'에서 파생된 'ix'는 얼굴, 용모이고, 'te'는 다른 사람이다. '얼굴'이나 '용모'가 다
   른 사람의 것이라는 의미이다. 'teixicuitiani'는 훨씬 강력한 표현으로, 다른 사람의 얼굴을
   자기 얼굴로 받아들이게 만든다(다른 사람을 인간화하고, 개인화한다) 뜻이다. 마지막으
   로, 'teixtomani'는 다른 사람의 얼굴을 발전시키게 만든다는 의미이다. '얼굴 없는' 사람이
   란 무지한 사람, 갈피를 못 잡는 사람, 자신을 포함하여 그 어느 것에서도 의미를 찾지 못하
   는 사람을 뜻한다. '얼굴이 있다'는 것은 교육받은 사람, 단순한 'tlaltícpac'('땅 위의', 덧없
   는 것, 현상적인 것, 플라톤이 말한 억견臆見, 꿈과 같은 것)을 넘어서서 비판적 의미를 찾아낼

을 받아들이도록 하고, 사람들을 향상시킨다. …… 사람들 앞에 거울을 놓아[20] …… 얼굴이 나타나도록 한다. …… 틀라마티니는 자신의 빛을 세상에 적용한다.[21] …… 그 사람 덕분에 사람들은 원하는 바를 인간화하고,[22] 엄격한 가르침을 받아들인다.[23]

현자에 대한 긍정적인 기술만큼 중요한 것이 부정적인 기술, '사이비 현자'에[24] 대한 기술이다. 이는 아스테카인이 비록 비유에 기초하고 있으나(개념적 비유이지[25] 단순한 신화적 상징은 아니다) 단순한 '신화

줄 아는 사람을 말한다. 모든 지혜는 '지상적인 것'(tlaltícpac)을 넘어서서 '우리를 능가하는 것'(topan mictlan), 초월적인 것으로 나아가는 것이다. 여기에 분명 계몽이 존재한다. 적어도 파르메니데스의 시나 헤라클레이토스의 경구 수준은 된다. 다시 말해서, 야스퍼스의 추축시대 수준이나 소크라테스 이전의 철학자들 수준과 같다. 이 점은 레온 포르티야가 광범위하고 심도 있게 증명하고 있다. 레온 포르티야의 주장을 확대 발전시켜야 하는데, 이 짧은 강의에서는 그럴 만한 여유가 없다.

20) 'Tetezcaviani'는 'tezcatl'과 'tezcavia'에서 유래한 말로, 다른 사람에게 거울을 보여 준다는 뜻이다. 거울은 분명 비판적 반성, 사색, 자신의 성찰, 무의미의 극복을 상징한다. 따라서 틀라마티니는 다른 사람의 얼굴 앞에 거울을 놓아 그 사람이 자기 자신을 발견하고, 자기 자신을 재구성하고, 자기 자신을 향상하도록 만든다.

21) 'cemanáhuac'의 기본 개념은 세계이다. 문자적 의미는 '완전한 물 반지'로, 'cem'(통째로, 전부), 'a(tl)'(물), 'náhuac'(반지)이 합쳐진 말이다. 북해(카리브 해, 대서양)에서 남해(태평양)까지가 멕시코이고, '세계'이다. 대양(teóatl)은 신성한 물로, 하늘의 물(ilhuicaatl)과 합쳐진다. 두 물은 동일하기 때문에 하늘의 물 역시 신성하다(Eduard Seler, *Gesammelte Abhandlungen zur Amerikanischen Sprach und Altertumskunde*, vol.IV, Berlin: Ascher und Behrend, 1923, p.3 참고). '자신의 빛을 세상에 적용한다'는 말은 자신의 빛, 지성으로 세계의 모습을 관찰하고 신비를 발견한다는 뜻이다. 'Tla-ix-imantini'는 그의 얼굴을 통해서 사물을 안다는 뜻이다.

22) 나우아어로는 'Itech netlacaneco'이다. 'ne-tlaca-neco'는 '-neco'(원하는 것), 'tlácatl'(인간 존재), 'ne-'(무인칭 접두사)의 합성어이다. 즉, 그 사람 덕분에(itech) '사람들은 인간적으로 사랑받는다'는 뜻이다. 말을 바꾸면, 이들은 사람들을 인간화하고, 문명화시키고, 교육시키며, 정신적으로 사랑받게 만든다. 이 텍스트는 섬세한 주체성의 문제, 즉 인내하고 겸손하고 정중하고 연대의식으로 사람을 대하는 문제를 논한 것이다.

23) León-Portilla, *La filosofía náhuatl*, pp.65~74.

적' 사고가 아니라 엄밀한 '개념적' 사고를 했다는 주장을 뒷받침한다.

마찬가지로 중요하게 고려해야 할 요소는 칼메칵, 다시 말해서 학생들(momachtique)의 학교라는 사회제도이다. 소년들은 여섯 살부터 아홉 살까지 '공동체'(lcniuhyotl)에 들어가서 철저하게 규율 잡힌 생활을 한다.[26] 학교생활의 핵심은 원로들(Huehuetlatolli)의 '대화', 즉 '담화'에 참여하는 것이다.[27] 교육목표는 '이미 아는 지혜'(momachtique)를 익히고, 수사법 훈련과 더불어(플라톤의 아카데미아나 아리스토텔레스의 리케움처럼) 칼메칵에서 가장 중요한 작품, '꽃과 노래'(in xóchitl in cuícatl)를[28] '적절한 말'(in qualli tlatolli)로 구사할 수 있는 능력을 겸비하는 것

24) 일례로, '다른 사람의 얼굴을 돌리게 만드는 주술사'(teixcuepani)이다. 다시 말해서, 다른 사람에게 얼굴을 보여 주어 자신을 실현할 수 있게 하는 대신에 얼굴을 보지 못하게 목덜미를 보여 주는 것이다. 이런 어법으로 얘기하자면, 유럽인들은 아메리카의 '발견'에서 오로지 '뒤로 돌린 얼굴'(은폐)을 보았을 뿐이다. 즉, '다른 사람들이 얼굴을 잃게 만든 것이다(teixpoloa)'(ibid., p.73 참고).

25) 16세기 멕시코에서 활동하던 도미니크회 신부 디에고 두란은 다음과 같이 얘기한다. "이 모든 노래는 '비유가' 너무 난해하여, 그 의미를 이해하는 사람이 없다. 그 의미를 이해하려면 작정하고 연구하고 토론해야 한다. 나 역시 무척이나 주의를 기울여 그들의 노래를 들었으나 그들의 언어와 '비유'적인 용어가 터무니없어 보였다. 후일 이야기도 나누고 자문도 구하고 나니, 그 노래는 신성한 내용을 담은 인간의 노래이며, '감탄할 만한 문장'이었다"(Diego Durán, *Historia de las Indias de Nueva España: e islas de la Tierra Firme*, México: Porrúa, vol.I, 1967, p.21).

26) "아침 4시에 모두들 집을 청소했고 …… 먹는 음식은 칼메칵에서 조리했으며 …… 매일 한밤중에 일어나서 기도를 드렸다. 일어나지 않은 사람과 잠이 덜 깬 사람은 귀, 가슴, 허벅지, 종아리를 쿡쿡 찌르는 벌을 주었다"(Sahagún, *Historia general de las cosas de Nueva España*, vol.I, México, 1829, p.327).

27) 나우아어의 '철학 논문'은 '대화' 또는 '담화'(플라톤의 대화와 같은 용법)로 번역해야 할 것이다. 특히 'Teutlatolli'(신에 관한 담론)가 그러한데, 고유한 담론 규칙, 논증 방식, 말하기 방식을 갖추고 있다.

28) '꽃과 노래'는 단순한 시 작품이 아니라 지혜의 표현이다. 인간적인 것과 신적인 것의 상호 소통을 보여 주는 작품으로, 나우아 문화의 정수이다. 과라니족의 신성한 말과도 같으나 훨씬 조탁된 것이다.

이다. 고문서에 기록되거나 말로 전해지는 '꽃과 노래'는 박자에 맞춰 춤을 추며 읊기도 하고, 음악에 맞추거나 음악이 없더라도 노래로 부른다. 이런 노래는 무엇보다도 '지상적인 것'(tlaltípac)과 신적인 것이 소통하는 '장소'였다. 꿈의 해석에도 이용하였다.[29]

15세기 아스테카에서 군국주의와 지배력을 중시하는 틀라카엘렐의[30] '희생신화'(나중에 '근대성 신화'로 대체된다)와 틀라마티니 그룹의 '원철학'(protofilosofía)이 심각한 갈등을 빚었다(후일 유럽이나 라틴아메리카에서 전개된 계몽주의 해방운동은 이 점을 간과한다).[31] 이 때문에, 군인보다는 틀라마티니의 성향을 지닌 목테수마는 코르테스를 만날 때 결단을 내리지 못하고 망설였다. 틀라마티니 그룹이 처음에 신들의 '재림'이라고 해석했다가 이내 다른 해석을 내놓은 것은 유럽인 항해자와 지도제작자들이 '발견'을 감탄한 것과 상관관계가 있을 것이다. 패배자들이 '침략'이라는 잔혹한 경험을 불가피하게 수용한 것은 '정복'에서 빚

---

29) "그들에게 신성한 달력(tonalphualli)과 꿈의 책(temicámatl)과 해의 책(xiuhámatl)을 가르쳤다"(*Códice florentino*, libro III, p.65. León-Portilla, *La filosofía náhuatl*, p.228에서 재인용). 과라니족과 다른 아메리카 인디오들에게도 그렇지만, 꿈은 신성이 드러나는 특별한 장소였다. ['신성한 달력'은 260일 주기의 달력이고, '해의 책'은 태양력이다. ― 옮긴이]

30) 두셀도 뒤에 설명하고 있지만, 틀라카엘렐(Tlacaélel)은 15세기 아스테카의 최고 사상가, 정치가, 종교 개혁가였다. 전쟁의 신 우이칠로포츠틀리(Huitzilopochtli)를 아스테카 최고의 신으로 내세우고, 태양신의 속성을 부여했으며, 전쟁에서 포로로 잡은 인간을 희생시켜 태양신에게 피를 바쳐야 한다는 '인간 희생신화'를 만들어 낸 사람이다. 이러한 목적을 위해 틀라카엘렐은 아스테카 이전의 고문서를 불태우고, 아스테카족 중심으로 역사를 새로 썼다.―옮긴이

31) 18세기 멕시코의 예수회 수사 클라비헤로(Francisco Javier Clavijero)는 스페인 계몽주의에 반발하여 아스테카의 전통을 되찾고, 이를 '철학'으로 평가하였다(Bernabé Navarro, *La introducción de la filosofía moderna en México*, México: El Colegio de México, 1948; Jean Sarrailh, *La España ilustrada de la segunda mitad del siglo XVIII*, México: Fondo de Cultura Económica, 1974 참고).

어진 희생과 상관관계가 있을 것이다. '식민화'와 여섯번째 태양(Sexto Sol), 즉 굴종의 시대도 상관관계가 있고, '영혼의 정복'과 신들의 죽음도 상관관계가 있을 것이다.

2. 신들의 '재림'

틀라마티니 그룹의 믿음은 대부분 일반인들의 믿음이나 정치적·군사적·상업적 지배계급의 믿음과 일치한다. 예를 들어, '다섯 개의 태양'이[32] 존재한다는 믿음이다. 그러나 다른 믿음은 틀라마티니 그룹이 칼메칵에서 발전시킨, 고도로 추상적이고 개념적인 사고의 산물이었다. 여기서 틀라마티니 그룹이 매일 새벽 태양(우이칠로포츠틀리 신)이 탄생하는 동쪽에서 최근에 도래한 자들을 '어떻게' 해석했는지 간략하게 살펴보자.

신화 단계를 이미 뛰어넘은 아스테카인의 이성은 '하나'가 아니라 '둘'(Ome)을 만물의 절대적이고 영원한 기원으로 보았다.[33] 기원인 열세번째 하늘에[34] '이중성의 장소'(Omeyocan)가 있으며, 이곳에 '신성한 이중성'(Ometeótl) 또는 단순하게 표현해서 '이중성'(Oméyotl)이 거처

---

32) 마야인들이나(마야 신화를 기록한 『포폴부』 *Popol Vub*를 보면 마야인 이전에 네 가지 유형의 인간이 존재했으며, 마야인은 다섯번째 인간이다) 톨테카인의(아스테카인에게는 로마인이 생각하는 그리스인과도 같았다) 믿음과 마찬가지로 틀라카엘렐의 희생신화 역시 그들은 다섯번째 시대에 살고 있고, 네 번의 시대는 이미 지나갔으며, 각 시대마다 상이한 '태양'이 있다고 믿고 있었다.

33) 이는 플라톤(『파르메니데스』), 플로티노스(『엔네아데스』), 힌두 사상, 중국 도가 사상의 경우와 마찬가지이다. 이런 사상에서 문제는 '일자'가 어떻게 해서 '다자'가 되느냐는 것이다. 즉, 질료의 문제이다.

34) 아스테카인들에게는 13천(天)이 있었다. 참고로, 아리스토텔레스에게는 60천(또는 천구)까지 있었다. 첫째는 달, 둘째는 별(그리스인들에게는 마지막 천구, '붙박이별'이 있는 천구), 셋째는 태양 등등이다. 오메테오틀은 마지막인 열세번째 하늘에 거주한다.

한다. 헤겔과는 다르다. 헤겔은 존재와 무가 첫째이고, '되어 감' 즉 운동과 현존재(Dasein)가 둘째이다. 틀라마티니 그룹에게 기원은, '여자이자 남자'처럼[35] 비유적인 방식으로[36] 공규정된다('i-námic'는[37] '공유하다'는 뜻이다). 그러나 이것은 고도의 개념적 추상 작용을 통해서 규정된 것이다.

> 그리고 사람들은 그에게 ① 모유카야친(Moyucayatzin) ② 아약 오키요쿡스(ayac oquiyocux), ③ 아약 오키피크(ayac oquipic)라고 말했는데, 이 말은 누구도 그것을 창조하거나 만들지 않았다는 뜻이다.[38]

멘디에타는 이런 용어가 존재론적으로 얼마나 정확한지 상상조차 못했다. ①은 '스스로 창조된 주',[39] ②는 '아무도 그것을 만들지 않았다', ③은 '아무도 그것에 형태를 부여하지 않았다'는 뜻으로, 신화적 이성을 뛰어넘어 엄밀한 철학적 이성이 작동하고 있다. 오로지 틀라마티니의 '꽃과 노래'만이 오메테오틀을 대강이나마 이해할 수 있도록 '밤이자 바람'(Yohualli-Ehecátl),[40] 또는 '가까이 있고, 우리를 감싸

---

35) 이를 표현하는 방식은 여러 가지이다. '이중의 여신'(Omecíhuatl), '이중의 남신'(Ometecuhtli), '우리 몸의 여신'(Tonacacíhuatl), '우리 몸의 남신'(Tonacatecuhtli), '신들의 어머니'(in teteu inan), '신들의 아버지'(in teteu ita).

36) 그러나 단순히 신화적인 '비유'가 아니라 '개념적'인 비유임에 주의해야 한다.

37) "저기에 근본적인 신과 그 신의 공(共)기원이 거처하고 있다"(León-Portilla, *La filosofía náhuatl*, p.152). '옛 신'은 항상 자신의 공기원을 지니고 있다.

38) Gerónimo de Mendieta, *Historia eclesiástica indiana*, vol.I, México: Ed. Salvador Chavez Hayhoe, 1945, p. 95.

39) 절대적인 자기 창조이다. 그러나 가장 적절한 의미는, 사고(思考)를 통한('yucoya'는 사고로 만들어 내는 것이다) '자기 창조'이다.

고 있는 분'(in Tloque in Nahuaque),[41] 또는 '우리에게 생명을 주는 분'
(Ipalnemohuani)으로 표현할 수 있다. 이제 7강 모두의 제사를 읽을 수
있다. 물론 완전하게 이해하려면 설명이 더 필요하다.

그러면 틀라마티니 그룹은 '신성한 이중성'(존재론적인 절대기원)과
우리가 꿈속처럼 살고 있는, '지상적'(tlaltípac), '세속적', '현상적' 현실의
관계를 어떻게 설명했을까? 자기생산적인 '신성한 이중성'은 이제 전개
된다. 분리(Diremtion)되거나[42] 아니면 아레오파기타의 위(僞)디오니소
스 혹은 스코투스 에리우게나 식으로 전개(Explicatio)된다. "이 남신이
자 여신은 자식을 네 명 낳았으며",[43] 자식마다 테스카틀리포카라고 불
렀다.[44] 이 자식들이 우주의 기원적이고 구체적인 원리이다. 이들에게 4

---

40) 태초의 '밤'에는 모든 것이 눈에 보이지 않고 신비로우며, 태초의 '바람' 속에서 모든 것은
   만질 수도 없고, 지각할 수도 없다. 감각의 대상이 아니라 절대적인 초월이다.

41) 오메테오틀의 속성 가운데서도 가장 오묘한 것이다. Tloc(가까운), náhuac(포위하다, 반지처
   럼 에워싸다), '-e'(추상명사를 만드는 어미)로 구성된 이 단어의 문자적 의미는 '포위된 근접
   성'이다. 태초의 '신성한 이중성', 오메테오틀은 절대자로서, 그 속에서 우리가 살고 있으며,
   그는 우리 가까이 있고, 우리를 둘러싸고 있다. 이 절대자와 더불어 틀라마티니는 추축시대
   (Achsenzeit) 위대한 문명의 위대한 명상가들처럼, 신비주의적이고 존재론적인 경험을 하
   였다. "그 안에서 우리는 살고 있고 존재하고 있다"는 아우구스티누스의 말과 유사하다.

42) 헤겔 식으로, '둘이 되는 것'(Entzweiung)이라고 말할 수는 없다. 원래 둘이기 때문이다. 오
   히려 '넷이 되는 것'(Entvierung)이 더 적절한 표현이다. 헤겔은 이렇게 쓰고 있다. "절대자
   는 밤이자 밤보다 앞선 빛이며, 양자 사이의 차이이다"(Georg Wilhelm Friedrich Hegel,
   Differenz des Ficht'schen und Schelling'schen Systems der Philosophie, ed.Georg Lasson,
   Hamburg, 1962, p.65. 필자의 다음 저서도 참고하라. Enrique Dussel, *Método para una*
   filosofía de la liberación, Salamanca: Síqueme, 1974, pp.89ss.). 여기서 보듯이, 비유는 동일
   하다('밤'과 '빛'). 장차 나우아 문화의 존재론적 성찰에 나타난 이런 요소를 천착하여, 1492
   년 이전의 라틴아메리카 원사시대에 철학이 시작되었다는 분명한 사실을 회의론자들 앞에
   서 지금보다 더 확고하게 증명할 수 있기를 바란다.

43) Joaquin García Icazbalceta ed., *Historia de los mexicanos por sus pinturas*, Nueva
   colección de documentos para la historia de México, vol.III, México, 1890, pp.228ss.

44) 테스카틀리포카의 문자적 의미는 '그을린 거울'이다. 빛을 반사하지 않는 거울이고, 밤의
   존재이므로 모습이 드러나지 않는다. 이와 반대로 테스카틀라넥스티아(Tezcatlanextia)는

방위를 할당하는데(중국의 존재론, 폴리네시아의 전통, 에스키모 문화에서 잉카나 아라우카 문화에 이르는 아메리카의 여러 문화와 마찬가지다), 동쪽은 붉은색, 북쪽은 검은색으로 망자의 영역, 서쪽은 하얀색으로 다산과 생명을 상징하는 케찰코아틀, 남쪽은 청색으로 아스테카인의 신 우이칠로포츠틀리이다. 전기 소크라테스 사상가들과 마찬가지로 흙, 공기, 물, 불의 4요소가 다스린다. 그러나 각각의 요소는 한 '시대'만을 지배한다. 이미 네 번의 시대(태양)가 지나갔다. 현시대는 다섯번째 시대, '운행의 태양'에 해당하며, 아스테카의 전쟁 신 우이칠로포츠틀리의 시대이다.

> '4운행'(Nahui-Ollin)이라는 이름의 이 태양이 우리들의 태양이다. 그 속에서 지금 우리는 살고 있다. …… 다섯번째 태양은 …… '운행'의 태양이라고 부른다. 움직이고, 계속 길을 가고 있기 때문이다.[45]

'운행'(Y-olli)은 '심장'(Y-ollo-tl)과 관계가 있고, '생명'(Yoliliztli)과도[46] 관계가 있다. 오메테오틀은 '만물을 살게 하는'(Ipalnemohuani) 기원이지만 태양(테스카틀리포카의 얼굴 가운데 하나이다)을 통해서 살게 한다. 게다가 네 개의 '원리'는 계속 '싸우고' 있다. 인간의 생명(mace-

---

'사물이 나타나게 하는 거울'이다(오메테오틀에 대한 규정도 반사를 통해서 사물을 만들어 낸다는 의미이다). '거울'은 신성이나 틀라마니티의 철학적 주체("자기 심장과 대화하는 사람")가 스스로 '돌아보는' 기능, '성찰'하는 기능을 갖는다.

45) *Manuscrito de 1558*, León-Portilla, *La filosofía náhuatl*, pp.103, 333에서 재인용.

46) 실제로 '생명'은 마르쿠제가 헤겔의 존재 의미를 다룬 박사학위논문에서 증명했듯이, 이동성(Bewegenheit)을 의미한다. 아스테카인에게 생명이란 이동성이었다. 심장은 움직이는 기관이었다. 태양은 하늘에서 길(Iohtlatoquiliz)을 따라 움직이며, 모든 생명체(스스로 움직이는 것)를 움직이게, 활동하게 한다. 태양을 살게 하려면 생명체는 목숨을 희생해야만 했다. 삶과 희생의 순환이었다(마르크스의 해석에서 자본에 관한 비유처럼).

huales)이[47] 이런 투쟁에 관여해야 다섯번째 태양은 좀더 오래 존속할 수 있다. 인간은 현재를 지배하는 다섯번째 태양과 연대하고 공모해야 한다. 아무튼 인간 존재는 항상 '세월'이라는 시간 리듬의 지배를 받고, 또 그 리듬을 따라야 한다. 아스테카인은 존재를 '비극적' 비전으로 보았다. 그 어떤 자유도 인간사에 개입하지 못하며, 모든 일은 '태곳적에 정해진 삶의 규칙'(Huehuetlamanitiliztli)에 따라 사전에 결정되어 있었다.

사실, '지상에서'(tlaltípac) 모든 것은 오메테오틀의 선호에 따라 결정된다.

> 우리의 신, 가까이 있고 우리를 에워싸고 있는 신(in Tloque in Nahua-que)이 원하는 바를 결정하고,[48] 계획하며, 즐긴다. 신이 지금 원하는 것처럼 미래에도 그렇게 원하리라. 우리는 신의 손바닥에 놓여 있으며, 신은 기분 내키는 대로 우리를 움직인다.[49]

저 위 하늘에서 별들이 가야만 하는 '길'을[50] 가고 있듯이, 인간도 마

---

47) 'macehuales'는 '덕을 본 사람들'이다. 케찰코아틀이 "사지에서 피를 흘려" 이들을 되살아 나게 했기 때문이다(León-Portilla, *La filosofía náhuatl*, p.184). 'Mazehualtin'은 신이 자기를 희생하여 피를 흘렸기 때문에 덕을 본 사람들을 의미한다. 이렇게 모든 인간은 케찰코아틀에게 피의 빚을 지고 태어난다. 프로메테우스 같기도 하고(그러나 신이고, 쇠사슬에 묶이지는 않았다), 피 흘리는 그리스도 같기도 하다.

48) 'Moyocoia'는 신의 '계획'으로, 원하는 바를 만들어 내는 것을 가리킨다. '섭리'의 개념과 매우 유사하다.

49) *Códice florentino*, libro VI, folio 43 v. León-Portilla, *La filosofía náhuatl*, pp.199~200, 349에서 재인용.

50) 'Iohtlatoquiliz'는 '하늘의 길을 따라 나아감'을 의미한다. 길(ohtli)은 필연적이다. 이와 마찬가지로 어느 면에서 개개인도 탄생하는 순간부터 '자기 길'을 간다. 이름도 점성술에 따라 탄생한 날의 '징조'를 보고 짓는다. 일생은 이미 사전에 '표시'되어 있다.

찬가지이다. 따라서 만물의 '근거', [51] '진리'를 찾으려고 갈망한다.

인간이 '진리'일까? [52] 그렇다면 우리의 찬가는 진리가 아니란 말인가?
무엇이 우연히 발로 서 있을 [53] 수 있을까? [54]

틀라마티니에게는 '꽃과 노래'(현자 공동체에서 신과 의사소통하는
것)만이 '지상에서 유일하게 진실한 것'(nelli in tlaltícpac)이다. [55] 그러나
틀라마티니가 신비적이고 철학적인 경험을 통해서 자신이 신성에 근거
하고 있음을 알았다면, 생활세계에서는 다른 방법으로 열망하던 근거를
확립하였다. 그 가운데 첫째가, 삶의 리듬을 규정한 신성한 달력이다. 아
스테카인은 신성한 시간을 정확하게 측정할 줄 알았다. 하루, 나날, 주(13
일), 태음력, 태양력, [56] 금성력이 그것이다. [57] 하루마다, 주마다, 달마다,
여러 유형의 해[年]마다 각각 수호신이 있었다. 위계에 따라 무리를 지
은 신들이 하늘 길을 따라서 매일 아침부터 밤까지, 또 밤에도 움직이고

---

51) '대양(Teoatl) 으로 둘러싸인 땅'(Anáhuac), 이미 아는 세계로서 땅(Cemanáhuac)은 '근거'
를 확립하고 있다. 즉, 아래에 누워 있는(ónoc) 오메테오틀 위에, '땅의 배꼽'(Tlalxicco) 위
에 자리 잡고 있다.

52) 진리(Nelli)는 나우아어에서 특수한 의미가 있다. 영원히 '근거'를 확립한 것, 영속하는 것이
다. 인용문의 질문은 다음과 같은 의미이다. '인간이 자신의 존재 속에 확고한 그 무엇, 단단
히 뿌리내린 그 무엇을 가지고 있을까?' 헤겔에게는 아마도 변증법적·존재론적 의미에서
(전통적인 형이상학이나 존재론의 의미가 아니라) '본질'(근거)에 대한 질문일 것이다.

53) 과라니족과 마찬가지로, 이 표현은 오메테오틀, 절대자에 근거를 두고 있다는 것이다.

54) *Ms. Cantares mexicanos*, folio 10 v. León-Portilla, *La filosofía náhuatl*, p.61에서 재인용.

55) ibid., folio 9 v. León-Portilla, *La filosofía náhuatl*, p.142에서 재인용.

56) 52년(13년×4)이 한 주기로, 오늘날의 한 세기처럼 생각했다. 이때에는 '새로운 불'을 피우
고 기존 신전을 한 층(層) 더 높였다.

57) 금성력 65년은 태양력 104년에 해당한다. 이 주기를 '노쇠기'(huehueliztli)라고 불렀다.

있었으므로 노래, 의식, 희생제의 등으로 경배를 올려야만 신들이 흡족하게 여기고 악의를 품지 않는다. 이 때문에 축제나 축하행사를 개최했다.[58] 완전하게 '규정된' 삶이었다. 또 하나 기본적인 것이 있는데, '동일자의 영겁회귀'는 점성술,[59] 그리고 겉으로는 진리에 근거하지 않은 듯이 보이는 사건에 의미를 부여하는 '징조'의 '해석'(일종의 해석학)으로 보완했다.[60] 점성술은 시간 속에서(in tlatícpac) 발생하는 모든 사건에 적용되는, 사전적인(a priori) 신의 규칙인 반면에, 징조의 해석학은 구체적이고, 경험적이고, 겉보기에는 새로운 징조를 사후적으로(a posteriori) 분리하여 사전적인 규칙을 적용함으로써 '우연히 드러나게 된' 의미를 발견하는 것이다. 징조는 미래의(과거의) 일, 그러나 항상 필연적인(아리스토텔레스의 말로는 '다른 방도가 있을 수 없는') 일을 예언한다. 그러므로 억압받는 민족이든 통치계급이든 전사계급이든 심지어 틀라마티니 그룹까지 포함하여 아스테카인이라면 누구나 가지고 있는 비극적 의식

---

58) 사아군은 『누에바 에스파냐 문물 일반사』 2권 '달력, 축제, 의식, 희생제의, 엄숙성에 관하여'에서 이 주제를 다루고 있다(Bernardino de Sahagún, *Historia general de las cosas de Nueva España*, México: Porrúa, libro II, 1956, pp.73ss.).

59) 사아군의 『누에바 에스파냐 문물 일반사』 4권 '점성술 및 점복에 대하여'를 참고하라(ibid. libro IV, pp.221ss.). 아스테카인들은 '점성술'로 만물의 탄생이나 기타 시간적인 사건이 발생한 날짜, 연, 연도의 주기를 따져 의미를 파악했으며, 이것이 영원히 타당하다고 여겼다.

60) 사아군의 『누에바 에스파냐 문물 일반사』 5권 '새, 짐승, 곤충의 자연스러운 행동으로 미래의 일을 점치는 점복과 예언에 대하여'를 참고하라(Sahagún, *Historia general de las cosas de Nueva España*, libro V, pp.267ss.). 사아군의 기술에는 부정확한 면이 있다. 점복과 예언은 '과거의 사건으로서' 현재의 사건을 알기 위한 것이지 '미래의 사건으로서' 현재의 사건을 알려는 것은 아니다. 다시 말해서, 동일자의 영겁회귀 주기 속에서 모든 '미래' 사건은 '과거' 사건이었다(미래 사건은 미래 현재의 과거 사건이다. 그러나 '미래 현재'는 '현재 현재'와 동일하다. 왜냐하면 모든 일은 '과거 현재'이기 때문이다). 사건의 역사적 의미는 없으며, 이것이 목테수마의 비극적(프로메테우스적) 의식과 에르난 코르테스의 극적인(폴 리쾨르의 『악의 상징』이나 필자의 『셈족의 휴머니즘』에서 언급한 기독교적·근대적) 의식 사이의 차이이다.

이란 자신의 존재가 오메테오틀의 '진리'에 '근거를 두고 있다'는 '확신'이었다.

이제 목테수마가 무한한 바다(Teoatl, 현재의 명칭으로는 대서양)에서 최근에 도래한 자들이 이 땅(Cemanáhuac)의 해안에 출현했다는 '소식'을 들었을 때, 어떤 생각을 했는지 조금 이해해 보도록 하자.

> 배가 다가오고 바다(teoatl)에서 도래한 자들이 눈에 들어왔을 때, ······ 카스티야 사람들이 가까이 있었을 때,[61] (아스테카인들은) 면전에서 땅에 입술을 대는 의식을 하였다. ······ (아스테카인들은) 우리의 신 케찰코아틀이 돌아왔다고 생각했다.[62]

목테수마는 테노츠티틀란(멕시코시티)에서 코르테스를 영접하는 순간에도 케찰코아틀이라고 생각했다(나중에 보겠지만, 당시의 여러 문헌을 해석하면 목테수마의 이런 견해는 전략적 이성에서 도출된 정확한 결론이었다).[63] 일반적으로 목테수마 황제는 우유부단하고, 모순적이고, 이

---

61) 『플로렌스 고문서』(Códice Florentino) 6권 2장에는 배에 오른 아스테카인 명단이 수록되어 있다. 핀톨 우아스테코(Píntol huasteco), 요아친 데 눅틀란쿠아우틀라(Yoatzin de Ñuctlancuauhtla), 요아친 데 테우시니요칸(Yoatzin el de Teuciniyocan), 쿠이틀라필토크(Cuitlapíltoc)와 텐티틀(Téntitl)이 안내자였다. 이처럼 '다른 쪽'에서 본 이야기에는 '실존' 인물과 이름이 등장한다.

62) "Informantes indígenas de Sahagún", Códice florentino, libro VI, cap.2. León-Portilla, El reverso de la conquista, México: Joaquín Mortiz, 1978, pp.32~33에서 재인용.

63) 이어지는 분석은, 목테수마가 코르테스를 케찰코아틀로 여겼다는 전통의 개연성에 근거하고 있다. 이에 반해, 제임스 록하트와 수전 길레스피의 견해에 따르면, 코르테스와 케찰코아틀의 동일시는 두 사람이 만난 때로부터 수십 년이 지난 후에 연대기작가들이 삽입한 이야기에 불과하다(James Lockhart, Nahuas and Spaniards: Postconquest Central Mexican History and Philology, Stanford: Stanford University Press, 1991; Susan Gillespie, The Aztec

해하기 힘든 태도를 보였다고 간주한다. 이러한 견해는 토도로프,[64] 와
첼,[65] 레온 포르티야,[66] 파스,[67] 라파예[68] 등이 주장하는데, 이들은 목테
수마 행동의 합리성을 충분히 설명하지 못하고 있다. 사실, 코르테스는
이런 인사말을 들었다.

우리 주인이시여, 지치고 피곤하시리라 생각합니다만 이제 이 땅에 당
도했습니다. 당신의 '도시', 멕시코에 도착했습니다. 당신의 '옥좌'에 앉

Kings: The Construction of Rulership in Mexica History, Tucson: University of Arizona Press, 1989 참고). 사실, 나우아어 문헌에는 이와 관련된 언급이 전혀 없으며, 1540년 이후의 문헌에서야 등장한다. 그렇다고 코르테스와 케찰코아틀의 동일시가 거짓시라는 증명은 아니다. 그저 개연성의 상태로 머물러 있다가 후일 기록되었다는 뜻이다.

64) 앞서 인용한 토도로프의 『아메리카의 정복』 가운데 '목테수마와 기호'는 우리 해석에 근접하다(Tzvetan Todorov, *La conquête de l'Amérique*, Paris: Seuil, 1982, pp.70ss.). 그러나 그는 그 이유를 아스테카인들의 '의사소통' 유형이 상이한 탓으로 돌리고 있다. 토도로프는 모든 것은 영원에서부터 규정되어 있다는 가설을 철저하게 활용하지 못하고 있다. 토도로프와 보도(Georges Baudot)의 편저 『정복에 대한 아스테카인의 이야기』에는 『플로렌스 고문서』, 『틀랄텔롤코의 연대기』, 나우아어로 된 『오뱅 고문서』가 수록되어 있다(Tzvetan Todorov and Georges Baudot, *Récits aztèques de la Conquête*, Paris: Seuil, 1983). 스페인어 참고문헌은 『라미레스 고문서』(*Códice Ramírez*), 디에고 무뇨스 카마르고의 『틀락스칼라의 역사』(*Historia de Tlaxcala*), 디에고 두란의 『티에라 피르메 섬과 누에바 에스파냐의 인디아스 역사』(*Historia de las Indias de Nueva España y islas de Tierra Firme*)가 있다.

65) Nathan Wachtel, *La visión des vaincus*, Paris: Gallimard, 1971, p.45. 와첼은 목테수마가 "백인을 신으로" 영접한 이유를 알 수 없다고 얘기한다.

66) León-Portilla, *El reverso de la conquista*, p.20. 레온 포르티야는 목테수마가 고려한 몇 가지 가능성을 지적하고 있다. 그러나 그런 결정의 합리성을 설명하지는 못한다.

67) 옥타비오 파스는 이렇게 얘기한다. "스페인인의 도착에 관해서 목테수마는, 적어도 처음에는, 외적 위험이라기보다는 오히려 우주적 시기의 내적 위기로 해석했다"(Octavio Paz, *El laberinto de la soledad*, México: Fondo de Cultura Económica, 1976, p.85). 사실 '세계의 종말'은 제3의 가능성이었다. 그러나 "적어도 처음에는" 목테수마가 직면한 문제는 아니었다. 옥타비오 파스는 『후기』(*Posdata*)에서 이 문제를 좀더 다루고 있다. 그러나 우리가 앞으로 분석할 여러 가능성을 부각시키지는 않는다.

68) Jacques Lafaye, *Quetzalcóatl y Guadalupe, La formación de la conciencia nacional en México*, pp.219~224. 라파예는 당시의 상황을 명쾌하게 밝히고 있지 않다.

으려고, 당신의 '왕관'을 쓰려고 여기에 오셨습니다. 잠시 당신 것을 지키고, 보존하던 당신의 '대리인들'은 이미 떠나고 없습니다. 그들은 이츠카오친, 모테쿠조마친, 아사야카, 티속, 아우이초틀 왕이었으며, 참으로 잠시 동안 당신 것을 간수하고, 멕시코시티를 다스렸습니다. …… 지금 내가 꿈을 꾸고 있는 것은 절대 아닙니다. 잠이 덜 깬 채로 일어난 것도 아닙니다. 꿈속에서 당신을 보고 있거나 당신 꿈을 꾸고 있지도 않습니다. 지금 내 눈으로 당신을 보고 있으며, '당신의 얼굴이' 지금 내 눈에 들어와 있습니다. 5일이나 10일 전만 하더라도 나는 걱정하고 있었으며, 망자의 지역(topan mictlan)을 뚫어지게 쳐다보고 있었습니다. 그리고 구름 사이로, 안개 사이로 당신이 오셨습니다. 왕들, 다스리던 사람들, 당신의 '도시'를 통치하던 사람들이 우리에게 남긴 말처럼, 당신의 자리에, 당신의 영예로운 '좌석'에 앉으셔야 합니다. …… 이리 오셔서 쉬도록 하십시오. '당신의 왕실 집'을 차지하십시오. 몸을 편히 가지십시오.[69]

목테수마가 방금 도착한 자에게 아스테카 제국의 옥좌를, 통치권을, 지배권을 양도했다! 이것이야말로 바로 코르테스가 열망하던 것이 아니었을까? 그렇지 않다. 코르테스는 왜 양도를 하겠다는 것인지 이해하지도 못했고, 또 옥좌를 차지할 의사도 없었다. 이 때문에 목테수마는 새로운 혼란에 빠진다. 그러나 처음도, 마지막도 아니었다. 새로운 일을 겪을 때마다 그런 반응을 보였다. 목테수마의 처신은 합리적인가? 만약 목테수마의 '세계'를 고려하고, 유럽중심적인 시각을 투사하지 않는다면, 합

---

69) León-Portilla, *El reverso de la conquista*, pp.38~39.

리적이었고 또 더할 나위 없이 훌륭했다.

여러 문헌을 보면 '다양한 가능성'이[70] 있었는데, 여기서 분석해 보
도록 하자. 다시 말해서, 목테수마가 실질적으로 위치한 '세계'에서 '가
능한 것', 톨테카 현자들의 전통에 따라서 엄격한 교육을 받은 아스테카
의 황제이고, 훌륭한 전사이면서 한편으로 뛰어난 틀라마티니인 목테수
마의 세계에서 가능한 것을 살펴보자. 저처럼 교양 있고 품위 있는 목테
수마 황제가 아스테카 제국의 정보자원을 총동원하여 정보를 입수한 후
에[71] 직면한 가능성은 다음과 같다.

첫째, 최근에 도래한 자들은 인간이다. 그러나 나우아인의 해석학적
관점에서 볼 때 개연성이 희박했으며,[72] 추후에 여러 사건이 발생한 다
음에야 인간임을 확인할 수 있었다.[73] 따라서 '그 당시'(이 기간은 '침략'

---

70) 하이데거의 의미로 가능성(Möglichkeit)이다(Enrique Dussel, *Para una ética de la libera-
ción latinoamericana*, Buenos Aires: Siglo XXI, vol.I, 1973, pp.65ss. 참고). 또는 루만의 의
미로 가능성이다(Niklas Luhmann, *Systemlehre*, Frankfurt: Suhrkamp, 1987. 자기지시적이
고 자기생산적인 체계와 관련된 부분을 참고하라).

71) 참고한 나우아 문헌에 의하면(그리고 제임스 록하트의 비판적 가설과 관련한 개연성을 고려하
면), 이러한 정보자원은 다음과 같다. ① 틀라카엘렐 전통을 따르는 전사들의 판단을 존중
한다(이 전사들은 제2형태, 즉 침략이라고 밝혀질 때만 행동에 들어간다). ② 철학자 틀라마티
니 그룹의 판단을 요청한다. ③ 점성술사의 판단을 경청한다. 이들은 케찰코아틀이 세아카
틀(ce-acatl, 스페인인의 도착 날짜와 일치한다)에 서쪽에서 오리라고 목테수마 황제에게 얘
기했다. ④ 점괘나 징조 해석에 따른다. 숫자 8은 불, 흙, 공기, 물의 기본적인 4요소와 관련
된 사건을 포함하므로 전(前)소크라테스 사상가들과 마찬가지로 아스테카인에게도 불길
한 '미래'를 가리키는데, 자세한 사항은 레온 포르티야가 서술한 8가지 불길한 징조를 참고
하라(León-Portilla, *El reverso de la conquista*, pp.29ss.).

72) '비정상적인 것'(결함을 가진 아이의 출생 같은)은 제거하거나(스파르타쿠스인의 경우처럼) 신
성화했다(멕시코 사포테카 문화에서는 결함이 있는 환자는 신처럼 몬테 알반에 모셨다). 대양
에서 인간이 출현한 것과 같은 비정상적인 일은 개연성이 희박했다.

73) 최근에 도래한 자들이 인간이면, 그렇게 위험하지 않았다. 왜냐하면 월등한 군사기술에도
불구하고 코르테스 일행은 숫자가 얼마 되지 않아서 군사적인 위험은 없었다. 게다가 그 당
시 전략적 합리성으로 상황을 분석한 목테수마는 '침략' 가능성을 제외할 필요가 있었다.

이 시작되면서 끝나지만 목테수마는 사후에야 이때 접하지 못한 새로운 자료를 접한다) 이런 '가능성'은 배제하는 것이 '합리적'이었다.

둘째, 합리적으로 하나의 가능성만이 남아 있었다. 즉, 그들은 신이라는 것이다. 만약 그렇다면, 어떤 신들인가? 점성술사의 의견이나 틀라마티니 그룹의 의견을 비롯하여 여러 가지 사항을 고려할 때, 코르테스는 케찰코아틀이 틀림없었다. 툴라에서 톨테카인이나 다른 민족에게 축출된 케찰코아틀이 돌아온 것이다.[74]

'침략'은 아직까지도 아무런 의미가 없었다. 바꿔 말해서, 목테수마의 구체적 '세계'에서 수집한 경험적 자료로 볼 때 현실적인 가능성은 없었다.

74) 앞서 얘기했듯이, 톨테카인과 아스테카인의 관계는 그리스인과 로마인의 관계와 유사했다. 톨테카인은 모든 점에서 모범이 되는, 고대의 문화 민족이었다. 사실, 아스테카의 전통은 'toltecayotl'이었다. 이 말은 '톨테카적 특성'이라는 뜻으로 로마인의 로마문화(romanitas), 기독교인의 기독교문화(christianitas), 독일인의 독일문화(Deutschtum)와 유사하다. 역사적 인물로서 케찰코아틀은 '세 아카틀 토필친'(Ce Acatl Topilzin 기원전 10세기?) 때의 사제이자 현인으로, "1카냐(1-Caña) 어느 날에 우리 군주가 태어났다"(Walter Lehmann, "Geschichte der Königreiche von Colhuacan und Mexiko", *Quellenwerke zur alten Geschichte Amerikas*, Stuttgart: Kohlhammer, 1938 참고). 젊었을 때 툴란신고 근처에서 살던 케찰코아틀을 툴라의 왕으로 모셔 갔다. 케찰코아틀은 오메테오틀의 존재론을 공식화한 사상가이며, 이런 사상은 훗날의 틀라카엘렐 사상과는 정반대였다. "케찰코아틀이 거기에 살았을 때 마술사들이 수없이 그를 속여 인간을 희생제물로 올리려고 하였으나 자기 민족, 즉 톨테카 사람들을 무척이나 사랑한 케찰코아틀은 허락하지 않았다고 전한다"(*Anales de Cuauhtitlán*, Códice Chimalpopoca, folio 5. León-Portilla, *La filosofía náhuatl*, pp.307~308에서 재인용). 확실한 것은 케찰코아틀이 부당하게 쫓겨났다는 것이다. 그러나 케찰코아틀은 언젠가 돌아오리라고 약속했다. 따라서 아스테카인, 특히 목테수마는 여러 가지 이유로 두려워하였다. 첫째, 아스테카인은 톨테카족의 유민을 피로 지배하였다. 둘째, 우이칠로포츠틀리의 희생신화는 케찰코아틀의 사상과 반대된다. 셋째, 케찰코아틀은 왕위를 찬탈당했으므로 목테수마의 자리를 차지하려고 할 것이다(앞으로 보겠지만, 이것이 목테수마의 합리적 결론인데, 멕시코에서 코르테스를 영접한 텍스트에도 '분명하게' 드러나 있다). 흥미 있는 사실은, 코르테스가 목테수마에게 '인간을 희생시키지 말라'고 하자, 목테수마는 어느 날 최고 사제를 불러, 스페인인들을 자극하지 않도록 당분간은 인간 희생을 금하도록 명했다는 것이다(Juan de Torquemada, *Monarquía indiana*, México: UNAM, vol.II, 1975, p.173). 이것은 툴라의 현인 케찰코아틀과 코르테스의 관계를 직접적으로 보여 주는 징표이다.

셋째, 세번째 '가능성'은 두번째 가능성의 변형인데, 목테수마가 케찰코아틀은 오메테오틀의 얼굴 가운데 하나이며, 그의 귀환은 신성한 기원이라고 착각할 가능성이다. 그렇다면 정말로 불길한 일이었다.[75] 다섯번째 태양의 종말이었다.[76]

이러한 여러 '가능성' 앞에서 목테수마는 망설였으나 합리적인 결정을 내린다. 첫째, 이들에게 환대를 베풀고, 선물도 주고, 또 원래의 자리로 되돌려 놓겠다고(목테수마의 것이라고 할지라도) 제안한다. 따라서 목테수마는 최근에 도래한 자들과 '얼굴을 붉히고' 싶지 않았다. 그럴 경우, 그 역시 끝이기 때문이다. 이 점은 종종 정확하게 해석되지 못했다.

아무튼 목테수마는 그런 일을 깊이 생각하고, 걱정했으며, 공포와 두려움에 휩싸였다. 이 도시에 어떤 일이 일어날지 깊이 생각했다.[77]

공연한 걱정이 아니었다. 아스테카 제국의 적과 피억압자들(셈포알라 사람들이나 틀락스칼라 사람들)에게 코르테스는, 인간이든 신이든, 아스테카 제국의 지배로부터 해방시켜 줄 동맹자였다.[78] (이 점에서는 잉카

---

75) 실제로, 다섯번째 태양에 관해서는 이렇게 쓰여 있다. "이 태양은 툴라에서 우리 군주, 즉 케찰코아틀의 태양과 동일하였다"(*Manuscrito de 1558*. León-Portilla, *La filosofía náhuatl*, p.103에서 재인용). 이 경우, "땅이 움직이고, 굶주림이 만연하여 이로써 우리는 멸망하리라"(p.103)는 예언은 다섯번째 태양의 종말을 가리킨다. 이것이 가장 일반적인 해석이었다.
76) 옥타비오 파스는 목테수마가 처음으로 다섯번째 태양의 종말 가능성과 직면했다고 생각한다(Paz, *El laberinto de la soledad*, p.85). 그러나 사실은 그렇지 않다.
77) "Informantes indígenas de Sahagún". Leon Portilla, *El reverso de la conquista*, p.35에서 재인용.
78) 반(反)아스테카 원주민들은 코르테스에게 모든 것을 걸지는 않았다. 만약 코르테스가 아스테카인에게 패배한다면 어쩔 도리 없이 아스테카의 지배를 다시 인정해야 하기 때문이다.

제국의 황제 아타우알파도 목테수마와 마찬가지였다). 우이칠로포츠틀리에게 충성을 바치는 전사들은 신의 협력자로서 싸울 것이다. 그러나 코르테스 일행이 정말로 인간이라고 밝혀질 경우(첫번째 가능성)나 케찰코아틀이 다섯번째 태양에 종지부를 찍을 경우에만(세번째 가능성) 전투에 돌입할 것이다. 테노스티틀란(멕시코시티) 사람들은 케찰코아틀이 원래의 자기 제국에서 권좌에 다시 오른다고 할지라도(두번째 가능성) 잃을 게 하나도 없었다. 따라서 모두들 상이한 가능성을 생각하고 있었다. 오로지 목테수마만이 여러 가능성 가운데 하나를 선택해야 했다.[79] 목테수마는 운신의 폭이 매우 좁았다. 케찰코아틀이 제국의 권좌를 차지하고 싶다면 왕관을 내줘야 했다(두번째 가능성). 여타의 경우에 목테수마는 전사들과 함께 운명을 걸 수 있었다(그러나 두번째 가능성이 현실적이 아니라는 것이 드러난 이후에나 가능하다). 그러므로 위대한 틀라마티니인 목테수마는 명확한 전략적 이성으로, '합리적으로' 생각한 끝에 제국을 포기하고,[80] 왕좌를 케찰코아틀(코르테스)에게 넘겨주기로 결심하고 이렇게 말한 것이다. "당신의 왕실 집을 차지하십시오."

물론 최근 도래한 자들은 다시 한번 목테수마를 당황하게 만든다. 아스테카인들이 피가 든 음식을 제공했을 때, 이 낯선 신들은 그것을 쳐다보지도 않았다. 더욱 이상한 것은 금을 보고 기뻐했을 뿐만 아니라 숙련된 세공사가 공들여 제작한 금붙이를(네덜란드에서 이를 본 알브레히트 뒤러는 탄복했다) 금괴로 만들어 버리는 비합리적인 행위를 서슴지

---

79) 사실 목테수마에게는 바람직한 가능성은 단 하나뿐이었다. 최근 도래한 자들이 인간일 경우에는, 그 즉시 우이칠로포츠틀리에게 충성을 바치는 전사들을 동원하여, 수십 명에 불과한 코르테스군을 무찌를 수 있었다. 이런 가능성은 극히 낮으므로, 이보다 무게가 실린 여타의 가능성이 현실성이 없다고 합리적으로 '판명'될 때까지 미뤄 둘 수밖에 없었다.

않았으며, 전투에서도 적을 포로로 잡아 신들에게 제물로 바치는 대신에 터무니없게도 살육을 감행했다. 또 다시 코르테스는 멕시코에서 권력을 잡지 않았다! 그러나 적어도 목테수마는 코르테스가 '지상의'(in tlaltícpac) 권력을 되찾고자 하는 군주 케찰코아틀이 아니라는 결론에 도달한다. 다른 가능성이 남아 있지만 상황을 면밀하게 살펴볼 필요가 있었다. 코르테스가 신의 이름으로 행동할 가능성이 있었고, 이는 다섯번째 태양의 종말을 의미하기 때문에 극도로 위험했다. 따라서 목테수마는 굴욕을 견뎌 냈다. 그들이 만약 인간이라면 극단적인 경우에 자기 목숨이 위태로울 수 있었다. 그러나 군주로서 끝일 뿐, 멕시코시티는 무사할 것이다.[81]

---

80) 목테수마는 칼메칵(영웅과 현자의 신전)의 생도다운 태도를 보여 준다. 이는 코르테스에게 다음과 같이 얘기한 데서도 드러난다(코르테스는 앞에 있는 사람의 윤리적 폭과 깊이를 해석할 수 있는 가능성이 전혀 없었다! 코르테스는 그저 훌륭한 군인이고 유능한 정치인이었을 뿐, 인간의 크기에서는 목테수마를 따라갈 수 없었다). "5일이나 10일 전만 하더라도 나는 걱정하고 있었으며, 망자의 지역(topan mictlan)을 뚫어지게 쳐다보고 있었습니다. ······ 이제, 이루어졌습니다. 당신이 도착하신 것입니다"(앞서 인용한 구절). 목테수마는 '지상적인 것'(in tlaltícpac) 너머에 있는 것, 초월적인 것(Topan mictlan)을 응시하고 있었다. 그리고 "자기 민족을 무척이나 사랑한" 케찰코아틀처럼 "장차 이 도시에 무슨 일이 일어날지 깊이 생각했다". 목테수마는 왕좌에서 물러남으로써, 적어도 자기가 권좌를 고집할 경우에 신민이 겪게 될 고통만은 피하고자 했다. 목테수마의 마음은 물러나는 쪽으로 기울어졌다. 케찰코아틀이 툴라에서 그랬던 것처럼······.이런 논리로 목테수마가 코르테스를 케찰코아틀로 여겼다는 것을 이해해야만 했다! 목테수마는 메히카족의 케찰코아틀이었으며, 케찰코아틀을 위해서 자신을 희생제물로 바쳤다.

81) 만약 제임스 록하트의 비판적 명제가 나우아 사람들은 결코 코르테스를 케찰코아틀이라고 생각하지 않았다는 것을 증명한다면(그러나 증명하기가 매우 어렵다) 이 모든 것은 다른 방식으로 전개될 수도 있었을 것이다. 증명할 수 있는 것은 사건의 기술이 이상하게도 때늦게 연대기에 기술되고 있다는 것이고, 1520년의 정복 직후에 작성된 나우아어 텍스트는 그 일을 무시하고 있다는 것이다.

3. 제국의 '침략'

새로운 사실이 사후적으로(따라서 목테수마가 이전에는 고려할 수 없었고, 당연히 역사적인 가능성, 즉 현실적인 가능성이 될 수도 없었다)[82] 등장함으로써 상황은 첫번째 가능성의 전개 쪽으로 기울어지기 시작했다(세번째 가능성은 극도의 위험성을 안고 공중에 떠돌고 있었다).

> (코르테스를 격파하려고 쿠바에서 나르바에스의) 군대가 도착했다는 소식을 전해 들은 목테수마는 코르테스를 불러 이렇게 일렀다. "대장, 당신네 땅에서 배가 왔으니 조속히 준비를 하고 떠나는 게 좋겠습니다."[83]

이제 최근에 도래한 자들이 인간임을 알게 된[84] 목테수마는 코르테스 일행 뒤에 코르테스와 똑같이 생긴 수많은 병사가 있다는 사실을 처음으로 의식했다. 만약 저들이 왔던 곳으로 되돌아간다면 모든 일은 잘 마무리되리라(그리고 제국도, 전통도, 신들도, 다섯번째 태양도, 목테수마 자신도 무사하리라). 그러나 두 가지 '새로운' 사건(곧 세 가지가 된다) 때문에 목테수마는 '첫번째 가능성'이 뜻하지 않은 방향으로 전개되고 있다는 사실을 깨달았다(이전에는 전혀 고려하지 못한 '네번째 가능성'이다). 첫째, 코르테스는 왔던 곳으로 되돌아가지 않았을 뿐만 아니라 나르바에

---

82) 여기서 "콜럼버스는 아메리카를 발견하지 못했다"는 오고르만의 가설을 응용하면, 목테수마는 판필로 나르바에스가 도착하기 이전에는 "침략을 발견하지 못했다"고 말할 수 있다.

83) Torquemada, *Monarquía indiana*, cap.59, p.184.

84) 아스테카인들은 말과 스페인 병사가 죽는 것을 목격했다. 그리고 여러 주 동안 멕시코에서 함께 살았으나 이상한 징후는 전혀 발견하지 못했다.

스를 물리침으로써 군대를 강화했다(승리하고 멕시코로 돌아왔다). 둘째
는 첫째 못지않게 중요한 사건으로, 페드로 데 알바라도가 아스테카의
엘리트를 학살했다. 이 두 가지 사건은 목테수마의 착오를 '증명'하며,[85]
저울추는 틀라카엘렐 사상을 따르는 전사들 쪽으로 기울어졌다. 이들은
처음부터 스페인인들을 인간으로 간주하고, 싸워야 한다고 생각했다. 목
테수마는 종말을 맞았다. 그런데도 타자의 '논의 세계',[86] 목테수마가 철
저하게 전개한 논의 세계를 결코 이해하지 못한 코르테스는 이전과 마
찬가지로 목테수마를 이용하려고 하였고, 자신의 목적을 위해서 천금 같
은 시간을 낭비했다.[87] 그러나 이제는 늦었다. 아스테카인들은 코르테스
일행이 단순한 인간 전사 집단이라는 사실을 처음으로 그리고 명확하게
알아차렸다. 코르테스 일행은 아스테카인이 '잘 아는 세계', 세마나우악
(Cemanáhuac)을 침략하려는 선발대였다.

틀라마티니 그룹의 지혜는 반박당하고, 폐기되었다. 이들의 세계관

---

85) 목테수마의 착오가 분명하다. 그러나 사전적인 착오가 아니라 사후적인 착오이다.
86) 근대인은 결코 타자의 논리를 이해하지 못한다. 멕시코에서 카를 오토 아펠과 나눈 대
    화, 「타자의 이성, 발화행위로서 호명」 참고. Enrique Dussel, "La razon del otro. La
    interpelación como acto-de-habla", Enrique Dussel ed., *Debate en torno a la ética
    del discurso de Apel. Diálogo filosófico Norte-Sur desde América Latina*. México:
    Siglo XXI Editores, 1994, pp.55~89.
87) 코르테스는 페드로 나르바에스 군에게 승리를 거두고 세력을 보강한 다음에 해안에서 돌
    아왔으나 그 즉시 멕시코시티를 떠나야만 했다. 그러나 목테수마의 '논리'를 이해하지 못
    하고 계속 황제를 이용할 수 있으리라고 생각했다. 사실 목테수마는 여러 가능성(코르테스
    에게는 가능성이 아니었다)을 하나하나 검증해야 했으므로 겉으로는 이용하게 놔두었다. 페
    드로 데 알바라도도 코르테스와 마찬가지였다. 멕시코에서 코르테스 일행을 보호해 준 것
    은 이들이 용감하기 때문이 아니라 틀라마티니 그룹의 세계관 때문이라는 사실을 파악하
    지 못하고, 공격성을 드러내면 스페인인의 입지가 강화되리라고 생각했다. 그러나 틀라마
    티니 그룹의 세계관이 사라지고 주전론이 대두되면서 페드로 데 알바라도의 행동은 의도
    한 것과는 정반대의 결과를 낳았다.

은 시험을 거친 결과 부적합하고 현실과 맞지도 않았다. 틀라마티니로서 목테수마는 이미 죽었다. 육체적인 죽음은 시간 문제였다. 이렇게 '신들의 재림'은 끝난다. 코르테스가 아니라 판필로 나르바에스가(아메리카를 발견한 사람이 콜럼버스가 아니라 아메리고 베스푸치인 것처럼) 일련의 사건이 '침략'의 일부였음을 증명했다.

아스테카인의 로물루스 형제라고 할 수 있는 틀라카엘렐은[88] '10코네호'(1398)년에 태어났으며, '1페데르날'(1428)년에 멕시코의 알바롱가(Alba Longa)에 해당하는, 아스카포찰고의 테파네카족을 물리쳤다. 이후 틀라카엘렐은 '세계의 정복자'(in Cemanáhuac Tepehuan)라는 칭호를 얻었으며,[89] 일련의 '개혁'을 단행하여 아스테카 제국의 우주관을 만들었다. 다시 말해서, 멕시코 지배세력의 희생제의 패러다임으로 세계를 해석했다.

> 이것이 우리의 신 우이칠로포츠틀리의 일이다. 그러므로 우리는 이 신의 머리에 든 힘과 가슴에 깃든 힘으로 모든 민족을 모아서, 이 신을 모셔야 한다.[90]

---

88) 이론적인 면으로 보면, 틀라카엘렐은 클라우제비츠와 같은 전쟁이론가나 비스마르크와 같은 정치가라기보다는 법철학을 저술한 헤겔과 더 유사하다. 네 명의 왕으로부터 추앙을 받았으나 아스테카 제국의 왕위에 오르려고 하지는 않았다.

89) Fernando Alvarado Tezozómoc, *Crónica Mexicáyotl*, México: UNAM, 1949, p.121. 틀라카엘렐에 대해서는 다음 책을 참고하라. León-Portilla, *La filosofía náhuatl*, pp.249ss.; Miguel León-Portilla, *Los antiguos mexicanos*, México: Fondo de Cultura Económica, 1990, pp.46ss., 92ss.

90) Diego Durán, *Historia de las Indias de Nueva España*, vol.I, México: Porrúa, 1967, p.95.

오메테오틀은 테스카틀리포카 신들이 대신하고, 다섯번째 태양, 케찰코아틀의 태양은 희생제의 패러다임으로 재해석되었다.

여기에 그 증표가 있다. 저기 테오티우아칸에서 태양이 어떻게 불 속으로, 신성한 모닥불 속으로 떨어졌는지 보라.[91]

사실, 테오티우아칸에서는 보잘것없는 벌새 신, 나나우아친이 목숨을 희생하였다. 모두를 위해서 스스로 제물이 되어 신성한 모닥불 속에서 타 죽었다. 그리고 긴 밤이 지난 후, 갓 태어난 태양으로 모습을 드러냈다. 이러한 태양을 아스테카인은 자기들 부족의 신, 우이칠로포츠틀리로 해석했다. '틀라카엘렐의 개혁'을 통해서 제2의 전사 신이던 우이칠로포츠틀리가 멕시코의 주신이 된 것이다. 틀라카엘렐은 지배당한 부족의 신성한 고문서를 모두 불태우고 새로 작성했다. 신통기(神統記)를 장악한 것이다. 이제 아스테카 제국은 태양의 생존을 위해 '건국'된 것으로 해석했다. 따라서 '운동'(태양과 현실의 모든 것), 생명, 심장은 피(chalchihuitl)와 관계가 있다. 태양신 우이칠로포츠틀리의 생명은 인간 희생에 달려 있다. 희생자는 이른바 '꽃의 전쟁'을 벌여 잡아 온 포로였으며, 이런 일이 제국의 존속을 정당화했다.

칼이 부딪치고, 방패가 부딪치는 저곳에 향기로운 하얀 꽃, 심장의 꽃이 있다. 생명의 꽃이 봉오리를 벌리면 군주들은 세상에 떠도는 그 향기를 들이마신다. 이것이 테노츠티틀란이다.[92]

---

91) *Manuscrito de 1558.* León-Portilla, *La filosofía náhuatl*, pp.103~109에서 재인용.

이렇게 틀라카엘렐은 우이칠로포츠틀리를 모신 대신전(Templo Mayor)에 인간을 희생제물로 바쳐야 한다는 신화를 통해서 아스테카 제국을 우주 존속에 필요한 협력자로, 즉 다섯번째 태양의 생명을 연장시키는 협력자로 만드는 데 성공했다. 이제 코르테스가 케찰코아틀이 아니라는 사실이 밝혀지는 순간, 아스테카의 전사들은 침입자를 물리쳐 다섯번째 태양을 유지시키려고 할 것이다.

결국, 스페인인들은 밤중에 도망쳤다. 테칠우이틀(Techílhuitl) 축제에서 도망쳤다. 그때 그들은 톨테카 운하(Canal de los Toltecas)에서 죽었다. 그곳에서 우리는 스페인인들을 맹렬하게 공격했다.[93]

아스테카 전사들은 '슬픈 밤'에(물론 스페인인들에게 슬픈 밤이다) 코르테스를 테노츠티틀란에서 축출했다.[94] 그런데도 아스테카 전사들에게는 별 소용이 없었다. 엎친 데 덮친 격으로 전염병이 돌았고, 이는 아스테카 제국에 불길한 징조라는 소문이 떠돌았다. 침입자들은 틀락스칼라에서 전열을 재정비했다. 스페인의 가톨릭 양왕이 그라나다를 정복할

---

92) *Ms. Cantares mexicanos*, folio 20 v. León-Portilla, *La filosofía náhuatl*, p.257에서 재인용. 카를 마르크스만이 유대 기독교적·셈족 성서적 사고에서 영감을 얻은 신학적 비유로 자본이라는 새로운 몰록이 생명을 유지하기 위해서 어떻게 피억압자들의 피를 빨아먹는지 보여 주었다(필자의 저서, 『마르크스의 신학적 비유』 참고). 가치의 순환이란 피의 순환(Blutzirkulation)이다.
93) *Ms. Anónimo de Tlatelolco*, León-Portilla, *El reverso de la conquista*, p.43에서 재인용.
94) 스페인인들은 레메디오스 성녀 덕분에 목숨을 구했다고 생각했다. 그래서 1810년 이달고 신부는 과달루페 성모를 아메리카인들의 깃발로 삼았고, 스페인인들은(gachupines)은 레메디오스 성모 깃발을 들었다. 성모 간의 싸움이었고, 신 간의 싸움이었고, 계급 간의 투쟁이었다(Enrique Dussel, "Christliche Kunst des Unterdrückten in Lateinamerika. Eine Hypothese zur Kennzeichnung einer Aesthetik", *Concilium* 152, 1980, pp.106~114 참고).

때처럼 코르테스는 멕시코를 흔들기 시작했다. 몇 달 동안 테노츠티틀란을 포위했다. 마침내 테노츠티틀란에서 아스테카인을 쫓아내 틀라텔롤코에 몰아넣었다. 아스테카인들은 패배했다.

길에는 부러진 칼이 널브러져 있었고, 머리칼이 여기저기 흩어져 있었다. 가옥은 지붕이 날아갔고, 벽은 붉게 물들어 있었다. 길거리와 광장에는 구더기가 들끓고 있었다. 건물 벽은 뇌수로 더럽혀졌다. 물은 염색한 것처럼 붉었다. 그 물을 마셔 보았더니 초석(硝石) 맛이 났다.[95] 저기 틀라텔롤코에서 신음소리가 울려 퍼지고, 눈물이 떨어지고 있다. 멕시코 사람들은 물을 찾아 이미 떠나 버렸다. 여자들처럼 모두들 도망가기 바빴다. "친구들이여, 우리 이제 어디로 가야 하지?"라고 묻던 멕시코 사람들은 이내 "정말이야?"라고 되물었다.[96] 사람들은 멕시코시티를 버렸다. 연기가 치솟고, 연무가 퍼지고 있다. …… 이것이 틀라텔롤코에서 '생명의 부여자'[오메테오틀]가 한 일이었다.[97]

'침략'은 끝났다. 전사들은 패배했다. 마찬가지로 마야도, 아타우알파 황제가 다스리던 잉카도 패배했다. 세월이 흐르면서, 남쪽의 티에라 델 푸에고에서 북쪽의 알래스카에 이르기까지 모두 침략을 당했다.[98] 근대성은 현존하게 되었다. 흡혈귀 같은 신들의 희생물이던, 아스테카 제

---

95) *Ms. Anónimo de Tlatelolco*. León-Portilla, *El reverso de la conquista*, p.53에서 재인용.
96) "정말로 신들은 우리를 버렸으며, 제국은 멸망할 것인가?"라는 질문은 본질적이다. 그때의 비극성을 잘 드러내는 통절한 물음이다. 다섯번째 태양은 종말을 고했다.
97) *Ms. Cantares mexicanos*. León-Portilla, *El reverso de la conquista*, p.62에서 재인용.
98) 침략에 대한 저항이 미미했다는 생각은 금물이다. 실제로는 대담하고 부단한 저항이었다.

국의 피지배자들을 해방시켰다. 그리고 인류의 지평을 밝히는 여섯번째 태양처럼 새로운 신(자본)이 새로운 '희생신화'를 요구했고, 틀라카엘렐의 신화는 그에 못지않은 희생신화에게 자리를 내주었다. 그 신화는 애덤 스미스의 말처럼 시장을 조화롭게 조정하는 '하느님의 손'이고, 프리드리히 하이에크의 말처럼 완전경쟁이다(노동조합의 노동 '독점'을 분쇄함으로써 완전경쟁의 신화를 보장해야 한다는 것이다).

8강 _ '세계의 종말'에 대한 '저항'과 '여섯번째 태양'

> 그리고 그들은 이렇게 말했다. 이제 우리는 '틀라촘판'에 이르렀다. '세계의 종말'이라
> 는 뜻이다. 그리고 새로 도래한 이 사람들이 남을 것이다. 이제 기대할 것은 하나도 없
> 다. 우리 조상이 말한 바가 이루어졌기 때문이다.
>
> — 헤로니모 데 멘디에타, 『인디아스 교회사』[1]

신들의 '재림'(제1형태)은 끝났고, 그와 더불어 목테수마도 끝났다. 유럽인의 '침략'(제2형태)은 전 대륙으로 확산되었다. 아메리카 땅에서 시작된 '저항'(제3형태)은 많은 사람들이 생각하는 것보다 훨씬 많은 피를 흘렸고, 오래 지속되었다. 그러나 대부분의 저항은 군사기술의 불균등과 사태 진전에 대한 해석의 불균등 때문에 결국은 패배할 수밖에 없었다. 이로써 예전 사물의 질서가(아스테카의 경우, 제국에 대한 통제) 사라졌다. 모든 게 완결되었다. 아메리카 인디오의 사고에서 보면, '세계의 종말'(제5형태)이라는 명백한 결론을 수용해야 했다. 그러나 나우아의 우주관에서 세계의 한 시대, 한 단계가 끝나면 새로운 우주적·역사적 순간이 시작됨으로써 세계는 중단 없이 영원히 지속된다. 이른바 '여섯번째 태양'(제6형태)이 시작되었으며, 우리는 500년 동안(1492~1992년) 주변부에서 이런 시기를 살아왔다.

---

1) Gerónimo de Mendieta, *Historia eclesiástica indiana*, vol.2, México: Ed. Salvador Chávez Hayhoe, 1945, p.161.

1. '저항'

여기서는 문제를 상세하게 기술할 수 없으므로 주제만 제시하기로 한다. 이러한 주제는, 우리가 명확하게 한정하고자 하는 '역사적 주체', 즉 피억압자의 '사회블록'(안토니오 그람시의 용어) 구성에서 매우 중요하다. 이 문제를 연구한 어느 역사학자는 이렇게 얘기한다.

> 기존 역사는 정복을 한 줌밖에 안 되는 용감한 사람들이 성취한 경이로운 업적으로 소개한다. 하느님과 카스티야의 이름으로 아메리카 대륙에 모습을 드러낸 것만으로 수천만의 원시인과 야만인을 지배했다고 한다. 그러나 연대기만 읽어 봐도 정반대임이 드러난다. 만남으로 인해 원주민들은 처음에 놀라고 당황했다. 그러나 전통적으로 예고된 신들이 도착했다는 믿음이 사라지고 침입자들의 과도한 세속적 본질을 인식하게 된 순간부터 조직적이고 피비린내 나는 저항이 시작되었다. 저 남자들과 여자들의 저항은 단호하고 용감했다. 종종 자살로 끝을 맺기도 했다. …… 총포에 맞서고, 말[馬]에 맞서고, 또 '한없이 잔혹한 일이지만 사람을 갈기갈기 물어뜯어 죽이는' 훈련견에 맞서기도 했다.[2] …… 저항하던 영웅들 가운데 극소수만 기억하기 때문에 우리는 이 소책자에서 자기의 땅과 자유를 수호하려던 모든 이들을 망각으로부터 구해 내고자 한다.[3]

'침략'에 맞선 '저항'을 차근차근 따라갈 수도 있겠으나[4] 여기서

---

2) Alonso de Góngora Marmolejo, *Historia de Chile*, Santiago: Ed. Universitaria, 1970, p.71.

는 몇 가지 경우만 언급하기로 한다. 이스파니올라 섬에는(현재 이 섬의 일부를 차지하고 있는 도미니카공화국 수도 산토도밍고에서는 1992년 아메리카의 발견과 복음화를 대대적으로 '경축했다') 추장이 지배하는 다섯 개의 소왕국이 있었다. 추장의 이름을 살펴보면, 구아리오넥스(Guarionex), 부족을 배신하고 콜럼버스의 '친구'가 된 구아카나가리(Guacanagarí), 카오나보(Caonabo), 아름답고 용맹하기로 유명한 아나카오나(Anacaona) 여왕의 동생 베에치오(Behechio)와 카투바나마(Catubanamá)이다. 콜럼버스가 나비다드 요새에 남겨 놓은 스페인인들이 부족 여자들을 겁탈하자 추장들 가운데 저항한 인물은 시바오에 사는 카오나보였다. 이 스페인인들은 도둑질을 하고, 인디오를 겁탈하고, 살해했다. 카오나보는 요새로 달려가서 침입자들을 응징했다. 이로써 아메리카 대륙에서 저항이 시작되었다. 금이 많이 생산되는 시바오 지역에 부과된 공물은 금이었다. 공물을 바친 인디오는 납부일자가 찍힌 구

---

3) Josefina Oliva de Coll, *La resistencia indígena ante la conquista*, México: Siglo XXI, 1991, pp. 9~10. 다음 책도 참고하라. María Teresa Huerta, Patricia Palacios, *Rebeliones indígenas de la época colonial*, México, 1976; Jan de Vos, *Rebeliones indígenas en Chiapas*, Chiapas, s/f; Segundo Moreno Yañez, *Sublevaciones indígenas en la audiencia de Quito*, Quito, 1978; Boleslao Lewin, *La rebelión de Túpac Amaru*, Buenos Aires: SELA, 1967. 필자는 2,000쪽이 넘는 박사학위논문에서 세비야의 인디아스 문서고(Archivo General de Indias)에 수장된 문헌에 근거하여(대부분은 출판되지 않았다) 16세기 아메리카 대륙 전역을 대상으로 인디오의 억압 상태와 저항을 기술하였다 (Enrique Dussel, *El episcopado hispanoamericano: Institución misionera defensora del indio(1504-1620)*, vol.I-IX, Cuernavaca: CIDOC, 1969-1971 참고).

4) 바르톨로메 데 라스 카사스의 전 작품은 이처럼 용감한 저항을 기록하고자 하였다. 가장 유명한 작품, 『인디아스 파괴에 관한 간략한 보고서』와 『인디아스의 역사』는 무엇보다도 아메리카 대륙 원주민들의 용감한 저항을 변호했다(Bartolomé de las Casas, *Brevísima relación de la destrucción de las Indias*, in *Obras escogidas*, vol.V, Madrid: BAE, 1958, pp.134ss.). 이러한 라스 카사스의 책에는 '침략에 맞선 저항의 역사'를 쓰고도 남을 정도로 무수히 많은 자료가 수록되어 있다.

리동전을 목에 걸고 다녔다. 부과된 공물이 과도하여 납부가 불가능했기 때문에 카오나보는 동전식 납부증명서 폐지를 요구하며 반란을 일으키고,[5] 일종의 정규전을 준비하기 시작했다. 기민한 카오나보를 무력으로 패퇴시킬 방법이 없었으므로 속임수를 동원했다. 콜럼버스가 선물을 보낸 척 계교를 꾸며 그를 사로잡은 다음 산토도밍고로 데려왔다. 나중에는 스페인으로 이송했다. 그러나 스페인으로 가는 도중 배가 침몰하는 바람에 카오나보는 대서양에 수장되었다. 모든 추장이 저항했다. 여러 해에 걸쳐 다양한 형태로 싸웠으나 차례차례 패배했다. 인디오 인구는 급속도로 감소했다. 산속에서 기발한 게릴라전으로 저항하던 구아라쿠야(Guaracuya)만이(어릴 적 프란체스코 수도원에서 교육을 받던 때는 엔리키요라고 불렸다) 한 번도 체포되지 않고 영예로운 죽음을 맞이했다. 아무튼, 1610년 제3차 산토도밍고 교회회의가 개최되었을 때, 주교는 인디오 규정이 필요 없다면서 그 이유로, "이 섬에는 인디오가 한 명도 없기 때문이다"라고 말했다. 이미 멸절한 것이다. 덧붙여 아메리카 대륙 최초의 아프리카 노예 반란도 1522년 콜럼버스의 아들 디에고 콜럼버스가 지배하던 산토도밍고에서 발생했다는 사실도 기억할 필요가 있다.

아메리카 대륙 전역에서 저항이 속출하였다. 쿠바에서는[6] 영웅적으로 저항했던 아투에이(Hatuey) 추장이 돋보인다. 푸에르토리코에서는[7] 아구에이바나 이 마보도모코(Agüeibana y Mabodomoco) 추장

---

5) 이와 마찬가지로, 남아프리카공화국의 아파르트헤이트법은 17세 이상의 아프리카인에게 통행증 지참을 의무화했다. 이 법에 반대하는 항의 시위로 인해 샤프빌(Sharpeville) 학살 사건이 발생했다. 근대성의 첫번째 '아파르트헤이트'는 15세기 말엽 산토도밍고에서 시작되었다.

6) Oliva de Coll, *La resistencia indígena ante la conquista*, pp.38ss.

7) ibid., p.45.

을 기억해야 한다. 처절한 정복전이 전개되었던 베라구아와 다리엔에
서는[8] 세마코(Cemaco)와 우라카(Urraca) 추장이 뛰어난 인물이다. 니
카라과에서는[9] 니카로구안(Nicaroguán)이 저항했다. 멕시코의 경우,[10]
이미 앞에서 부분적으로 다루었지만, 틀락스칼라에서는 히콘텐카틀
(Xicontencatl)을, 테스코코에서는 카카마데(Cacamade)를 기억해야 한
다. 그리고 쿠아우테목을 처형할 때까지 멕시코시티 주변의 도시에서 저
항하다 죽은 수십만 인디오 병사들을 기억해야 한다. 아메리카 대륙에
서 가장 영웅적인 저항이었다. 마지막 남자와 여자까지 저항했으며,[11]
침입자들에게 항복하는 대신에 전 주민이 자살하는 경우도 있었다. 마
야인의 '저항'은 면면히 이어져 20세기까지 지속되었다.[12] 유명한 사람
은 16세기 키체족의 테쿰 우만(Tecum Umán)으로, 케찰테낭고에서 알
바라도에게 죽었다. 18세기 마야인으로는 하신토 카넥(Jacinto Canek)
을 들 수 있다. 온두라스에서는[13] 렘피라(Lempira)가 단연 뛰어나다. 플
로리다에서는[14] '저항'이 성공했고, 쉽게 진압하기 어려웠다. 베네수엘
라는[15] 독일 출신의 은행업 가문 벨세르에게 넘어간 직후, 암브로시우

---

8) ibid., p.52.

9) ibid., pp.72ss.

10) ibid., p.77.

11) "수많은 일이 (멕시코시티) 근처에서 일어났다. 이 모두를 후대가 기억하고 추모할 일이나,
그 중에서도 테미스티탄(Temistitán)의 부인들 경우는 특히 그러하다. 지금껏 아무도 이 부
인들을 언급하지 않았다. 이 부인들이 변함없이 또 민첩하게 남편을 돌보고, 부상자를 치료
하고, 투석기용 돌을 쪼는 등 여자로서는 상상할 수 없는 여러 일을 도맡았으니, 놀랍고 경
이로운 일이 틀림없다(ibid., p.95에서 재인용).

12) ibid., pp.113ss. 마야의 정치 조직은 아스테카 제국처럼 통합되어 있지 않았기 때문에 스페
인인들은(그리고 후일의 멕시코 국가) 마야인을 완전히 지배할 수 없었다.

13) ibid., pp.129ss.

14) ibid., pp.148ss.

스 에힝거(Ambrosius Ehinger)가 무자비한 '침략'을 감행했을 때, 구아이카이푸로(Guaicaipuro) 추장과 야라쿠이(Yaracuy) 추장이 저항했다. 콜롬비아에서는[16] 북부(산타 마르타와 카르타헤나)의 진주 채취업자들과 남부(파스토, 칼리, 포파얀)의 세바스티안 데 벨랄카사르(Sebastián de Belalcazar)가 보물을 찾느라 가는 곳마다 파괴를 일삼았으며, 칩차족의 무덤을 파헤쳐 보석을 꺼내기도 했는데, 툰다마 데 두이타마(Tundama de Duitama)를 비롯하여 많은 사람들이 이러한 스페인인들의 탐욕에 맞서 싸웠다.

잉카 제국의 타우안틴수요(현재의 페루)에서 저항은 아스테카보다 훨씬 강렬하고 또 지속적이었다. 또 카하마르카에서 아타우알파를 속인 데서도 알 수 있듯이, 유럽인은 철저하게 배신했다.[17] 아타우알파의 동생 루미냐우이(Rumiñahui)는 키토에서 용감하게 저항하다 고문을 받고 죽었다. 키스키스(Quizquiz) 장군은 스페인인들에게 연전연승했다. 칼리치마(Calichima) 장군은 산 채로 화형당했다. 새로운 잉카[왕]로 등극한 만코 카팍(Manco Cápac)은 8개월 동안 쿠스코를 공격하다가 안데스 산맥의 빌카밤바에 은신했다. 저항은 17세기까지 이어졌다. 마추피추는 잉카인들의 피난처였으나 결코 정복을 당하지는 않았다. 그 중에서도 1780년에 시작된 투팍 아마루의 봉기는[18] 라틴아메리카 독립 이전에 전개된 대규모 봉기의 대미를 장식했다. 이처럼 잉카인의 '저항'은 부단히 전개되었다.

---

15) Oliva de Coll, *La resistencia indígena ante la conquista*, pp.171ss.
16) ibid., pp.182ss.
17) ibid., pp.195ss.

리오 데 라 플라타에서는[19] 1534년 케란디족과 과라니족의 공격으로 부에노스아이레스가 불타고, 페드로 데 멘도사(Pedro de Mendoza)의 부하 2,500명 가운데 500명만 살아남았다. 파라과이에서도 과라니족의 저항은 격렬하였다. 아르헨티나 북부에서는 칼차키족이 장기전을 펼쳤다. 팜파스에서는 수많은 유목 원주민이 페드로 데 멘도사가 남겨 놓은 말을 이용하여 저항하였다. 칠레의 마푸체(일명 아라우카)족은 파타고니아를 점령했다. 이들이 패배한 때는 훌리오 로카(Julio Roca) 장군이 전신이라는 통신수단과 레밍턴 소총으로 무장하고 '사막 침공' 작전을 전개한 1870년이었다.

칠레에서는[20] 마푸체족의 저항이 가장 성공적이었다. 이러한 성공은 유사시에 '토키'가(폴리네시아처럼) 지휘하는 군사·정치 조직 때문이었다. 수많은 사람들이 정복자를 물리쳤지만 그 중에서도 쿠리냔쿠(Curiñancu)의 아들 라우타로(Lautaro), 그리고 카우폴리칸(Caupolicán)은 기억할 만하다. 유럽인이나 크리오요는 19세기 들어서야 마푸체족이 거주하는 칠레 남부를 점령할 수 있었다. 오랜 세월 동안 아메리카 대륙 정복의 최남단 경계는 16세기에 마푸체족이 파괴한 투카펠 요새였다.

아무튼, 저항은 식민시대 내내 지속되었다. 실제로 과거에 아스테카와 같은 제국이 있던 곳에서만 원주민들은 정치적·군사적 지배권이 침

---

18) "고함 소리가 하늘에 닿고도 남았으므로 전능한 하느님의 이름으로 부탁하고 명하노니, 그 누구도 침략자 유럽인[sic] 관료의 말에 복종하거나 그들에게 어떤 것도 바치지 말라"(1781년 처형당한 투팍 아마루의 호주머니에서 발견된 포고문. Lewin, *La rebelión de Túpac Amaru*, p.421에서 재인용). 아메리카 원주민들은 콜럼버스부터 1989년 파나마를 침공한 미 해병대까지 '유럽 침략자들'로 해석하고, 또 그렇게 부른다.

19) Oliva de Coll, *La resistencia indígena ante la conquista*, pp.241ss.

20) ibid., pp.254ss.

입자의 수중으로 넘어갔다고 분명하게 의식했다. 이런 곳에서만 '세계의 종말'이라는 형태가 '저항'의 형태로 이어졌다. 즉, 피정복민은 한 시대가 끝나고 다른 시대가 시작되었다는 의식을 공유했다.

2. 세계의 종말(틀라촘판, 파차쿠티)

아메리카 대륙 곳곳에서 발생한 저항이 괴멸된 후, 각 민족은 고유의 세계관으로 새로운 사태를 해석했다. 아스테카 제국에서는 모두들 비극적인 결말을 맞았다. 코르테스가 제국으로 들어오기 전에 이미 전 주민이 경악한 일이 발생하고 한밤중에 괴이한 비명소리가 들렸다. 따라서 낯선 자들이 상륙했다는 소식을 들었을 때 세계의 종말은 '가능성'으로 제기된 일이었다. 아스테카인은 이를 '세계의 종말', 다섯번째 태양의 종말이라고 해석했다.

> 사람들이 옹기종기 모여 이야기를 주고받으면서 한참을 흐느낀다. 다른 사람들을 생각하고 운다. 걸어 다닐 때도 고개를 들지 못한다. 인사를 나눌 때도 운다. 울면서 서로 안부를 묻는다.[21]

테노츠티틀란의 아스테카 주민은 이렇게 반응했다. 목테수마 또한 이런 '가능성'을 고려했으나(7강에서 얘기한 세번째 가능성으로, 케찰코아틀은 다섯번째 태양의 종말을 예고한다) 선뜻 받아들이지 못했거나 아니

---

21) "Informantes indígenas de Sahagún". Miguel León-Portilla, *El reverso de la conquista*, México: Joaquín Mortiz, 1978, p.35에서 재인용.

면 마지막 순간까지 미뤄 두었다. 그리고 현인이자 군주인 케찰코아틀의 귀환 목적은 왕권 장악이라고 믿고 싶었다. 사실, 틀라카엘렐이 집착하던 아스테카 제국의 역사적 소명은 다섯번째 태양의 '생명'을 최대한 '연장하는' 것이었고, 이를 위해서 피(chalchíhuatl)를 바쳤다. 어쨌거나 다섯번째 태양의 '종말'을 보여 주는 몇 가지 징후가 있었다.

다섯번째 태양, '4운행' 시기에는 옛 사람들이 말했듯이 땅이 흔들리고, 굶주림이 만연할 것이며, 이로써 우리는 멸망하리라.[22]

'4운행'(Nahui ollin)의 어느 날에 다섯번째 태양의 시대, 즉 아스테카 제국의 시대,[23] 우이칠로포츠틀리 신의 시대가 마감될 것이다. 모든 것은 영원 속에서 사전에 규정되어 있으며, 모든 것은 필연적이었다. 즉 홍적인, 우연한 변화는 불가능했다(역사적 변화는 모든 경험의 바깥에, 나우아인의 존재론적 지평 너머에 있었다). 게다가 새로운 시대로의 이행은 완만하고 점진적인 과정을 거치는 것이 아니라 철저한 멸절(hecatomb)을 통해서 급격하고 전면적으로 이뤄진다. 이처럼 즉각적이고 혁명적인 우주의 갱신을 잉카인들은 케추아어로 '파차쿠티'(pachakuti)[24]라고 불

---

22) *Anales de Cuauhtitlán*, ed. Lehmann, *Sterbende Götter und Christliche Heilsbotschaft*, p.62. León-Portilla, *La filosofía náhuatl*, p.103에서 재인용.

23) 아스테카인들에게 제국의 종말과 다섯번째 태양의 종말은 동일한 것이었다. 따라서 최근에 도래한 자들의(나중에 스페인인, 즉 유럽인으로 밝혀졌다) 지배는 '새로운 태양'을 의미했다. 아스테카인의 '세계정치학'(cosmopolitismo)에서 점성술 개념과 정치 개념은 동일했다. 그리스인과 로마인도 마찬가지였다. 모든 제국에서는 제국의 명운을 신이나 우주와 연관시켰는데, 오늘날의 북미제국도 예외가 아니다. 로널드 레이건의 묵시론적 이데올로기가 일례이다.

24) 파차(pacha)는 우주를 뜻하고, 쿠티(kuti)는 폭동, 혁명, 최후의 고통을 뜻한다.

렀다. 레온 포르티야의 말처럼, 이를 피하는 방법은 다음과 같았다.

> 인간 희생과 꽃의 전쟁(태양의 생명 유지에 필요한 희생자를 구하는 주요
> 수단)은 아스테카의 핵심적인 관심사였다. 개인적·사회적·군사적·국
> 가적 삶의 주축이었다.[25]

마야인의 카툰(K'atun) 계산에 따르면, 스페인인의 도착은 평화와
번영을 누리고 모두가 노래하던 시대의 종말을 의미한다.

잉카인에게도 역시, '세계의 종말'은 앞서 언급한 파차쿠티라는 말
에서 명확히 드러나고 있다. 침입자들의 도착으로 잉카인의 시대가 끝났
다는 소문이 순식간에 잉카 제국 전역에 퍼졌다.

과라니족에게도 '세계의 종말'은 있다. '밀림의 종말', 즉 과라니 '세
계'의 종말인데, 이는 미래도, 후속세계도 없는 '절대악'(mba'e meguâ)
이다. 대홍수(yporû)에 휩싸이는 것이다. '근대화' 과정에서 밀림은 지금
도 식민화되고 있으며, 과라니족은 전통의 생활방식을 잃어 가고 있다.

> 식민은 갖가지 폐단을 남기지만, 그 가운데 최악은 과라니족에게서 땅
> 을 빼앗은 일이다. 이제 어디로 가야 할까? 동쪽이나 서쪽이나 황폐하
> 기는 마찬가지다. 어디를 가나 울타리로 에워싸고 있다. 사람이 북적대
> 지도 않고 착취하지도 않은 땅, 침탈을 받지 않고 건물도 세우지 않은
> 땅, 예전에 이상적으로 생각하던 '악이 없는 땅'(yvy marane'y)은 이제
> 존재하지 않는다. 밀림과 산이 사라지고, 농장이 들어섰다. 백인들은 소

---

25) León-Portilla, *La filosofía náhuatl*, p.126.

를 기른다고 땅을 내놓으라고 한다. 모든 땅이 악으로 변했다. '절대악'
(mba'e meguâ)이 뒤덮고 있다.[26]

이러한 생태파괴는 아스테카인이나 마야인이나 잉카인이 생각한
종말보다 훨씬 더 심각한 종말이다. 아스테카, 마야, 잉카의 도시문화와
고도의 농업문화는 식민화를 견뎌 낼 수 있으나 다른 문화에서는 무척
어려운 일이다.

3. 끝나지 않은 '대화'

아메리카 인디오들은 용감한 '저항'이 끝난 뒤에 참담한 심정으로 '세계
의 종말'을 받아들였다. 이제는 새로운 상황에 맞설 필요가 있었다. 그런
데 이런 얘기가 들렸다. "개들이 테스코코 출신의 에에카틀 틀라마티니
세 사람을 먹어 치웠다.[27] 이들은 무언가를 넘겨주려고 왔다. 아무도 강
요하지 않았는데도 그림이 그려진 종이를 가져왔다.[28] 모두 네 명이었는
데, 한 명은 도망갔다. 세 명은 코요아칸에서 습격당했다."[29] 오늘 우리
는 이 현자들이 당한 굴욕과 멸시와 비극을 상상할 수 있을 뿐이다. 이들
은 전통에 따라서 '침략자들'——대개가 문맹인데다 무식하고 거친 사람
들——에게 문화의 보물을, 존재에 대한 신비한 비전을 넘겨주려고 했

---

26) Bartolomeu Meliá, *El guaraní: experiencia religiosa*, Asunción: Biblioteca paraguaya
   de Antropología, 1991, p.76.
27) 다시 말해서, 정복자들이 시신을 던져 주자 훈련견들이 게걸스럽게 먹어치웠다는 뜻이다.
28) 검은색(태초의 밤의 신비를 상징하는 색)과 붉은색(밝은 대낮, 사랑, 생명, 피를 상징하는 색)으
   로 그린 '고문서'이다.
29) *Ms. Anónimo de Tlatelolco*, León-Portilla, *El reverso de la conquista*, p.61에서 재인용.

던 것이다.[30] 그러나 아메리카 인디오 문화는 그리스나 로마 문화와는 다른 운명이었다. 기독교는 그리스나 로마 문화를 파괴하지 않고 내부적으로 '작업했다'. 그리하여 4세기부터 비잔틴·콥트·그루지아·아르메니아·러시아·라틴게르만 기독교 문화가 등장했다. 이와 반대로, 아메리카의 원주민 문화는 뿌리째 뽑혀 나갔다.

따라서 『콜로키움과 기독교 교리』 필사본은[31] 특별한 가치가 있다. 역사적인 대화이기 때문이다. 목숨을 부지한 소수의 틀라마티니는 처음이자 마지막으로 최근에 도착한 교양 있는 스페인인들, 즉 12명의 프란체스코회 선교사들 앞에서 시간에 쫓기지 않고 존경도 받으면서(곧 보겠지만, 상대적이다) 의논을 전개할 수 있었다. 이는 '타자의 이성'과 태동하는 '근대성 담론' 사이의 대화였다. 양자가 동등하지는 않았다. 한쪽은 승리자이고, 다른 한쪽은 패배자였기 때문에 이상적인 상황의 '논의 공동체'는 아니었다. 게다가 흔히 생각하는 것과는 반대로 양측 논의자들의 지식 형성과정도 달랐다. 틀라마티니는 칼메칵에서 고도로 복잡한 지식을 연마했다. 선교사들은 비록 특출하고 종교적으로 훌륭한 사람들이지만 틀라마티니 수준의 교육을 받지는 못했다. 사실 이 '대화'에서 인디

---

30) 아스테카인들은 아스카포찰고 고문서를 넘겨받아(다른 피정복민의 고문서도 넘겨받았다) 이를 연구하고, 수용하고(유럽인들도 이렇게 하리라고 기대했다), 그런 다음에 파괴했다. 따라서 패자의 세계관과 역사는 승자의 고문서(역사와 이론에)에 어느 정도 반영되었다.

31) Lehmann ed., *Sterbende Götter und Christliche Heilsbotschaft* 참고. 스페인어와 나우아어 대조본은 León-Portilla, *La filosofía náhuatl*, pp.129~136. 나우아어본은, 후일 프란체스코 선교사들이 아이들에게 교리문답을 가르치려고 설립한 '콜레히오 데 틀라텔롤코'(Colegio de Tlatelolco)에서 작성되었다. 편집진으로 참여한 아스카포찰고 출신의 안토니오 발레리아노(Antonio Valeriano)는 이 텍스트가 과달루페 성모 전통과 관련 있다고 보았다. 이 문헌은 30장으로 구성되어 있으며, 1524년 즉, 아스테카를 정복한 지 3년 후에 멕시코에서 있었던 "12인의 종교인과 지도급 인사, 귀족, 총독 간의 모든 대화, 담소, 설교"(Lehmann ed., *Sterbende Götter und Christliche Heilsbotschaft*, p.52)를 수록하고 있다.

오는 벙어리 같았고, 스페인인들은 귀머거리 같았다. 그러나 정복의 후광을 등에 업은 스페인인들은 충분한 논의(argumentación) 없이(바르톨로메 데 라스 카사스가 『유일한 방법』에서 요구한 것과 같은) '논의적 대화'에 끼어들었고, 세비야, 톨레도, 산티아고 데 콤포스텔라에서 가르치는 아동용 교리문답과 비슷한 수준의 '교리'를 주입하려고 하였다.

저 역사적 대화에서, 틀라마티니들은 아름답고 논리적이며 엄밀하게 구성된 '꽃과 노래'(수사적 예술작품) 한 편을 구성하고 있다. 이 작품을 6부로 나누어[32] 개략적으로 살펴보자. 1부는 인사말과 일종의 서론에 해당한다. 틀라마티니들은 이렇게 시작한다.

존경하는 여러분, 이 땅에 오시느라고 얼마나 수고가 많으셨습니까.[33]
여기, 무지한[34] 우리는 당신들 앞에 있습니다. 당신들과 마주하고 있습니다.

---

32) 레온 포르티야의 번호 매김은 다음과 같다. 1부는 의례적인 서론(872~912행), 2부는 수사들의 제안에 대한 대답의 준비(913~932행), 3부는 반론할 문제의 핵심진술(933~938행)이다. 4부는 틀라마티니의 결론을 증명하기 위한 논증(939~1004행), 4부-a는 선조의 권위에 대하여(943~961행), 4부-b는 존재의 일관성에 대하여(962~988행), 4부-c는 고대인에 대하여(989~1004행)이다. 5부는 '결론'으로, '우리 삶의 규범을 버릴 수 없다'(1005~1043행)이고, 6부는 '결과'로 "당신들 뜻대로 우리를 처리하십시오"(1044~1060행)이다.

33) 목테수마가 코르테스를 맞이할 때도 유사한 문장을 사용했다. 이는 타자를 존경하고, 타자에게 여유를 주는 것으로, '의사소통 이성'의 화용적, 다시 말해서 비언표적 계기를 우선적으로 마련하는 것이다. 이런 의사소통 방식은 멕시코 문화에 아직까지도 남아 있다. 결코 문제의 핵심(도구적 이성), '명제 내용'으로 직행하지 않는다. 이러한 대화 방식은 자본주의 비즈니스맨에게는 비생산적으로 보인다.

34) 여기서 얘기하는 무지(Timacevalti)란 지혜로부터 도출된 것이다. 네사우알코요틀(Nezahualcoyotl)은 이렇게 가르친다. "생명의 부여자여, 여기서 우리는 진실한 것을 말할 수 있습니까? 우리는 단지 꿈을 꾸고 있으며, 우리는 단지 꿈속에서 깨어 있을 뿐입니다. 단지 꿈일 뿐입니다. 누구도 여기서는 진리를 말하지 못합니다"(*Ms. Cantares mexicanos*, folio 17, r. León-Portilla, *La filosofía náhuatl*, p.60에서 재인용).

의례적인 인사말 다음에 본격적인 질문을 한다.

이제, 우리는 무엇을 얘기할 것인가? '당신들 귀에 대고 우리가 얘기해야 하는 것이' 무엇인가?[35] 우리가 무엇이라도 되는가? 우리는 그저 보잘것없는 사람들에 불과합니다.

이처럼 간명하게 얼개를 제시한 후에(원문은 인용문보다 더 길다), 2부에서는 선교사들의 제안에 대한 답변으로서 대화 자체의 어려움을 '공들여' 얘기한다. 선교사들의 제안은 한마디로 '교리문답'이다. 기독교인이라면 누구나 '수용할 수 있고', 또 그렇게 어렵지도 않으나 틀라마티니처럼 문화, 언어, 종교 등 모든 해석학적 차원에서 상이한 타자에게는 '이해 불가능하다'는 것이다.

통역관을[36] 통해서 우리는 '우리를 둘러싸고 있는 내면의 주인'에게[37] '단어와 숨'을[38] 돌려드리고, 대답할 것입니다. 그런 이유로 우리는 위험을 무릅쓰고 있으며, 위험 속으로 뛰어든 것입니다. …… 아마도 우리가 이르는 곳은 파멸일 것이며, 아마도 멸망일 것입니다. 그러면 이제

---

35) 문화가 다른 틀라마티니들은 이미 '거리'를 의식하고 있다. 이제 막 멕시코에 도착한 프란체스코회 수사들은 틀라마티니들에게 '기독교 신앙'을 가르치겠다는 소박한 근대 낙관주의에 젖어 있었다. 수사들의 입장은 합리적이고, 정직하고, 순수하고, 진지하고, 진실하다. 그러나 그들은 틀라마티니들이 상정하는 '거리', 다시 말해서 앞으로 대화나 토론에서 봉착할 난관, 통약불가능성, 의사소통의 장애요인을 간과하고 있다. 패배자들에게는 이 모든 것이 너무나 명확하다. 그러나 근대적인 승리자들은 가능한 한 빠른 시간 내에 장애물을 극복하고 '명제 내용'의 '정보'에 다가가려고 한다. 이러한 '화용론적 의사소통'의 계기는 견딜 수 없고 또 거의 극복 불가능한 우선권으로 타자의 '이성'(ratio, Grund)과 소통하려는 사람들을 짓누르고 있다.

우리는 어디로 가야 한다는 말입니까?[39] 우리는 보잘것없는 존재이며,
소멸될 존재이며, 언젠가는 죽어야 하는 존재입니다.[40] '그러므로 죽게
내버려 두십시오, 사라지게 내버려 두십시오.' '우리 신들도 죽었기'[41]
때문입니다. 그러나 당신들은 몸과 마음을 편안히 가지십시오. 왜냐하
면 우리는 잠시 모든 관습을 깨뜨리려고 하기 때문입니다. 주님, 즉 우
리 신들의 궤를 열고, 비밀을[42] 조금 밝히려고 합니다.

---

36) 이 또한 중요한 요소이다. 틀라마티니의 '통역자'가 '이런 정도의 대화를 통역할 만한 수준
은 아니었으리라'. 대화에서 각자의 말을 정확하게 전달할 수 있을 정도로 양쪽 문화에 정
통한 사람은 아무도 없었다. 사실, 대화는 스페인어로 진행되었다. 헤게모니의 언어이고,
권력을 가진 언어였다(스페인어로 '합의', '동의'한 것만이 효력이 있었다. 타자의 언어는 경청
하려고 할 때만 이런 공동체에 들어갈 수 있었다).

37) '우리를 둘러싸고 있는 내면의 주인'은 나우아어로는 'In tloque, navaque'이다. 신성의 신
비한 경험으로서 오메테오틀은 존재 내부까지 침투하며, 우리 주변의 모든 곳에 현존한다.
저 프란체스코회 수사들이 비록 시스네로스(Cisneros)가 개혁한 스페인의 신비주의 명문
신학교 출신이라고는 하나 몇 주 동안 대화를 한다고 해서 어찌 이런 '개념'과 '체험'을 이
해할 수 있겠는가. 마치 부처 앞에서 열반 개념을 슬쩍 훑고 지나가는 것이나 다를 바 없다.

38) '단어와 숨'은 나우아어로는 'Yn ihiio yn itlatol'이다. 이처럼 나우아어 텍스트는 한 단어를
나누어서 표현하는데, 이를 가리켜 '구 분절'(difrasismo)이라고 한다. 고도의 수사법으로
조탁된 이 텍스트에는 이런 예가 수없이 많다. [짐작하듯이, '단어와 숨'은 '말'이라는 뜻이다.
앞서 언급한 '꽃과 노래'도 일반적으로는 '아름다운 노래' 즉 시가(詩歌)를 뜻한다. ─ 옮긴이]

39) 틀라마티니들은 비극적인 상황에서도 용기와 명석함과 넓은 아량을 잃지 않았다. 이러한
고매함을 프란체스코회 수사들도 제대로 평가하지 못했으니, 그 자리에 참석한 정복자들
은 두말할 필요도 없다.

40) 죽어야 하는 존재(Tipoliuini timiquini)는 지상(Tlalticpac)의 만물이 유한하다는, 윤리적 지
혜의 표현이다. 지상을 떠난 존재가 갈 수 있는 곳은 '토판 믹틀란'(Topan mictlan), 즉 '넘어
서는 것', 망자의 영역, 저승이다.

41) '우리 신들도 죽었다'(Tel ca tetu in omicque). 이 주제는 다음 단락에서 다루겠다. 그러나 핵
심은 다음과 같다. 한 '세계'가 죽었으니 삶이 무슨 가치가 있겠는가? 유럽인들은 '산송장'
이 되어 버린 이 사람들의 비극을 짐작조차 못한다. 새로운 세계에 저들의 문화를 포함하는
것만이 유일한 명예일 것이다. 그러나 역사적 가능성은 전혀 없었다. 만약 그랬더라면 진정
한 의미의 '신세계 탄생'이었겠지만, 현실은 그렇지 못했다.

42) '비밀'은 나우아어로 'In top in ipetlacal'이다. 또 하나의 구 분절로, 그 의미는 '숨겨진 것',
'계시되지 않은 것'이다. 안전한 궤에 보관된 것을 받는다는 것은 불가능하기 때문에 '계시
될 수 없는 것'이다. '화용론'적으로 보면, 비밀은 어떤 문화의 '내면적인' '체험'이며, 이 체

이제 3부를 살펴보자. '토론'하고, '담화'를 나눌 문제의 핵심이 제기된다. 대화의 고갱이이다.

당신들은 우리들이 '우리를 둘러싸고 있는 내면의 주인', '하늘과 땅'[43]의 그 분을 모른다고 말했습니다. 우리들의 신은 '진정한' 신이 아니라고 말했습니다.

틀라마티니들은 훌륭한 수사학자답게 토론을 핵심적인 문제로 '몰아간다'. 즉, 틀라마티니들의 '진리'로서, 아스테카 세계의 '진리'로서 인간과 관련된 신성("주님, 즉 우리 신들")의 문제이다. 이 자리에서 비교종교사의 문제를 논하지는 않겠지만, 아스테카의 현인들은 생각보다 훨씬 논리적이다. 사실 유대인의 야훼나 로마인의 제우스는 양치기, 유목민 같은 선(先)농업문화의 주인공들이 섬기던 천신, 즉 하늘의 신이다.[44] 이와 동일한 유형의 신이 오메테오틀(잉카 가르실라소가 얘기하고 있듯이, 잉카에서는 파차카막)이고, 태양신 우이칠로포츠틀리(잉카에서는 인티)이다. 다시 본론으로 돌아가서 4부를 살펴보자. 여기에는 진리합의설과 관련하여 매우 흥미로운 견해가 제시되어 있다.[45]

힘은 공동체의 역사적 실천을 '경험'할 때만이 소통 가능하다. 드러난 것을 '이해'하려면 장기간 '함께 살' 필요가 있다(필자는 『해방철학』에서 이 주제를 기호학의 입장에서 길게 다루었다. 또한 『라틴아메리카 해방의 윤리학을 위하여』 1권 3장과 앞서 인용한 카를 오토 아펠과의 토론 「타자의 이성, 발화행위로서 호명」에서도 다루었다). 계시(Offenbarung)는 '현시되는 것', 현상(Erscheinung)과는 의미가 다르다. 후자는 단어 자체에 '이미 아는 것'이라는 의미가 있다.

43) '하늘과 땅'(In ilhuicava in tlalticpaque)은 또 하나의 구 분절이다. 그 의미는 '저승'과 만물이 덧없이 사라지는 '땅'이다.

44) J. Goetz, "L'evolution de la religión", *Histoire des religions*, Paris: Bloud et Gay, 1964.

우리의 대답은 이렇습니다. 당신들이 말한 것 때문에 우리는 심란하고, 불쾌합니다. 우리 조상님들, 이 땅에서 살았던 분들은 그렇게 말하지 않았습니다.[46]

이와 관련하여 다음 세 가지 이유를 제시한다. 선조의 권위, '지상세계'의 의미, 오래된 전통이다. 먼저 선조의 권위에 대해 이렇게 말한다.

우리 조상님들은 우리에게 '삶의 규범'을[47] 제시했습니다. 또한 조상님들은 이러한 규범을 '진리'로[48] 여겼으며, 신들을 숭배하고 명예롭게 하였습니다. …… 이것이 우리 선조들의 가르침입니다.

이어, 존재의 일관성, 체계적인 의미에 대해서 얘기한다.

그 가르침은 …… 태초에[49] …… 신들이 우리를 살게 하였고, 우리들을 위해 할 일을 하셨다는 것입니다.[50] 또한 그 가르침은 신들이 우리에게

---

45) 프란체스코회 수사들은 삼위일체나 그리스도로 육화된 말씀이 합리적 '진리'임을 '증명'할 수 없었을 것이다. 이러한 교리는 '신자 공동체'의 합의이기 때문이다. 틀라마티니들은 바로 이런 맥락에서 논리를 전개한다.

46) "Informantes indígenas de Sahagún", León-Portilla, *El reverso de la conquista*, p.35에서 재인용.

47) '삶의 규범'(Intlamanitiliz)은 '현세'의 에토스를 의미하며, 칼메칵에서 반성적인 사고를 통해서 완성된다.

48) '진실한'(Quineltocatiui)은 신들에 영원히 근거한 것을 의미한다. 이러한 진리 이외의 것은 모두 일시적이며, 변천하며, 소멸한다.

49) 낮과 빛과 다섯번째 태양 이전의 '밤'이라는 뜻이다.

50) '우리들을 위해 할 일을 하셨다'(Techmanceuhque)는 것은 자신을 희생함으로써 우리에게 생명을 부여했다는 의미이다.

양식과 먹고 마시는 모든 것과 생명을 유지하는 옥수수, 강낭콩, 치아, 아마란스를 주셨다는 것입니다. 우리는 이 신들에게 지상의 만물이 성장하는 데 필요한 물과 비를 달라고 기도합니다. 신들은……'저기 존재하는 곳'에서, 틀랄로칸에서 행복합니다. 굶주림도 없고, 병도 없으며, 가난도 없는 곳입니다.

오래된 전통에 관해서는,

그러면 어떤 형식으로, 언제, 어디서, 신들이 나타나는가? ……이미 아득한 옛날부터 툴라, 우아팔칼코, 수차틀라판, 틀라모우안찬, 요우아이찬, 테오티우아칸에서 그랬습니다. 이 신들은 전 우주(Cemanáhuac)를 지배하고 있었습니다.

그리고 틀라마티니들은 5부로 넘어간다. 결론 부분이다.

이제 우리에게 오래된 삶의 규범을 파괴하라고 합니까? 그것은 치치메카족, 톨테카족, 아콜우아족, 테파네카족의 '삶의 규범'이었습니다. 우리는 생명이 누구 덕분인지, 태어난 것이 누구 덕분인지 알고 있습니다.

이어 여러 가지 삶의 의미를 열거하고, 이렇게 끝을 맺는다.

우리는 편안할 수가 없습니다. 그리고 당신들이 불쾌하게 생각할 수도 있습니다만, 우리는 (당신들이 말한 것을) '진리'로 받아들이지도 않고, 또 '진리'라고 믿지도 않습니다.

다시 말해서, 틀라마티니들은 프란체스코회 수사들이 제시한 것을 진리로 인정하지 않는다. 여전히 그 반대의 것, 고유한 것을 진리라고 생각할 타당한 이유가 있기 때문이다. 여기서 6부, '꽃과 노래'(수사적·논증적 예술 작품)의 마지막 부분을 살펴보자.

여러분들, 통치하는 분들, 전 세계(cemanáhuatl)에서 그런 책임을 떠맡고 있는 분들! 이상이 그 이유입니다. 이제 우리는 권력을 잃었습니다.[51] 우리에게서 권력을 빼앗았으며, 우리가 권력을 행사하지 못하게 하였으므로 충분할 것입니다. 만약 우리가 이 자리에 머문다면 포로가 될 뿐입니다. 그러니 이제 우리를 당신들 뜻대로 하십시오. 이상으로 답변을 마칩니다.

자기 땅에서, 전 세계를 지배하는 근대인의 손에 '포로'가 된 저 틀라마티니들이 '연설'을 끝낸 지도 500년이 지났다. 그러나 이를 한 번도 진지하게 취급한 적이 없었다. '대화'는 중단된 채로 남아 있다.

4. '여섯번째 태양': '피를 흘리며' 태어난 신[52]

'세계의 종말' 다음에 어떤 일이 일어날까? 그저 다른 시대, 다른 태양, 다른 카툰(마야인은 '시대'를 이렇게 명명했다), 이른바 '여섯번째 태양'이

---

51) 틀라마티니들은 자신들을 아스테카 제국의 지배계급 일원이라고 명확하게 의식하고 있다. 이들이 행사하던 정치권력은 스페인, 유럽인, 근대인의 수중으로 넘어갔다. 아스테카를 지배하던 다섯번째 태양은 이미 졌다.

52) Karl Marx, *El capital*, vol.I/3, México: Siglo XXI, 1987, p. 950.

시작되었다. 마야인이 남긴『칠람 발람의 책』을 읽어 보자.

> '11아우카툰'(Ahau K'atun)은 카툰 계산의 처음이다. 첫 카툰이다. ……
> 붉은 수염의 이방인들, 태양의 아들들, 하얀색의 인간들이 도착한 카툰
> 의 자리였다. 아, 우리는 비참해졌다. 그들이 동쪽에서 도착했기 때문이
> 다. 수염을 기른 사람들이 이 땅에 도착했기 때문이다. …… 아, 우리는
> 비참해졌다. 돌을 실은 거대한 물건이 도착하고 …… 그 사람들의 팔 끝
> 에서 불꽃이 터졌기 때문이다.[53]

마야인은 새로운 시대가 시작되었다고 의식하고 있었다.

> '11아우'가 계산을 시작하는 카툰이다. 이 카툰에 있을 때 이방인들이
> 도착했기 때문이다. …… 기독교를 들여온 이 사람들로 인하여 동쪽에
> 서 권력이 끝났으며, 하늘은 울고, 카툰의 옥수수빵은 비탄으로 가득했
> 다. 약살 추엔(Yaxal Chuen)은 자기 시대에 목이 잘리리라. …… 노래하
> 던 여자들, 노래하던 남자들, 노래하던 모든 사람들, 노래하던 아이, 노
> 래하던 할아버지, 노래하던 할머니, 노래하던 젊은 남자, 노래하던 젊은
> 여자도 세상으로 흩어지리라.[54]

마야인에게 새로운 카툰의 의미는 명확하다.

---

53) Alfredo Barrera Vásquez et al eds., *El libro de los libros de Chilam Balam*, México:
 Fondo de Cultura Económica, 1991, p.68.
54) ibid., pp.49~50.

그 시대에는 이 땅에 오게 될 이방인들이 공물을 받으리라. …… 그 카툰에는 엄청난 노동을 하게 되고, 이는 우리를 목매달 것이다. …… 그때는 우리 위에 가혹한 싸움과 가혹한 공물이 떨어지리라. 그때 우리는 공물이라는 짐과 기독교라는 짐을 지게 될 것이며, 7성사가 확립되리라. 그때는 사람들이 고된 일에 시달리게 될 것이며, 지상에 비참함이 만연하리라.[55]

그리고 새로운 카툰의 날짜를 적시한다.

천오백삼십구 년, 즉 1539년이다. 유칼페텐(Yucalpetén)의 땅, 즉 유카탄(Yucatán)에 기독교를 들여온 후안 몬테호(Juan Montejo) 집의 대문은 동쪽으로 나 있다.[56]

피지배자들, 아메리카 인디오들은 미래에, '새 카툰'에 건너온 사람들, 정착하려고 건너온 사람들과 함께 살리라는 것을 알았다.

아메리카 대륙 전역에서, 처음 발견된 카리브 해의 섬에서 시작하여 북쪽으로는 누에바 에스파냐까지, 남쪽으로는 마푸체족의 땅까지 침입자들은 항상 활동하고 있었다. 사실 정복자들은 테노츠티틀란을 점령한 뒤, 그 무엇보다도 먼저 '새로운 태양'의 의미를 잘 보여 주었다.

---

55) ibid., p.71.
56) "Los testimonios mayas de la conquista". León-Portilla, *El reverso de la conquista*, p.84
에서 재인용.

이때에 금을 징발하고, 사람들에게 혹시 금이 조금이라고 있느냐고 물을 것이다. 그리고 방패나, 군기나, 혹은 감출 수 있는 곳이면 어느 곳에나 금을 숨길 것이다.[57]

잉카인들도 사정은 마찬가지였다. 펠리페 구아만 포마 데 아얄라는 이렇게 쓰고 있다.

매일 생각하는 것이라고는 페루 원주민의 금, 은, 귀금속뿐이다. 금과 은을 탐하는 이 사람들은, 절망한 사람이나 바보나 미친 사람이나 넋이 나간 사람처럼 보인다. 종종 먹지도 않고 금과 은을 생각하며, 금과 은을 손에 쥐었다 싶으면 큰 잔치를 벌이기 일쑤이다.[58]

'새로운 신'이 새 시대의 지평선 위로 떠올라 승전 가도의 하늘 길을 달리기 시작한다. 이제 우이칠로포츠틀리의 희생신화가 지배하는 왕국이 아니라 '근대성의 희생신화', 즉 화폐자본이 지배하는 왕국이다. 이 새로운 '물신'은 16세기와 17세기에는 스페인과 네덜란드의 중상주의로, 18세기에는 영국에서 산업자본이라는 얼굴로, 20세기 미국, 독일, 일본에서는 초국가자본으로 변신한다.

실제로 포르투갈인들은 아프리카와 아시아에서, 스페인인은 라틴

<hr />

57) *Ms. Anónimo de Tlatelolco.* León-Portilla, *El reverso de la conquista*, p.60에서 재인용.
58) Felipe Guamán Poma de Ayala, *Primer nueva crónica y buen gobierno*, vol.II, México: Siglo XXI, 1980, p.347. 구아만 포마는 이렇게 평한다. "처음에 온 사람들은 금과 은에 정신이 팔려 죽음도 두려워하지 않았다. 스페인 판사들, 신부들, 농장주들은 이런 삶을 살았다. 그러나 금과 은을 탐하면 지옥에 갈 것이다"(ibid.).

아메리카에서 금과 은을 찾았다. 이 세계화폐만 있으면, '지구상에서'(당시로서는 이제 막 전모가 드러났다) 최고의 부자가 될 수 있다. 포르투갈인과 스페인인이 창출해 낸 '세계시장', 월러스틴이 말한 '세계체제'는 촉수를 뻗기 시작하고, '희생신화'는 세계적인 이야기가 되어 지상 곳곳에서 새로운 희생자를 만들어 낸다. 정복자들은 저마다 다른 정복자가 되고 싶은 '모방욕망'에[59] 쫓기었듯이(일례로 페루에서 피사로 파와 알마그로 파는 내전을 일으켰다), 이 최초의 근대적 '개인들' 또한 모방욕망 때문에 새로운 체제의 보편적 '매개물', 다시 말해서 화폐,[60] 갓 탄생한 보편적 등가물, 금과 은을 무제한 소유하려고 하였다(자본의 본원적 축적기이다). 사실, 모든 가치의 추상적 등가물로서 화폐는 아랍이든, 반투 아프리카든, 인도든, 중국이든 모두 유럽이 장악하고 있으며, 교환가치의 축적 방법으로, 가치이전의 수단으로, 북이 남을, 중심이 주변부를 실질적으로 지배하는 수단으로 이용되고 있다. 1492년에 '여섯번째 태양'으로 탄생한 '새로운 세계질서'는 우이칠로포츠틀리 못지않게 피를 요구하는 '희생신화'의 주역들을 눈에 띄지 않게 은폐하고 있다.

자본은 '죽은' 노동인데, 이 죽은 노동은 흡혈귀처럼 오직 '산 노동'을 빨

59) Mircea Eliade, *Le sacré et le profane*, Paris: Gallimard, 1965; René Girard, *La Violence et le Sacré*, Paris: Grasset, 1972[『폭력과 성스러움』, 박무호 옮김, 민음사, 2000]; René Girard, *Des choses cachées depuis la fondation du monde*, Paris: Grasset, 1978; René Girard, *Le Bouc émissaire*, Paris: Grasset, 1982[『희생양』, 김진식 옮김, 민음사, 2007] 참고. 라틴아메리카에서 르네 지라르의 사상을 연구한 서적으로는 다음 책을 참고하라. Hugo Assmann ed., *René Girard com teólogos da libertacâo*, Petrópolis: Vozes, 1991; Franz Hinkelammert, *Sacrificios humanos y sociedad occidental*, San José(Costa Rica): DEI, 1991.
60) Michel Aglietta and André Orléan, *La violence de la monnaie*, Paris: PUF, 1982 참고.

아먹을 때만 '활기를 띠며', '산 노동'을 더 많이 빨아먹을수록 더욱 활기를 띤다.[61] 아메리카에서 금광과 은광의 발견, 원주민의 말살, 노예화, 광산노동 강제동원과 희생, 동인도 정복과 약탈, 피부가 검은 사람들의 사냥터로 변한 아프리카, 이것이 자본주의 생산 시대(여섯번째 태양)의 장밋빛 여명을 알리는 것이었다.[62]

마르크스는 다른 비유를 사용하기도 한다.

오지에의 말처럼, 돈이 "뺨에 피를 묻히고 세상에 태어났다면", 자본은 머리부터 발끝까지 모든 구멍에서 피와 오물을 흘리며 태어났다.[63]

근대성의 이성적 핵심은 인류를 문화적·문명적 미숙함의 상태에서 해방시키는 것이다. 그러나 신화로서 근대성은 세계적 지평에서 피착취 희생자로서 주변부 세계, 식민세계(아메리카 인디오가 첫 대상이다)의 남성과 여성을 제물로 바치며, 이들의 희생을 근대화에 수반되는 불가피한 희생, 비용이라는 논리로 은폐한다.[64] 이러한 비합리적인 신화는 **해방** 행위를 통해 극복해야 할 지평이다(신화를 파괴한다는 점에서는 합리적인 **해방**이며, 생태학적 문명, 대중 민주주의, 경제 정의와 같은 일종의 통근대성으로 자본주의와 근대성을 극복한다는 점에서는 실천적·정치적 **해방**이다).

---

61) Karl Marx, *El capital*, vol.I/1, pp.279~280. 근대 신화는 그 본질인 폭력을 감추고 있다.
62) ibid., vol.I/3, p.939.
63) ibid., p.950.
64) 부록 2를 참고하라.

옥타비오 파스는 「피라미드 비판」이라는 글에서[65] 아스테카의 희생제의와 현대 멕시코의 사회제도를 비교하였다. 그러나 모든 근대성이 '피라미드 비판'을 받아야 한다는 점을 옥타비오 파스는 상상조차 못했다. 새로운 신을 위해 새로운 제단에서 희생된 사람은 1492년 이래 식민화된 민중, 세계 주변부(이른바 제3세계) 민중이었다.

실제 역사에서 …… 정복, 억압, 예속, 강탈, 살인, 한마디로 폭력이 …… 중요한 역할을 담당했다.[66]

---

65) Octavio Paz, "Crítica de la Pirámide", *Posdata*, México: Siglo XXI, 1970, pp.104ss.
66) Karl Marx, *El capital*, vol.I/3, p.891.

에필로그: 하나의 민중, 다양한 얼굴

'침략'과 뒤이은 '식민화'로 수많은 '얼굴'이[1], 역사 주체가, 피억압자가 지배적인 의사소통 공동체에서 배제되었다. 이들은 근대성의 '이면'이다. 발견으로 은폐된 타자이며, 주변부 국가의 피억압자이고(따라서 이중의 지배를 받는다), 희생제의의 무고한 희생자이다. 이들은 또 하나의 사회블록으로,[2] 특정 시기에는 민중을, '역사적 주체'를 형성한다. 그러한 시기는, 예를 들어, 라틴아메리카에서 민족해방 투쟁을 벌이던 19세기 초로, 이때 식민시대 스페인, 포르투갈의 상업금융 그룹 및 관료의 지배를 받던 크리오요계급이 반(反)스페인, 반포르투갈 투쟁을 주도했다. 라틴아메리카 민족해방 과정에서 모든 피지배계급, 피억압자 사회블록은 역사의 주체로 등장했으며, 진정한 정치혁명을 실현하였다. 그러나 19세기가 흐르면서, 피지배계급이던 크리오요는 주변부 신식민질서의 지배계급이 되었다. 이 계급은 산업자본주의 메트로폴리스(19세기의 영

---

1) 여기서 '얼굴'이란, 두셀이 명확하게 밝히고 있지는 않지만, 레비나스의 용어이다.— 옮긴이
2) Enrique Dussel, *La producción teórica de Marx*, México: Siglo XXI, 1985. 특히 '인민의 문제'를 참고하라(pp.400~413).

국과 프랑스, 이른바 제2차 세계대전 종전 이후의 미국)의 외적 지배를 매개하였다.

이 에필로그에서는 여러 가지 제약 때문에 강연에서 다루지 못하고, 추후 과제로 남겨 둔 몇 가지 사항을 얘기하려고 한다. 첫째, 근대성으로 감춰진 라틴아메리카의 '얼굴들', 바꿔 말해서 단일한 민중의 다양한 면모를 고찰할 것이다.

1492년의 문화 '충격' 이후, 근대성이 보지 못한 라틴아메리카 역사의 첫 주인공은 '인디오'이다.[3] 인디오의 역사는 지금까지 500년 동안 이어지고 있다. 비록 도끼와 같은 철제도구의 도입으로 농사일이나 가내노동이 완전히 변하는 등, 인디오의 일상생활은 침입자의 영향을 받은 것이 사실이다. 그렇더라도 인디오의 역사는 앞으로도 지속될 것이다. 스페인의 정복 이후, 인디오는 위탁제도(원주민 노동의 무상 착취)에 야만적이고 폭력적으로 편입되었고, 이후에는 분배제도(안데스 지역에서는 미타제도)에 편입되어 광산일이나 농사일을 하면서 기아 수준의 임금을

---

3) John Collier, *Los indios de las Américas*, México: Fondo de Cultura Económica, 1960; Ramiro Reynaga Burgoa, *Tawantinsuyu: Cinco siglos de guerra qheswaymara contra España*, México: Nueva Imagen, 1981; Charles Gibson, *The Aztecs Under Spanish Rule: A History of the Indians of the Valley of Mexico 1519-1810*, Stanford: Stanford University Press, 1964; Russell Thornton, *American Indian Holocaust and Survival: A Population History Since 1492*, Oklahoma: University of Oklahoma, 1987; Walter Krickeberg, *Etnología de América*, México: Fondo de Cultura Económica, 1946; Ruth Barber, *Indian Labor in the Spanish Colonies*, Albuquerque: University of New México Press, 1932; Silvio Zavala, *La encomienda indiana*, México: Porrúa, 1973; Roberto Mac Lean Estenós, *Indios de América*, México: UNAM, 1962 참고. 제임스 록하트의 기존 연구와 앞서 인용한 최근 저서 『나우아인과 스페인인』(*Nahuas and Spaniards*)은 광범위한 문헌자료에 근거하여 정복 이후의 인디오 삶(최근 저서에서는 나우아 인디오)에 대해 정치한 연구를 하고 있다.

받았으므로, 비인간적인 억압 속에서 생존하기 위해 삶을 전면적으로 재조직해야 했다. 인디오는 근대성의 최초 희생자였다. 러셀 손턴(Russell Thornton)의 표현을 빌리면, 근대 최초의 대학살이었다. 16세기 말 100만 남짓한 유럽 침입자가 1억이 넘는 인디오 속에서 살았다는 사실을 기억할 필요가 있다. 침입자들은 주요 거점(도시, 도로, 항구, 전략적 요충지 등)을 장악했으나 광대한 농촌에서 거주하는 99%의 인구는 전적으로 인디오적인 일상생활을 영위했다. 물론 선교사들의 '교리'나 '선교공동체'는[4] 문화적으로나 종교적으로 인디오의 집단무의식에 영향을 미쳤다. 가난한 원주민은 살아남았으나 인구의 격감, 원주민 문명의 엘리트 몰락으로 예전의 영광을 되살릴 수는 없었다. 식민당국은 인디오를 조직적으로 지배했다. 그렇지만 인디오는 적어도 전통적인 방식의 토지 공동이용과 고유의 공동체 생활을 유지했다. 두번째 치명타는 19세기 자유주의였다. 자유주의는 추상적이고 부르주아적이고 개인주의적인 '도시' 생활의 개념을 고취하고자 하였고, 농지의 개인 소유를 장려했으며, 공동체 생활방식을 타파하려고 하였다. 이로써 인디오의 생존은 전보다 한층 더 어려워졌다.

---

4) 초기 선교공동체(reducción)는 도시문화 지역에 세워졌다(멕시코, 과테말라, 에콰도르, 페루, 볼리비아). 목적은 도시의 많은 인구를 공동체로 분산시켜 '기독교 교리'를 가르치려는 것이었다. 대규모 인구이동이 있었다. 아무튼, 록하트의 연구가 밝히고 있듯이, 초기 사회정치 조직은 심각한 변화를 겪지 않았다(James Lockhart, *Nahuas and Spaniards: Postconquest Central Mexican History and Philology*, Stanford: Stanford University Press, 1991, pp.23ss.) 그러나 1564년 루이스 데 벨라스코(Luis de Velasco) 부왕이 사망하고 프란시스코 데 톨레도(Francisco de Toledo) 부왕이 리마에 도착할 때부터(John L. Phelan, *The Millennial Kingdom of the Franciscans in the New World*, Los Angeles: University of California Press, 1956, pp.77ss. 참고), 헤로니모 데 멘티에타의 표현을 빌리면 '은의 시대', 악마 같은 맘몬의 시대가 시작되었다. 1570년과 1595년 멕시코에 전염병이 확산되어 5백만을 상회하던 인디오가(연구자에 따라 1천만, 1천 2백만, 1천 8백만까지 보기도 한다) 2백만 이하로 줄어들었다.

1988년 2월 11일에 개최된 '제1회 정신·문화 회의'에서 '엘살바도르국립원주민협회'(ANIS, Asociación Nacional Indígena Salvadoreña)가 "이방인의 아메리카 침략"을 배격하고,[5] "원주민 학살과 원주민 문화 말살 행위를 중지해야 하며, 이와 더불어 이방인 침입 500주년 축하 행사를 전면적으로 거부"한다고 선언한 것은 당연한 일이었다. 이보다 전인 1985년 3월 6일, '남미인디오평의회'(CISA, Consejo Indio de Sudamérica)가 발표한 'CISA 국제위원회' 선언을 보면, 원주민의 인권에 대해 이렇게 쓰고 있다.

히틀러의 독일 나치정권이 자행한 유대인 학살은 사소한 일에 불과하다고 확신한다. 스페인 제국의 모든 정치 지도자와 교회 지도자에게는 교수형이나 종신형을 선고해야 한다고 확신한다. 그래야만 영원한 정의가 실현된다고 확신한다.[6]

1987년 10월, 멕시코의 '국립원주민사업지원센터'(CENAMI, Centro Nacional de Ayuda a las Misiones Indígenas)가 주최한 '원주민협의회'에서 원주민들은 '멕시코 복음화 500주년'에 대해 이런 결론을 내렸다.

발견은 좋은 일이었다고 우리는 이제껏 속고 살아왔다. '인종의 날'(콜럼버스의 아메리카 도착을 기념하는 10월 12일)이라고? 그 결과를 이제 우리는 명확하게 알 수 있게 되어 기쁘다. 발견이 실제로 어떤 것이었는

---

5) *El Día* (México), 12 de febrero, 1988, p.6.
6) *500 años de evangelización en México*, México: CENAMI, 1987, p.27.

지를 밝혀 주는 책이나[7] 팸플릿을 공동체에 배포하면 좋을 것이다. 그러면 우리가 어떻게 노예가 되었는지 깨닫게 될 것이다.[8] 우리는 (10월 12일) 어떤 기념행사도 필요 없다. 그날은 우리에게 제삿날이기 때문이다. 전하는 소식에 의하면, 교황 요한 바오로 2세는 이날을 기념하여 '9일 기도'를 올리자고 요청했다고 한다. 교황은 우리의 말을 들을 수 있으므로 대답 또한 알 것이다. 교황이라는 자리는 교회에 봉사하는 자리인데, 그 교회가 바로 우리이다.[9] 지금도 정복은 계속되고 있다. 정복은 끔찍한 일이고, 제삿날이라는 게 우리의 결론이다.[10] 우리는 어떤 축하행사도 원치 않는다. 선교사들은 스페인인과 함께 정복하려고 왔기 때문이다. 복음이 말하고 있듯이 형제로서 온 것이 아니라 우리를 노예로 만들려고 왔다. 애통한 일이다.[11]

지난 500년 동안 수많은 일이 있었음에도 불구하고, 1992년 현재 인디오는 16세기의 바르톨로메 데 라스 카사스와 동일한 생각이다.

양떼(원주민)를 본 스페인인들은 며칠을 굶은 늑대나 호랑이나 사자처럼 달려들었다. 40년이 지난 지금까지도, 오늘 이때까지도 (우리는 500년이 지난 지금까지라고 말해야 할 것이다) 스페인인들이 이곳에서 한 일이라고는 원주민을 살해하고, 찢어 죽이고, 추궁하고, 괴롭히고, 고문하

---

7) 이 강연이 저런 열망에 조금이나마 부응할 수 있을까?
8) *500 años de evangelización en México*, p.187.
9) ibid., p.197.
10) ibid., p.198.
11) ibid., p.199.

고, 파괴한 것뿐이었다. 그 잔혹성이 기상천외하고, 새롭고, 다양해서 일 찍이 본 적도, 읽은 적도, 들은 적도 없다.[12]

1991년 10월 12일, 필자는 이 주제로 강연을 하려고 세비야에 체류 하고 있었다. 그때 1492년을 반성하기 위해서 스페인 단체가 초청한 페 루 인디오 단체는 세비야 성당의 콜럼버스 무덤 옆에서 항의 시위를 벌 였다. 곧 경찰이 출동해서 인디오들을 수감했다. 조금 뒤, 필자와 대화를 하던 인디오 중 한 사람이 이렇게 말했다. "우리는 이런 일에 익숙한데, 오늘, 여기서 이런 대접을 받을 줄은 몰랐습니다." 1992년 세비야 국제 박람회에서도 이런 진실을 증언할 인디오는 없을 것이다. 유럽공동시장 의 일원인 스페인에서 인디오들이 수감되었다는 사실은, 스페인인, 포르 투갈인, 유럽 기독교인, 바꿔 말해서 근대성이 인디오들에게 어떤 일을 저질렀는지를 보여 주는 상징이다. '폭력적인 근대성 신화'가 최초로 학 살한 희생자들은 틀림없이 유대감을 느꼈을 것이다.

그러나 이러한 근대성의 잔혹성(근대성의 핵심을 해방적인 이성, 계 몽된 이성이라고만 생각하는 사람들에게는 보이지 않는다)도 평화로운 아 프리카 농부의 고통에 비하면 아무것도 아니다. 아프리카인들은 짐승처 럼 붙잡혀서, 대서양을 건너는 불결한 노예선에 실려 신세계로 운반된 인간 화물이었다. 이것이 '아프리카 노예'라는 가장 잔혹한 역사이다.[13]

---

12) Bartolomé de Las Casas, *Brevísima relación de la destrucción de las Indias*, in *Obras escogidas*, vol.V, Madrid: BAE, 1958, p.137.

13) 아프리카계 라틴아메리카인에 대한 인종차별의 문제는 다음 논문과 책을 참고하라. Enrique Dussel, "Informe sobre la situación en América Latina", *Concilium* 171, 1982, pp.88~95; José Antonio Saco, *Historia de la esclavitud de la raza africana en el Nuevo Mundo*, Habana, 1938; Enriqueta Vila Vilar, *Hispanoamérica y el comercio*

노예 '취급'이란,[14] 약 1천 3백만 명의 아프리카인을 '여섯번째 태양'이라는 새로운 신, 자본에게 희생물로 바친 것이었다. 이것이야말로 '근대성'의 두번째 '학살'이 아니면 무엇이란 말인가?[15] 1504년 산토도밍고에 최초의 노예가 나타났다. 스페인에서 데려온 노예였다. 1520년, 이스파니올라 섬에서는 황금 채취기가 끝나고, 이른바 '설탕 주기'가 시작되었다. 설탕, 카카오, 담배와 같은 열대작물의 생산과 더불어 아프리카 노동

---

de esclavos, Sevilla, 1977; Rolando Mellafe, *Breve historia de la esclavitud negra en América Latina*, México, 1973; Leslie Rout, *The African Experience in Spanish America: 1502 to the Present Day*, Cambridge: Cambridge University Press, 1976; Laura Fonor, *Slavery in the New World*, Englewood Cliffs: Prentice-Hall, 1969.

14) '취급'이란 완곡어법으로, 아프리카 노예무역을 가리킨다. 포르투갈, 네덜란드, 영국, 프랑스, 덴마크가 이 '사업'에 투자했다. 인류 역사에서 노예제는 많이 있었고, 아리스토텔레스도 『정치학』에서 노예제를 정당화했지만 아프리카 노예무역만큼 그렇게 체계적이고 조직적으로 수많은 사람들을 노예로 삼은 적은 없었다. 상업자본주의와 초기 자본축적 과정에서 나타난 고유의 현상이다. 아프리카 노예는 자신의 생명을 열대작물의 가치로 객관화하였고, 이러한 가치는 암스테르담, 런던, 맨체스터 등지에서 축적되었던 것이다. 아프리카 노예무역과 노예제는 근대성 형성의 한 계기이다. 근대 '해방 이성'이 인정하고 정당화한 노예제의 눈에 보이지 않는 잔혹성, 야만성, 비이성적인 폭력은, 지금까지 이 강연에서 우리가 얘기한 근대성의 '희생신화'가 여전히 살아 있다는 증거이다. 다시 말하지만, 로마의 노예제도 노예를 그토록 객관적이고 일반적인 '상품'으로 다루지는 않았다. 상품으로서 노예는 매매 가능한 '물건'이었다. 카를 마르크스의 명쾌한 표현을 빌리면, 근대성 고유의 물신화이고, 인간의 완전한 물화(Versachligung)이다. 카를 오토 아펠은 1991년 멕시코에서 필자와 대담을 나눌 때, 계몽의 우월성을 역설하면서 일례로 식인풍습(cannibalism)의 윤리적 의미를 발견함으로써 다른 민족에 지대한 영향을 주었다고 말했다. 필자는 아펠에게, 식인풍습은 얘기하면서 왜 그보다 훨씬 끔찍하고 희생자도 비교할 수 없을 만큼 많은 노예제는 간과하느냐고 물었다. 되돌아온 것은 침묵뿐이었다.

15) 히틀러가(히틀러의 인종차별주의는 19세기 말까지 프랑스, 이탈리아, 독일에서 일반적이었으며, 이것은 바로 인디오, 아프리카인, 아시아인에 대한 유럽 백인종의 우월성이라는 근대성의 원초적 인종차별주의에서 비롯되었다) 자행한 유대인 학살은 잔인하고 폭력적이다. 정교하고 조직적인 방식으로 '살해'했다. 그렇다면 5백만 명에 가까운 아프리카인이 대서양을 횡단하는 노예선에서 '죽었다는' 사실도 잊어서는 안 된다. 게다가 나머지 6백만 명이 넘는 아프리카인은 오랫동안 '살고' 자식도 낳는 '동물' 취급을 받았다. 즉, 아프리카인은 근 5세기 동안 죽은 목숨이었다. 그 5세기가 바로 근대성의 5세기이다.

력 착취도 시작되었다. 노예로 끌려와 제당공장에서 평생을 보낸 아프리카인의 노동이 자본의 본원적 가치로 객관화되었다.

예전에 사하라 이남에는 여러 왕국이 흥성했다.[16] 여기서 생산된 금은 이슬람인과 기독교인이 거주하는 지중해에서 교역하는 대상을 통해 사막을 건넜다. 대서양이 발견되고, 아메리카에서 매장량이 풍부한 은광과 금광이 나타나자 사하라 이남의 여러 왕국은 위기에 봉착했다. 초기 유럽 자본주의 상인들과 갈등을 겪던 이 왕국들은 아프리카 자유농민을 '사냥'하여 무기 등과 교환했다. 이렇게 '죽음의 트라이앵글'이 탄생했다. 유럽의 생산품(무기, 철제도구 등등)을 실은 선박이 런던, 리스본, 헤이그, 암스테르담에서 출항하고, 이러한 생산품은 아프리카 서부 해안에서 노예와 교환되었다. 신대륙으로 실려 온 노예는 브라질의 바이아, 콜롬비아의 카르타헤나, 카리브 해의 아바나, 아이티의 포르토프랑스, 뉴잉글랜드 남부의 식민지 항구에서 금은이나 열대작물을 받고 팔았다. 그 모든 가치(마르크스의 비유로는 "응고된 인간 피")는 런던의 은행에 예치되거나 베네룩스 3국의 상인들 수중으로 들어갔다. 근대성은 문명화, 근대화, 인간화, 기독교화의 길을 달려간 것이다!

콜롬비아의 카르타헤나에서는 영국 식민지나 포르투갈 식민지나 프랑스 식민지와 마찬가지로 아프리카의 남자와 여자를 발가벗겨 공개된 장소, 즉 시장에 세워 두었다. 노예 구매자들은 노예가 얼마나 튼튼한지 알아보려고 주먹으로 몸을 쳐 보았다. 또 건강 상태를 알아보려고 남

---

16) 예를 들면, 갈람 밤보우크(Galam-Bambouk) 왕국, 보우레(Bouré) 왕국, 비토(Bito) 왕국이다. Robert Cornevin and Marianne Cornevin, *Histoire de l'Afrique*, Paris: Payot, 1964, pp.176ss. 참고.

자나 여자의 성기를 만져 보고, 치아를 살펴보았다. 노예의 체격, 나이, 건강 상태에 따라서 한 인간의 평생 가치를 매기고, 금화를 주고 구입하여 낙인을 찍었다. 인류 역사에서 어떤 인종의 구성원도 이런 방식으로, 그것도 대규모로, 상품으로 사물화된 적이 없었다. 근대성이 성취한 또하나의 영광이다!

노예의 저항은 계속되었다. 수많은 노예가 투쟁을 통해서 자유를 얻었다. 그 증거가 브라질에 산재하는 '킬롱보'(경우에 따라서는 수천 명의 아프리카인이 수년 동안 식민군대의 공격을 받지 않고 살던 해방구)이고, 중미의 '태평양 연안'(영국 식민지 자메이카에서 도망친 노예들의 해방구이자 은신처)이다. 그렇지만 노예-식민 질서는 노예의 도망이나 해방 시도에 폭력적이고 조직적으로 대응했다. 프랑스에서는 1789년 '자유혁명'의 결실로 '흑인법'이 다시 공포되었다.[17] 인류 역사상 가장 비합리적인 문건 가운데 하나인 이 법의 재시행으로 아이티, 과들루프, 마르티니크의 아프리카계 카리브인들의 고통은 수십년간 연장되었다. 근대 부르주아 혁명에서 흘러나온 이 법은 자본주의적 중상주의의 억압적 '권리'를 보장한 문건의 원형이다. 유럽 '내부지향적인' 근대성의 자유(홉스나 로크가 주장하는 개인적 자유의 본질)는 유럽 '외부지향적인' 노예제와 모순되지 않는다. 이것이 1992년 현재까지 지속되고 있는 '근대성 신화'의 양면인데, 폐쇄적인 유럽공동시장의 정치도 이를 재확인하고 있다. 이렇

---

17) 이 법의 공식 명칭은 "흑인 노예법 또는 프랑스 식민지 흑인 노예의 거래, 규율(징벌), 치안(교화), 사법행정, 관리에 관한 기존 규정들의 모음"(Le code noir ou recueil des reglemens rendus jusqu'à présent Concernant le Gouvernement, l'Administration de la Justice, la Police, la Discipline et le Commerce de Negres dans les Colonies Françoises)이다. [프랑스 대혁명 직후 1794년에 노예제 폐지가 공포되었지만 실질적인 효력은 없었고, 1802년에 나폴레옹이 노예제와 노예무역을 다시 부활시켰다. ─옮긴이]

게 지도는 검은색으로 물들었다. 미국 남부(초창기부터), 카리브 해 전역, 중미의 '대서양 연안', 콜롬비아의 북부와 동부, 에콰도르의 태평양 연안, 가이아나, 수리남, 프랑스령 기아나, 브라질(인구 중 약 6천만 명이 아프리카 출신이다)에 근대성의 '이면', '다른 얼굴'이 현존한다는 것을 보여 주고 있다.

'이식된' 아프리카인들은(카리브 해에서는 아이가 탄생하면 '탯줄'을 상자에 넣어 땅에 묻는다)[18] 여러 요소가 혼합된 새 문화를 창조했다. 블루스, 재즈, 록 등 세계적인 음악은 아프리카계 아메리카 문화의 표현이 아니고 무엇이겠는가? 노예로 아메리카로 건너온 아프리카계 라틴아메리카인들의 종교적 표현이 아이티의 부두교이고, 브라질의 칸동블레(Candomblé)──일부 지역에서는 마쿰바(Macumba)라고 부른다──이다.

이제 세번째 '얼굴'이 나타난다. 그 얼굴은 '하층민', 카를로스 푸엔테스의 표현으로는 말린체의 자식, 즉 인디오 여자(어머니)와 스페인 남자(지배적인 남성)의 아들과 딸로 태어난 메스티소이다.[19] 이들이 라틴

---

18) 자이르의 어떤 선교사의 말에 따르면, 아프리카에서는 아이가 태어나면 탯줄을 땅에 묻는다고 한다. 그 순간부터 '땅'은 태어난 아이의 유모가 된다. 만약 외국 땅에서 아이가 태어나면 상자에 탯줄을 담아 두었다가 고향에 돌아와서 땅에 묻는다고 한다. 흑인 노예들도 남북 아메리카라는 외국 땅에서 탯줄을 상자에 보관했다는 것은 언젠가 아프리카로 돌아가리라는 희망의 끈을 놓지 않았기 때문이리라.

19) 이와 관련된 참고 서적은 다음과 같다. Alexander Lipschütz, *El problema racial en la conquista de América y el mestizaje*, México: Siglo XXI, 1975; Angel Rosenblat, *La población indígena y el mestizaje en América*, Buenos Aires: Ed. Nova, 1954; Harry Shapiro, *Race mixture*, Paris: UNESCO, 1953; Claudio Esteva Fábregat, *El mestizaje en Iberoamérica*, Madrid: Alhambra, 1988; Magnus Mörner, *Race Mixture in the History of Latin America*, Boston: Little Brown, 1967; José Pérez de Barradas, *Los Mestizos de América*, Madrid: Cultura Clásica Moderna, 1948.

아메리카 신대륙의 새로운 주민이다. 인디오도 아니고 유럽인도 아니라는 모호성을 지닌 채 라틴아메리카의 문화사와 정치사를 만들어 갔다. 1950년대의 옥타비오 파스는 『고독의 미로』에서(여기에서의 고독은 '말린체의 자식들'인 메스티소의 고독이다) 메스티소의 불확실성을 밝히고 있다.

> 스페인 전통을 옹호하는 명제(우리는 코르테스의 후손이라며 말린체를 배제한다)는 몇몇 터무니없는 사람들이 내세우는 유산이다. 이 사람들은 순수한 백인도 아니다. 다른 한편에는 인디오 전통을 내세우는 프로파간다가 있다. 이 또한 광적인 크리오요나 메스티소가 주장하는 것인데, 막상 인디오는 이들 주장에 관심조차 보이지 않는다. 메스티소는[20] 인디오가 되려고도 하지 않으며, 스페인인이 되려고도 하지 않는다. 그렇다고 인디오나 스페인인의 후손이 되려고도 하지 않는다. 인디오와 스페인인 모두를 부정한다. 자신이 추상적으로만 메스티소라고 인정한다. 인간이라는 것이다. 그 누구의 자식도 아니다. 기원은 자기 자신이다. …… 우리나라(멕시코) 사람들이 통상적으로 내지르는 고함소리는[21] 실은 우리가 발가벗고 때때로 보여 주거나 감추기도 하는 상처가 어떤 것인지 밝히는 것이다. 그러나 그 고함소리는 우리가 어떤 이유로 어머니를 밀어내고 부정하는지, 언제부터 그런 단절이 있었는지는 얘기하지 않는다.[22]

---

20) 옥타비오 파스의 원문은 '멕시코인'인데, 우리 주제에 적합하도록 '메스티소'로 바꾸었다.

21) 멕시코 사람들은 긍정적인 의미로 흔히 이렇게 외친다. "비바 메히코, 이호스 데 라 칭가다"(Viva México, hijos de la chingada). 파스의 견해에 따르면, '이호스 데 라 칭가다'(능욕당한 여자의 자식들)는 타인과 적이면서 동시에 우리들인, 바꿔 말해서 동일한 민중을 가리킨다.

아프리카인이나 아시아인과 달리(이들도 아메리카 인디오와 마찬가지로 명확한 문화적·인종적 정체성이나 개성을 지니고 있다), 대다수 라틴아메리카인은 옥타비오 파스의 말처럼 아메리카 인디오도 아니고 유럽인도 아니다. 북미의 백인이나 라틴아메리카의 크리오요와는 달리, 인디오와 유럽인 사이에 태어난 자식, 혼혈인이다. 2억이 넘는 이 혼혈인이 지난 5백 년 동안 아메리카 대륙에 살면서 역사를 만들어 왔다. 이제 5백 살이나 먹은 자식인 셈이다. 1992년에 5백 살을 먹게 된 사람들은 인디오도, 유럽인도, 아프리카인도, 아시아인도 아니다. 오직 메스티소만이 5백 살을 먹는 것이다. 메스티소는 인디오에게 미움을 받는다(어떤 지역에서는 메스티소를 경멸하여 '라디노'라고 부른다). 백인도 아닌 이들을 '세뇨르'(señor)라고[23] 불러야 하기 때문이다. 유럽인(그리고 유럽인의 후손인 크리오요)은 백인이 아니라는 이유로 메스티소를 멸시한다. 그러나 메스티소는 라틴아메리카 문화의 고유성(부정적이든 긍정적이든)을 자신의 모순 속에 담고 있으며, 이 메스티소를 중심으로 '라틴아메리카', '포르투갈·스페인 아메리카', '스페인어권 아메리카', '이베로아메리카' 등으로 부르는 문화권이(남미, 중미, 북미의 일부, 카리브를 포함하는 지리적인 용어가 아니다) 형성되었다.

메스티소는 자신의 몸에 흐르는 혈통에서 근대성의 모순적 형태를 (해방으로서 근대성과 희생신화로서 근대성) 절감한다. '아버지' 코르테스처럼(그리고 18세기 부르봉 왕조의 계몽주의자처럼, 19세기 자유주의자와

---

22) Octavio Paz, *El laberinto de la soledad*, México: Fondo de Cultura Económica, 1976, pp.78~79.
23) 현재 용법으로 '세뇨르'는 일상적으로 사용하는 존칭이다. 그러나 신분질서가 확실하던 식민시대에는 '주인님'이라는 의미로도 사용되었다. ─ 옮긴이

실증주의자처럼,[24] 20세기 포퓰리즘과 사회주의가 위기에 봉착하자 종속적 근대화와 발전주의를 추구한 사람들처럼) '근대인'이 되려고 희구하지만, '어머니' 말린체의 유산을 복원하지 않는 한 항상 실패할 수밖에 없다. 메스티소라는 조건은 이중의 기원을 인정해야 한다. 한쪽은 식민지와 주변부에서 사는 아메리카 인디오라는 희생자, 즉 근대성의 '이면'이고, 다른 한쪽은 아버지 코르테스의 땅에서 '주인으로 군림하는' '자아'로서 근대인이다. 다수 인종인 메스티소는 피억압자 사회블록을 형성하였고, 이들을 중심으로 라틴아메리카를 만들 수도 있었다. 그러나 라틴아메리카 문화를 지칭하는 적절한 용어는 메스티소 문화가 될 수 없다.[25] 아무튼 **해방 기획**은, 근대성 '이면'의 '세번째 얼굴'로서 메스티소의 역사적 형태와 문화를 고려해야 한다. 메스티소는 인디오나 아프리카 노예만큼 고통을 겪지는 않았다고 하더라도 식민세계 내에서, 정치적·경제적·문화적 종속이라는 구조적 상황 내에서(국내 질서는 물론 국제 질서에서도) 피억압자이기는 마찬가지였다.

---

24) 옥타비오 파스는 다음과 같이 말한다. "지난 세기[19세기] 중엽의 자유주의 개혁은 멕시코인(메스티소)이 전통과 단절하는 순간이었으며, 자기 자신과도 단절하는 순간이었다. …… 베니토 후아레스(아르헨티나의 경우는 도밍고 사르미엔토)를 포함하여 그 세대는, 식민시대의 누에바 에스파냐나 코르테스 이전의 원주민 사회와는 전혀 상이한 이상을 추구하는 국가를 세웠다. 이 멕시코(메스티소) 국가는 보편적이고 추상적인 인간 개념을 천명하였다. …… 베니토 후아레스의 '개혁'(Reforma)은 어머니와의 완전한 단절이었다"(Paz, *El laberinto de la soledad*, p.79). 1980년 말 라틴아메리카에서 정치적 헤게모니를 장악한 카를로스 메넴(아르헨티나), 페르난도 멜로(브라질), 알베르토 후지모리(페루)가 요구한 근대화, 민영화, 복지국가 탈피 정책은 또 다른 역사적 '단절'이다.
25) 페드로 모란데는 『라틴아메리카의 문화와 근대화』에서 "우리의 독창적인 문화 종합은 라틴아메리카적이고, 메스티소적이고, 의례적이다"라고 쓰고 있다(Pedro Morandé, *Cultura y modernización en América Latina*, Santiago: Universidad Católica de Chile, 1983, p.162). '대중 문화'는 순전히 메스티소 문화이다. 이에 대해서는 조금 후에 언급할 네스토르 가르시아 칸클리니의 책을 참고하라.

인디오 안토니오 발레리아노(Antonio Valeriano)가 저술한 「니칸 모포우아」의[26] 원본은 나우아어이지만 인디오 문화에서 메스티소와 크리오요 문화로 이동하는 순간을 잘 드러내고 있다. 가난하고 억압받는 사람들이 기대하던 '여섯번째 태양'의 시작을 분명하게 알리고 있는 이 문건을 보면,[27] 토난친 신이기도 한 과달루페 성모는 후안 디에고에게 이렇게 얘기한다.

너와 이 땅에 거주하는 모든 사람들의 …… 탄식을 들어주고, 불행과 근심과 고통을 없애 주려고 내 여기 왔노라.

과달루페 성모(아스테카 제국에서 억압받는 이들이 '우리 어머니'라고 부른 토난친)는 "최근 도래한" 스페인인들이 아니라 인디오인 후안 디에고에게 말을 걸었다. 자신을 가리켜 "끈, 사다리의 발판, 오물, 떨어진 잎사귀"라고[28] 부르는 후안 디에고가 성모 '발현'의 주체이자 주인공이다.

---

26) '니칸 모포우아'(Nican Mopohua)란 나우아어로 '과달루페 성모의 발현'이라는 뜻이다 (Jacques Lafaye, *Quetzalcóatl y Guadalupe : La formación de la conciencia nacional en México*, México: Fondo de Cultura Económica, 1977 참고). 이 책에서는 1980년 클로도미로 시예르(Clodomiro Siller)가 번역하고 주석을 단 「니칸 모포우아」(미출간)를 인용한다.

27) 「니칸 모포우아」의 첫 구절은 다음과 같다. "하느님이 우리의 근원이라는 것을 알았을 때 (나우아 사상의 표현이다), 신앙이 움트기 시작했다. 우리에게 생명을 주신 분(또 다른 나우아어 표현). 토요일 이른 아침이었다. 테페약(Tepeyac)이라고 부르는 언덕 근처에 갔을 때 날이 밝았다. 위에서 노래하는 소리가 들렸다." 여기서 '새벽', '날이 밝다'는 '새로운 태양'을 의미한다. 위에서 들리는 '노래'는 신성의 현현이며, 마지막 부분에 등장하는 카스티야의 '꽃'은 '꽃과 노래'라는 뜻이다.

28) 각 단어의 의미는 다음과 같다. '끈'은 포로와 포박당한 사람, '사다리의 발판'은 짓밟힌 사람과 억압당한 사람, '오물'은 무가치함과 죄인(tlaelcuani)을 뜻하며, '떨어진 잎사귀'는 죽은 사람을 뜻한다.

먼저, 인디오 성모라는 점이다. 다음으로 발현 장소(인디오 후안 디에고 앞에 발현한 곳)가 예전에 토난친 신의 사당이 있던 곳이라는 점이다. …… 주지하듯이, 정복은 케찰코아틀과 …… 우이칠로포츠틀리라는 …… 두 신에 대한 숭배가 절정에 달한 때였다. 이 신들이 패배하자 …… 신자들은 과거의 여신에게 의탁하고자 했다. …… 가톨릭에서 성모는 어머니이기도 하다(지금도 인디오 순례자들은 '과달루페 토난친' 이라고 부른다). 그러나 주요 속성은 땅을 비옥하게 하는 것이 아니라 의지할 곳 없는 사람들의 피난처였다.[29]

그러나 1648년에 발간된 미겔 산체스의 『멕시코에서 기적적으로 발현한 과달루페 어머니 신 성모마리아상』[30] 덕분에 메스티소와 크리오요는 이내 인디오의 상상력을 받아들여, 스페인인, 외국인, 유럽인과는 상이한 자신의 정체성을 확인한다. 과달루페 신앙은 라틴아메리카 민중의 단결(모순적이고 흩어진, 피억압자 사회블록의 단결)을 상징한다.

테페약과[31] 후안 디에고의 계시록을[32] 연결하는 다리를 통해서 18세기

---

29) Paz, *El laberinto de la soledad*, pp.76~77.
30) Miguel Sánchez, *Imagen de la Virgen María Madre de Dios de Guadalupe milagrosamente aparecida en la ciudad de México*, 1648.
31) 테페약은 토난친 여신의 사당이 있던 언덕의 이름이다. 후안 디에고에게 과달루페 성모가 발현한 곳으로 현재는 과달루페 성당이 자리 잡고 있다.
32) 여기서 미겔 산체스는 「요한계시록」 12장 1절(하늘에 큰 이적이 보이니 태양을 입은 한 여자가 있는데 그 발 아래는 달이 있고……)과 14절(그 여자가 큰 독수리의 두 날개를 받아……)을 적용하여 과달루페 성모의 이미지를 해석한다. 또한 백련초, 독수리, 뱀, 말라 가는 테스코코 호수와도 관련을 짓는다. 다시 말해서, 「요한계시록」과 멕시코의 연관성을 분명하게 드러내고자 했다.

의 설교자들과[33] 19세기의 혁명가들은[34] 과감하게 나아갔다. …… 미겔 산체스는 주저하지 않고 과달루페의 이미지가 이 나라에서 기원한 첫번째 크리오요 여자라고 단언한다. …… 미겔 산체스는 …… 크리오요 애국자였으며, 스스로를 애국자로 분명하게 인식하고 있었다.[35][36]

과달루페 신앙은 국민국가 형성기에 다양한 계급, 사회그룹, 종족을 하나로 묶는 상징 가운데 하나였다. 그러나 이 과정에서 헤게모니를 장악한 주인공은 메스티소와 크리오요였다. 과달루페 신앙은 인디오의 신앙으로 탄생했다. 후에 메스티소가 받아들이고, 마지막으로 크리오요가 받아들였다. 그리하여 과달루페의 성모는 자유국가(그렇지만 차후 발전 과정에서 모순을 드러낸 국가)의 '어머니'가 되었다.

사실, '네번째 얼굴'도 있었다. 토착엘리트를 억압하던 부르봉 왕가의 스페인인과 대립되는 이들은 크리오요로, 인디아스에서 태어난 스페인 백인의 후손이다. 그러나 이들은 합스부르크 왕가에 이어 부르봉 왕가의 지배를 받았고, 브라질의 경우는 포르투갈 왕의 지배를 받았다. 이

---

33) 호세 세르반도 테레사 데 미에르(José Servando Teresa de Mier) 수사는 아메리카 해방의 필요성을 설교했다. 근거는 사도 도마(케찰코아틀과 동일시했다)가 1세기에 멕시코에 와서 복음을 전도했으며, 과달루페 성모의 발현을 예언했다는 것이었다. 다시 말해서, 과달루페 성모에 대한 기독교 신앙은 스페인인이나 외국인이나 침입자들에게 빚진 것이 없다는 말이었다.

34) 미겔 이달고(Miguel Hidalgo)는 반(反)스페인 봉기에서 과달루페 성모상을 깃발로 사용했다. 20세기의 농민혁명가 에밀리아노 사파타(Emiliano Zapata)도 과달루페 성모상 깃발을 들고 교회를 파괴하고 성전을 점령했다. 쿠에르나바카의 '코르테스 궁전' 박물관에 가면 이런 사진을 볼 수 있다.

35) 미겔 산체스는 209쪽에 이렇게 기술하고 있다. "나는 조국을 위해, 친구를 위해, 동료를 위해, 이 신세계의 시민들을 위해 이 책을 썼다."

36) Lafaye, *Quetzalcóatl y Guadalupe*, pp.341~343.

크리오요는 무엇보다 18세기 말엽에 이르러 역사적 기획을 실현하기가 불가능하다는 사실을 느끼고 있었다. 당시 크리오요는 '해방 기획'의 주도권을 쥐고 있었다. 리오 데 라 플라타의 호세 데 산 마르틴(José de San Martín), 베네수엘라의 보수적인 만투아노,[37] 시몬 볼리바르(Simón Bolívar), 누에바 에스파냐의 미겔 이달고는 크리오요였다. 신세계에서 태어난 크리오요는 태어나면서부터 강과 산과 밀림을 잘 알고 있었으며, 또 그 속에서 살았다. 그러나 라틴아메리카 자연에 대한 크리오요의 앎은 원주민이나(산과 같은 자연을 신으로 모셨다) 아프리카 노예나(고향 아프리카에서 너무 멀리 떨어진 낯선 것, '주인'의 것으로 생각했다) 멸시받는 메스티소와 차이가 있었다. 크리오요는 '안일한 의식'에 젖어 있었다. 비록 반도인,[38] 왕당파, 가추핀,[39] 포르투갈인에게 부분적으로 지배를 받고 있었으나, 프로이트의 용어를 빌리면, 의식은 '분리'되지 않았다. 크리오요는 헤게모니를 쥔 계급이었으나 19세기 초에는 인디오, 아프리카 노예, 삼보(인디오와 아프리카인의 혼혈), 물라토(백인과 아프리카인의 혼혈), 메스티소(백인과 인디오의 혼혈) 같은 피억압자와 대립하는 사회블록으로, 무장한 역사적 '민중'으로 전락했다. 라틴아메리카 '민중'은 프랑스,[40] 스페인,[41] 포르투갈에[42] 맞선(자메이카, 쿠라사오를 비롯한

---

37) 만투아노(mantuano)는 '망토를 쓴 사람'이라는 뜻으로, 백인 귀족을 가리킨다.— 옮긴이

38) 반도인(peninsulares)은 '이베리아 반도 사람'이라는 의미이며, 스페인 출신으로 라틴아메리카에 거주하던 사람들을 가리키는 말이다.— 옮긴이

39) 가추핀(gachupín)은 '반도인'을 얕잡아 부르는 말이다.— 옮긴이

40) 아이티는 1804년에 프랑스로부터 해방되었다는 사실을 잊어서는 안 된다. 또한 순수한 아프리카 혈통의 투생 루베르튀르(Toussaint l'Ouverture)는 카리브 해 독립투쟁의 영웅이며, 라틴아메리카 최초의 해방자이다. 한편, 시몬 볼리바르는 아프리카계 카리브인의 땅 자메이카에서 피신해 있을 때, 그 유명한 『자메이카의 편지』(Carta de Jamaica)를 썼다.

여타 라틴아메리카 식민지는 영국이나 네덜란드와 맞섰다) 해방 투쟁에서 '식민 과거' 부정이라는 '역사적 단합'을 이뤄 냈다. 다시 말해서, 공동의 적 앞에서 모두가 '단결했다'. 그러나 크리오요가 헤게모니를 장악한 19 세기 해방 과정은 곧 내적 분열을 일으켰다(적어도 포르투갈·스페인어권의 아메리카에서). 이유는 크리오요가 원주민, 노예에서 해방된 아프리카인, 메스티소, 피억압자의 사회블록을 구성하는 기타 그룹의 역사적 기획을 떠맡거나 수용하거나 인정하지 못했기 때문이다. 따라서 백인이 헤게모니를 잡으면 손쉽게 통일을 이룩하리라는 시몬 볼리바르의 꿈은 판단 착오였다.

이 거대한 대륙에 산재하는 원주민, 아프리카인, 스페인인, 혼혈인이 1천 5백만에서 2천만에 이르는데, 이 가운데 백인은 분명 소수이다. 그러나 백인은 지적 능력이 있다. 백인의 정신적 특성과 육체적 조건을 잘 알지 못하는 사람들은 지적 능력이나 영향력이 다른 종족과 동등하다고 생각할지도 모르겠으나 모든 주민을 단합시킬 수 있는 가장 적합한 의견을 내놓을 수 있다. 그런데 다른 인종에 비해 수적으로 열세이다.[43]

---

41) 1816년 7월 9일 아르헨티나의 투쿠만 주(州) 살타에서 개최된 '투쿠만 의회'는 '리오 데 라 플라타 지방 연합'의 이름으로 라틴아메리카에서 최초로 공식적인 독립을 선언했다. 멕시코에서는 미겔 이달고의 계획에 반대하는 보수세력이 1821년 독립을 선언하고, 순수 백인 출신의 군인 이투르비데를 황제로 추대했다.

42) 브라질은 1822년 돈 페드루 왕세자(페드루 1세)의 '체류'(fico, 포르투갈로 돌아가지 않고 브라질에 남겠다는 뜻) 선언으로 포르투갈로부터 독립하여, '브라질 제국'을 건설했다. 이 제국은 1889년 공화정이 수립될 때까지 지속되었다.

43) Simón Bolívar, "Artículo periodístico a la Gaceta Rela de Jamaica", *Doctrina del Libertador*, Caracas: Biblioteca Ayacucho, 1975, pp.75ss.

볼리바르는 이제 막 출발한 신생 국민국가에서는 다양한 인종이 단합하거나, 원주민 문화, 해방 노예 문화, 메스티소와 백인 문화의 통합이 가능하다고 얘기하는 것 같다. 그러나 크리오요가 신생 국민국가에서 권력을 독점하고 있었고, 이베리아 반도의 메트로폴리스에 반대하던 '민중'은 분열되었다. 과거의 피억압자들 가운데 크리오요가 새로운 사회블록으로 등장하여, 이제는 지배자가 되었다. 정치적으로 보수주의자 아니면 자유주의자였고, 연방주의자 아니면 중앙집권주의자였으나 결국에는 모두(메스티소도 얼마간 참여하였고, 원주민과 물라토까지도 참여하였다) 종속을 부추기는 계급, 정파, 그룹에 지나지 않았다. 이제 스페인이나 포르투갈에 종속된 것이 아니라 영국, 프랑스, 마지막에는 미국에 종속되었다.[44] '종속 의식'은 '수임' 기획을[45] 고무할 수 있으나 민중(원주민, 아프리카계 라틴아메리카인, 농부, 노동자, 소외자) **'해방 기획'**은 아니다. 종속 의식이란 근대성의 '이면'이다. 민족 해방 기획은, 19세기 메트로폴리스로부터의 해방 과정에서 라틴아메리카 '민중'을 '지도하던' 크리오요의 기획을 물려받은 것으로, 근대 국민국가를 수립했다. 그러나 원주민 종족의 기획과 아프리카계 라틴아메리카인의 문화와 다양한 민중문화를 미래의 라틴아메리카 **해방 기획**으로 통합해 낼 수 없었다.

라틴아메리카의 해방은 1821년에서 1822년 사이에(멕시코에서 브라질까지) 완수되었으나 우리는 새로운 '얼굴들'을 볼 수 있었다. 예전 식

---

44) '자유주의' 기획이나 '문명화' 기획은 지배그룹(크리오요나 메스티소)의 기획이다. 이러한 기획들은 예전의 '이베리아 반도인' 기획을 대체하거나 또는 '서양 식민화' 기획을 옹호한다. Leopoldo Zea, *Filosofía de la historia americana*, México: Fondo de Cultura Económica, 1978, pp.188ss.(자유주의 기획), pp.103ss.(이베리아 반도인의 식민화 기획)를 참고하라.

45) ibid., pp.165ss.,269ss.

민지의 가난한 사람들이 이제 새로운 옷을 걸치고 나타난 것이다. 이 '다섯번째 얼굴'이 '농민'이다.[46] 대부분의 농민은 공동체를 떠난 원주민이거나, 빈곤해진 메스티소이거나, 땅을 파먹기로 작정한 삼보나 물라토였다. 이들은 척박한 토지를 소유한 소농, 현실적으로 경쟁력이 없는 공유지(에히도ejido) 경작자, 저임금을 받는 농촌의 일꾼 등 "직접적인 노동 생산자"의 다양한 얼굴이다. 20세기 초반이 끝날 무렵만 해도 라틴아메리카 인구의 70% 이상이 농촌에 살았다. 이들은 대토지를 소유한 크리오요의 과두제하에서 소외되고 착취당했다. 멕시코와 같은 지역에서는 진정한 의미의 농민혁명이 일어났으나 패배했다(1910년에서 1917년까지 지속된 이 멕시코혁명의 지도자는 프란시스코 비야(Pancho Villa)와 에밀리아노 사파타였으나 두 사람 모두 암살당했으며, 이후 크리스테로들이[47] 혁명의 불꽃을 되살렸다). 라틴아메리카에는 현재도 땅 없는 농민들이 있다. 예를 들어, 3천만 명에 이르는 브라질 동북부 주민들은 먹고살기 위해서 불법으로 땅을 점유하거나 아마존 열대우림을 파괴하고 있다.[48] 마지막으로, 근대화 추진은(하느님의 섭리와 같은 '보이지 않는 손'

46) Pablo González Casanova, *Historia política de los campesinos latinoamericanos*, México: Siglo XXI, vol.I-IV, 1984; Steve Stern, *Resistance, Rebellion and Consciousness in the Andean Peasant*, Madison: University of Wisconsin, 1987; Rodolfo Stavenhagen, *Agrarian Problems and Peasant Movements in Latin America*, Garden City, N.Y.: Doubleday, 1970; David Lehmann and Hugo Zemelmann, *El campesinado*, Buenos Aires: Nueva Visión, 1972; Miguel Díaz Cerecer, *La condición campesina*, México: UNAM, 1989 참고.
47) 멕시코혁명 직후, 국가와 교회가 갈등하자 그리스도 왕(Cristo Rey)을 내세운 농민들이 봉기하였는데, 이들을 가리켜 크리스테로(Cristero)라고 부른다. 이 갈등은 크리스테로 전쟁(Guerra cristera, 1926~1929)에서 절정에 도달했다.——옮긴이
48) 자본주의로 궁지에 몰린 브라질 동북부 주민들은 아사할 위험에 처하자 밀림을 파괴하고 있다. 이로 인해 지구에서 가장 큰 열대우림이 사라지는 생태적인 대재앙이 발생할 수도 있

이 모든 것을 현명하게 조정한다는 애덤 스미스의 신화에 근거하여 어떤 경제계획도 배제하는 자유시장) 농촌에서 삶을 영위하기가 불가능한 농민들을 도시로 몰아냈다. 이것이 '여섯번째 태양'(자본)에서 농민들의 운명이다. 이제 농민들은 근대성 '이면'의 또 다른 두 가지 '얼굴' 가운데 하나가 될 수밖에 없다.

그 중 하나가 '여섯번째 얼굴', '노동자'이다.[49] 이미 언급했듯이, 15세기 말부터 포르투갈과 스페인에서 시작된 상업자본주의에 이어 18세기 중엽 영국에서는 산업혁명이 시작된다. 이 산업혁명은 19세기 후반에 이르면 라틴아메리카에 이르게 된다.[50] 기원부터 '종속적인' 산업혁명이었다.[51] 라틴아메리카의 민족 부르주아지는 취약했다. 경제구조상

다. 그런데 근본적인 해결책이 시장자본주의로 궁핍해진 농민들에 대한 경제 정의라는 사실을 많은 사람들은 잊고 있다. 시장자본주의야말로 밀림 파괴의 직접적인 원인이다. 환경운동은 '경제' 문제를 소홀히 여기는 경우가 종종 있다. 마르크스의 『자본론』을 읽으면 지구환경 파괴와 상대적 잉여가치 이론 사이의 직접적인 연관성을 발견할 수 있을 것이다. 기술로 생산성은 증가되었다. 그러나 그 기술은 반환경적일 수도 있고, 굶주린 대중을 시장으로 몰아낼 수도 있다. 브라질 동북부 주민들은 식량 생산을 위해 주변지역을 파괴할 수밖에 없는데, 그러면 밀림이 사라지고, 아마존 지역이 얼마 후에는 사막으로 변할 수 있다는 사실을 모르고 있다.

49) 다음 문헌을 참고하시오. Pablo González Casanova, *Historia del movimiento obrero en América Latina*, México: Siglo XXI, vol.I-IV, 1984; Julio Godio, *El movimiento obrero en América Latina(1850-1918)*, Bogotá: Tercer Mundo, 1978; Aníbal Quijano, *Clase obrera en América Latina*, San José: Ed. Universitaria Centroamericana, 1982; Ricardo Melgar Bao, *El movimiento obrero latinoamericano : Historia de una clase subalterna*, Madrid: Alianza, 1988; Carlos Rama, *Historia del movimiento obrero y social latinoamericano contemporáneo*, Barcelona: Laia, 1976; Víctor Alba, *Politics and the Labor Movement in Latin America*, Stanford: Stanford University Press, 1968.

50) 라틴아메리카에서는 부에노스아이레스, 상파울루, 멕시코시티와 같은 대도시에만 해당된다. 이후 점차 몬테비데오, 산티아고 데 칠레, 리마, 보고타로 확산되었다. 처음으로 노동자의식을 가진 집단은 무정부조합주의자, 사회주의자였다. 이들은 후에 포퓰리스트 정권의 노동자 조직으로 흡수되었다(멕시코, 아르헨티나, 브라질의 경우).

가치가 메트로폴리스(처음에는 영국, 1945년 이후에는 미국과 초국적 자본주의의 신흥 강국인 일본 및 유럽공동시장의 일원인 독일)의 '중심' 자본으로 이전되었기 때문이다. 마우로 마리니의 미흡하지만 명쾌한 이론에 의하면,[52] '취약한' 자본구조 때문에 노동자는 '과도한 착취'에 시달린다. 즉, 노동리듬과 노동강도의 강화(상대적 잉여가치), 임금의 절대가치와 상대가치의 감소로(현재 아이티의 한 달 최저임금은 45달러, 브라질은 60달러, 멕시코는 100달러를 조금 상회한다)[53] 노동시간이 과도하게 증가한다(절대적 잉여가치). 이런 식으로 주변부 자본은 '중심부 자본으로 이전된 가치'를 벌충한다.[54] 이 모든 문제는 하버마스, 리오타르, 바티모, 로

---

51) 이 주제에 관해서는 앞서 인용한 필자의 책 『해방의 윤리철학』(*Filosofía ética de la liberación*) 3권 3부의 서문 「라틴아메리카의 역사적 해방」을 참고하라. 아울러 필자의 책 『새로 발굴된 자료를 통해서 본 마르크스』(*Hacia un Marx desconocido*)의 15장 「마르크스의 1861~1863년 수고와 종속 개념」도 참고하라. 이 책들에서 필자는 1990년대 초에도 예전의 종속이론이 적실성이 있고, 의미가 있다는 것을 증명하려 했다. 그리고 라틴아메리카, 아프리카, 아시아(유럽 근대성의 舊식민지세계)의 종속적이고 주변부적인 자본주의에서 증가하는 빈곤을 설명하려면 종속이론으로 되돌아가야 한다는 것도 보여 주려 했다.

52) Ruy Mauro Marini, *Dialéctica de la dependencia*, México: Era, 1973.

53) 이러한 국가에서 대다수 인구는 최저임금이라는 사회적 보장조차 받지 못한다. 많은 경우에, 실업자와 잠재 실업자가 인구의 50%를 상회한다. 프란츠 힌켈람메르트(Franz Hinkelammert)의 말처럼, '착취당한' 사람(다시 말해서, 기아임금을 받고 막대한 잉여가치를 산출하는 사람)이 오늘날 라틴아메리카의 특권층이다. 대다수가 안정적인 노동과 자본의 관계 밖에 있는 가난한 사람들이기 때문이다.

54) 주변부에서 중심부로의 가치이전은 우리 시대(눈에 보이지 않는 '근대성의 희생신화', 즉 '근대화', '자유시장'의 전성기)의 세계적이고 구조적인 윤리적 불의이다. 대강의 시기 구분을 하면 다음과 같다. 제1기는 화폐 중상주의 시기(15~17세기)로, 이베리아 반도가 헤게모니를 쥐고 있었다. 이 시기에는 화폐(금과 은)로 가치가 이전되었고, 유럽의 본원적 자본은 라틴아메리카에서 들여온 '채무'라는 인식도 없었으며, 그 어떤 '이자'도 받지 못했다. 제2기는 종속 예비단계, 자유교환적 자본주의의 초기 단계로, 18세기 스페인의 부르봉 왕가가 개혁과 더불어 시작되었다. 이때 스페인은 이미 영국에 종속되어 있었으며, 라틴아메리카의 초기 산업혁명(멕시코와 리마에서 발전된 직물 수공업)을 가로막았다. 제3기는 자본주의의 제2형태, 즉 제국주의 시기로, 라틴아메리카는 부채를 지고(이를테면, 철도나 항만 건설 자금),

티의 근대성과 후근대성(postmodernity) 논의에서 완전히 누락되어 있다. 세계적(mundial) 의식이 결여된 유럽중심주의(또는 미국) 철학이다. 수백만의 라틴아메리카 노동자는 세계적 자본으로부터 철저하게 착취당하는 사람들이다. 우리 시대에 가장 불쌍한 사람들이다(아시아나 아프리카의 노동자도 마찬가지다). 헤겔이 『법철학』에서 '시민사회'는 모순의 해결책을 바깥에서 찾는다고 했을 때, 이미 예언한 것이기도 하다.

> 이러한 폭넓은 연계는 식민화를 통해서 달성된다. 발달한 부르주아 사회는—산발적으로든 조직적으로든—식민화에 박차를 가한다.[55]

이와 관련하여 마르크스는 이렇게 얘기한다.

> 따라서 자본의 축적은 프롤레타리아트의 증가이다.[56] (자본축적의) 법칙은 자본축적에 상응하는 빈궁의 축적이기도 하다. 한쪽에서 부가 축적되면, 이와 동시에 정반대편에서는 빈궁, 노동의 고통, 노예 상태, 무지, 야만성, 도덕적 타락이 축적된다. 다시 말해서, 자신의 생산물을 자본으로 만들어 내는 계급이 있다.[57]

원가 이하로 1차 산물을 수출하였다. 제4기는 포퓰리즘적 종속 시기(1930년대 이후에 등장한 브라질의 제툴리우 바르가스, 멕시코의 라사로 카르데나스, 아르헨티나의 후안 페론 정권)이다. 다양한 방식으로 중심부와 주변부 자본이 유기적 구성과 경쟁을 통해 가치가 이전되었다. 라틴아메리카에서는 '노동자계급'이 성장하던 시기였다. 제5기는 초국가적 착취로 가치가 이전되는 시기이다. 국가 간 채무로 전에는 꿈에도 생각 못한 고이율의 이자를 지불함으로써 자본이 직접 이전된다. 긴 착취의 역사는 필자가 다른 책에서 이미 기술한 바 있다.

55) Georg Wilhelm Friedrich Hegel, *Grundlinien der Philosophie des Rechts*, 1820, §248.
56) Karl Marx, *El capital*, vol.I/3, México: Siglo XXI, 1987, p.761.
57) ibid., p.805.

1992년 현재, 완전경쟁의 자유시장이라는 신화 속에서 마르크스는 분명 불신의[58] 대상이다. 이유는 그가 주변부 국가 '민중'(라틴아메리카에서는 원주민, 아프리카계, 메스티소, 농민, 노동자 및 여타 그룹)의 빈궁이 주변부 국가와 중심부 국가의 '부자들'이 가진 부에 반비례한다는 것을 알려 주기 때문이다. 근대성 신화는 이런 사실을 모두 무시한다.

끝으로, 근대성 '이면'의 '일곱번째 얼굴'인 변두리인(marginal)을 잊어서는 안 된다.[59] 앞서 얘기했듯이, 주변부 자본은 가치를 조직적으로 이전하기 때문에 취약하다. 이 때문에 임금노동자의 과잉착취와 상대적이고 절대적인 과잉인구,[60] 즉 주변부의 취약한 자본으로는 고용 불가능한 '노동예비군'이 존재한다. 구조적 취약성 때문에 라틴아메리카 각국에서 도시 변두리는 부단히 확장되고 있다. 상파울루, 멕시코, 부에노

---

58) Franz Hinkelammert, *Crítica a la razón utópica*, San José(Costa Rica): DEI, 1984 참고. 이 책에서 힌켈람메르트는, 칼 포퍼가 '완전한' 계획을 비판하며 '어떤' 계획도 불가능하다고 주장한 것은 오류이며, 완전경쟁 시장도 필요하다면 가능한 범위 내에서(스탈린주의처럼 결코 '완전'하지는 않지만) 어느 정도 계획된 자유시장을 배제하지 않기 때문에 모순이라고 밝히고 있다.

59) 다음 문헌을 참고하시오. CEPAL, *Bibliografía sobre marginalidad social*, Santiago de Chile: CEPAL, 1973; Gino Germani, *Marginality*, New Brunswick: Transaction Books, 1980; Miquel Izard, *Marginados, fronterizos, rebeldes y oprimidos*, Barcelona: Serbal, 1985; Dióscoro Negretti, *El concepto de marginalidad: aplicación en el contexto latinoamericano*, Caracas: Universidad Central de Venezuela, 1987; José Nun, *Superpoblación relativa, ejército industrial de reserva y masa marginal*, Santiago de Chile: Centro Latinoamericano de Demografía, 1971; Esmeralda Ponce de León, *Marginalidad de la ciudad*, México: Trillas, 1987; Fernando Serrano Migallón, *Marginalidad urbana y pobreza rural*, México: Diana, 1990; Alberto Ruiz de la Peña, *La marginalidad social*, México: UNAM, 1977.

60) 대다수는 인구과잉의 원인으로 인구폭발을 지목한다. 실제로 제3세계에서는 인구가 폭발하고 있다. 그러나 유럽에서도 중세와 산업혁명 이후 인구폭발이 있었다는 사실을 잊고 있다. 이제 주변부 세계의 인구가 급증한다고 해서 맬서스 인구론 식의 이론을 정당화할 수는 없다.

스아이레스, 산티아고, 리마, 보고타, 리우, 과달라하라와 같은 메갈로폴리스에서 변두리권 인구는 수백만에 달한다. 델리, 카이로, 나이로비도 마찬가지이다. 현대의 변두리성 현상은(룸펜이라는 개념으로 등장한 문제이지만 오늘날에는 그보다 훨씬 중대한 문제이다) 아마도 주변부 자본주의에서 가장 불공평하고 폭력적인 면모일 것이다. 이것이 바로 많은 사람들이 '후기자본주의'(예컨대, 위르겐 하버마스의 'Spätkapitalismus')라고 부르는 사회의 산물이다. 사학자와 철학자를 포함하여 수많은 학자들은 후기자본주의(후기 산업자본주의, 서비스 지향적이고 금융자본과 초국적 자본 중심의 자본주의)와 주변부 자본주의 사이의 연관성을 깨닫지 못하고 있다. 주변부 자본주의는 산업자본주의로, 미국의 불법노동자(brasero)처럼 인간 이하의 가격에 노동하는 변두리인의 '경쟁' 덕분에 최저임금으로 산 노동을 이용한다. 변두리성 삶은 의식주, 문화 환경, 존엄성, '삶의 질'을 나타내는 여러 가지 지표로 볼 때, 1519년 코르테스가 목격한 셈포알라 주민의 삶보다 훨씬 열악하다. 이미 오백 년이 지났건만, 수백만에 달하는 멕시코시티 변두리인들은 아직도 아스테카 시절의 테노츠티틀란 주민처럼 먹고 입고 또 생명의 존엄성을 보장받기를 간절히 원하고 있다. 이 말은 과거로 회귀하자는 것도 아니요, 간디처럼 전(前)산업적인, 민속적인 기획을 주창하려는 것도 아니다. 단지, 희생제의적이고 폭력적이고, 비합리적인 '근대성 신화'의 구조적 산물, '이면'을 보여 주려는 것뿐이다.

1492년에서 1992년까지 긴 역사가 흘렀다. 이 '여섯번째 태양'의 시대에 '라틴아메리카 민중', 즉 '피억압자 사회블록'은 고유한 문화를 창조했다.[61] 이런 고유한 역사를 무시하고 근대화를 추진하려는 시도는 문화 충격이었다. 근대화란 근대성의 보이지 않는 '이면'이기 때문이다.[62] 이러한 '민중'은 근대성을 제대로 실현할 수 없다. 이들은 항상 착취당하고 억압당하는 부분이며, 본원적 자본축적, 중심부 국가의 발전을 위해 자기 목숨을 내놓아야 하는 근대성의 '이면'이다. 여기서 우리는 근대성의 핵심이 합리적이고 해방적인 것이며, 미숙함에서(앞서 칸트가 말한 책임져야 할 미숙함이 아니라) 벗어나는 것임을 강조함으로써 유럽중심적이고 발전주의적인 신화를 부정하고자 한다. 따라서 **해방 기획**(proyecto de liberación)은 단순한 '수입' 기획이 아니다. 수입 기획이란 원주민의 과거, 아프리카계 라틴아메리카인의 과거, 식민지 과거를 부정한 자유주의자나 대토지 소유의 보수주의자나 크리오요의 해방 기획(proyecto emancipador)에 불과하기 때문이다. 우리의 **해방 기획**은 근대성을 극복하려는 시도라는 점에서 **해방 기획**인 동시에 통근대성(transmodernidad) 기획이다. 이는 확장된 합리성 기획으로, 1550년 라스 카사스가 바야돌리드 논쟁에서 제안한 것처럼 모든 인간이 동등하게 참여하는 '의사소통 공동체'에 타자의 이성이 자리를 잡는 것이다. 이와 동시에 하버마스의 '이상적 담화 상황'이나 아펠의 '이상적인(선험적인) 의사소통 공동체'의 차원에서도 '타자성', 타인, 타자를 존중하는 것이다

이제까지 말한 것은 문화 간의 대화(기획 간의 대화, 즉 정치이론·경

---

61) 네스토르 가르시아 칸클리니의 다음 책과 글을 참고하라. Néstor García Canclini, *Arte popular y sociedad en América Latina*, México: Grijalbo, 1977(pp.277 이하의 참고문헌); *Las culturas populares en el capitalismo*, México: Nueva Imagen, 1984; Néstor García Canclini, "Para una crítica a las teorías de la cultura", eds. Néstor García Canclini et al, *Temas de cultura latinoamericana*, México: UAEM, 1987.
62) 근대화로서 근대성에 대해서는 다음 책을 참고하라. Robert Kurz, *Der Kollaps der Modernisierung*, Frankfurt: Eichborn Verlag, 1991(특히, "Der Opfergang der Dritten Welt als Menetekel", pp.189ss.).

제이론·신학이론·인식론 등등 간의 대화)라는 주제에 대한 역사적·철학적 개론으로, 그 목적은 추상적인 보편성이 아니라, 모든 문화·철학·신학이 각기 미래에 다양한 인류의 부(富)로서 기여하는 아날로지적이고 구체적인 세계성(mundialidad)을 구축하려는 것이다.

1492년은 근대성이 시작된 해였다. 바꿔 말해서 유럽 '중심'의 세계성이 시작되고, 라틴아메리카, 아프리카, 아시아는 '주변부'를 구성한 해였다. 그러나 주변부 세계에서는 이런 역사적 사건(1492년)을 비유럽적인 방식으로 해석하였다.

지금까지 우리는 문제분석 방법을 개괄함으로써 '대화이론'(teoría del diálogo)의 역사적 조건들을 도입하고자 하였다. 첫째, '대화이론'은 추상적이고 합리적인 보편주의의 손쉬운 낙관론을 경계해야 한다(유럽 중심주의, 근대화 발전론을 보편성으로 혼동할 수 있다). 현재 프랑크푸르트학파는 이러한 낙관론에 함몰되어 있다. 둘째, 후근대론자들이 주장하는 비합리성, 의사소통 불가능성, 담론의 통약불가능성도 경계해야 한다. 해방철학은 타자의 이성과 상호주관적인 담론, 즉 대화를 가능하게 하는 능력으로서, 대안 이성으로서 이성을 긍정한다. 또한 '근대성의 희생신화'에 포함된 비합리성을 부정하는 이성으로서 이성을 긍정한다. 그리하여 근대성과 계몽주의의 이성적 해방 계기를 통근대성으로 긍정하려고(해방 기획에 포함하려고)[63] 한다.

---

63) 부록 2의 도표에서 'G'가 가리키는 것.

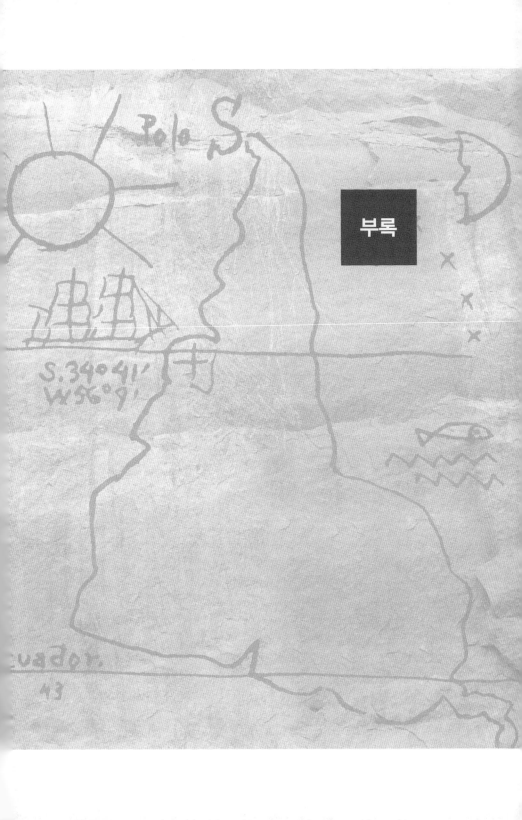

부록

부록1 '유럽', '서양', '근대성', '후기자본주의'의 다양한 의미

다음 단어가 역사에서 공시적으로 획득한 의미론적 내용, 즉 의미를 명확하게 구별할 필요가 있다.

1) 야만적인 '유럽' 대(對) 그리스·헬라스 정신. 아시아는 아나톨리아 (현재의 터키)의 한 지방이다. 그 이상도 그 이하도 아니다. 이것이 가장 오래된 의미, 최초의 의미이다. 따라서 유럽은 미개한 것, 야만 적인 것, 비정치적인 것, 비인간적인 것이다.

2) 서양(라틴어를 사용하는 로마 제국. 아프리카도 지중해 남부 지방으로 여기 포함된다) 대 동양(로마 제국의 그리스). 아시아는 동양 제국의 일부이다(프톨레마이오스 왕조 시대의 이집트는, 정확하게 말하면, 아 프리카의 일부가 아니라 동양의 일부이다). 유럽을 부각시키는 개념 은 없다.

3) 콘스탄티노플의 기독교 로마 제국(7세기 이후) 대 이슬람교 아랍세 계(7세기 이후). 이 두 세계에서는 그리스 고전을 연구했다(사실, 아 리스토텔레스는 콘스탄티노플보다는 바그다드나 스페인 코르도바의 아랍인들이 더 많이 연구하였다). 유럽이라는 개념은 없다. 콘스탄티 노플은 동양도 아니고, 유럽(아시아나 아프리카와 대조되는 개념으로

서)도 아니다.

4) 라틴유럽 대 아랍세계. 아리스토텔레스는 기독교 라틴인 철학자라기보다는 아랍인의 철학자로 간주되었다. 아벨라르(Pierre Abélard), 알베르투스(Albertus Magnus), 알베르투스의 제자 토마스 아퀴나스가 아리스토텔레스의 저서를 번안하였으나 아직까지는 아리스토텔레스를 서유럽인이나 유럽인으로 생각하지 않았다. 이때부터 유럽은 서서히 아프리카(이슬람권 아프리카와 블랙 아프리카), 아시아(이슬람권 아시아)와 구별된다. 동양은 아직도 콘스탄티노플, 즉 그리스 정교의 세계였다.

5) 이탈리아 르네상스 시대에(1453년 콘스탄티노플이 함락된 이후부터) 혼합이 시작된다. 한편에서는 서양인(라틴)과 그리스인(동양)이 혼합되고, 다른 한편에서는 터키인과 아랍인 즉 무슬림이 혼합된다. 이로써 터키인은 헬레니즘세계를 포기하고, 아랍세계와 헬레니즘세계 사이의 연결고리는 망각된다. 이제 다음과 같은 등식이 성립한다. 서양=헬레니즘+로마+기독교. 토스카넬리의 편지를[1] 보면, 적어도 1474년부터 서양과 동양은 대서양을 사이에 두고 마주 보게 된다(가능성으로 제시되었다).

6) 유럽이라는 말은 오래전부터 매우 넓은 의미로 사용되었으나 16세기에 이르러(1492년 이후) 아프리카, 아시아, 아메리카 대륙과 확실하게 구별된다. 이제 유럽은 이슬람 세계(비엔나에서 그라나다까지)

---

1) 토스카넬리(Paolo Toscanelli dal Pozzo, 1397~1482년)는 1474년 서쪽으로 항해하여도 향신료 제도(아시아)에 갈 수 있다는 내용을 담은 지도와 편지를 포르투갈의 알폰소 5세 국왕에게 보냈다. 같은 해에 콜럼버스에게도 편지 사본을 보냈다고 하나 사실의 진위 여부는 논란의 대상이다.―옮긴이

에 에워싸인 라틴게르만 부분으로 국한된다. 또한 처음으로 세계의 '제4부분'(아메리카)이 드러남으로써 유럽은 '중심'('중심'으로서 유럽)이 된다. 나머지 세 부분(아메리카, 아프리카, 아시아)에서는 '주변부' 역사가 시작된다. 이제 '동양'은 소아시아, '아랍인의 바다'(인도양), '남해'(태평양) 사이의 대륙이다.

7) 18세기에는 '서양'(2번의 막연한 의미)과 '헬라스 정신'(1번에서는 유럽이 아니었다)과 주변부에 식민지를 거느린 중심으로서 '유럽'이 결합된다. 헤겔은 이러한 새 이데올로기를 철학적·신학적으로 인상 깊게 표현한다. 이제 처음으로 '서유럽'이라는 개념이 나타난다. 이 전까지는 '유럽'이 '서양'의 결정적 요소라는 의미로 사용된 적은 한 번도 없었다.

8) 식민주의, 갖가지 인종차별주의와 민족주의를 공유한(예컨대, 히틀러의 민족주의와 CIA의 이데올로기) '서양 문화(또는 문명)'는 유럽만을 의미하지는 않는다. 이제 유럽은 서양 문화의 '일부'이다. 유럽과 미국 중심의 체제와 문화가 된 것이다. 한편, '서반구'에 대한 미국의 이데올로기적 개념에서 '남쪽'은 배제된다. 따라서 아프리카와 라틴아메리카는 지리적으로는 서반구이지만 미국에서 얘기하는 서반구에는 포함되지 않는다. 실제로 서반구는 '북쪽 서반구'로 국한된다. 넓은 의미에서 '서양 문화'는 라틴아메리카 문화일 수 있다. 적어도 라틴아메리카 엘리트(에드문도 오고르만의 생각처럼 크리오요와 메스티소)의 문화일 수 있다.

9) 종종 '기독교'를 덧붙여, '서양 기독교 문화(문명)'라고도 한다. 역사적으로 보면 '기독교 정신'은 서양과 아무런 관계도 없다. 기독교는 이슬람교처럼 셈족의 세계에서, 유대교에서 탄생한 종교이기 때

문이다. 또 기독교의 발생지는 로마 제국, 그 중에서도 가장 '동양적인' 지역이므로 지리적으로나 문화적으로 보면 완전한 '동양'의 종교, 아시아의 종교이다. '기독교 정신'은 헬레니즘(역사적으로는 결코 '유럽'이 아니었다)보다 더 동양적인 '세계'에서 유래했다. '서양 기독교 문화(문명)'라는 표현은 모순적인 싱크리티즘(syncretism)이다. 또 반(反)셈(히틀러 및 중심과 주변부의 원리주의에서 보듯이), 반(反)사회주의(레닌의 혁명이 승리한 이래 '동양'은 현실 사회주의를 의미한다)라는 점에서 이데올로기적인 싱크리티즘이다. 아무튼 '서양'에 새로운 요소가 혼합되어 '서양 기독교 문화'가 되었다. 이른바 제2차 세계대전(사실은 중심부 내부의 자본주의 전쟁) 이후에 전개된 냉전 이데올로기의 양극을 의미하는 '동서'라는 표현도 있다.

10) '근대성'의 개념은 아메리고 베스푸치의 『신세계』(*Mundus Novus*)와 같은 저술과 더불어 15세기 말이나 16세기 초에 등장했다. 그러나 실제로는 18세기에 이르러서야 '새롭다'는 의미의 '근대'가 '유럽'(6번의 의미) 문화와 '서양'(7번의 의미) 문화의 명칭이 된다. 중심으로서 유럽이라는 것이다(18세기 이후 스페인과 포르투갈은 급속도로 배제된다. 헤겔도 더 이상 남유럽을 언급하지 않는다).

11) 자본주의(정확하게 말해서 산업자본주의) 체제나 문화라는 개념을 만나려면 18세기까지 소급해야 한다. 관료화, 세속화 등과 같은 자본주의 고유의 현상을 막스 베버는 '근대성'으로 이해한다. 이제 새로운 등식이 성립한다. 근대성=유럽인(6번의 의미)+서양인(7번의 의미)+자본주의자(11번의 의미).

12) 후기자본주의(Spät-kapitalismus)는 20세기 중반의 선진 자본주의와 '근대성'이다(하버마스의 의미).

이상이 흔히 사용하는, '유럽', '서양', '근대성', '후기자본주의'의 12 가지 의미인데(더 많은 의미가 있다), 겉으로는 '명백한' 것 같지만 실제 로는 전혀 명확하지 않으며, 이데올로기적으로 유럽중심주의, 발전주의 오류에 오염되어 있다. 이 강연에서 이러한 의미를 고려할 때마다 이 '부 록 1'을 언급하겠다.

고대		7세기부터	12세기부터	15세기부터	16세기부터	18세기부터 19세기까지	20세기
1	2	3	4	5	6	7/8	9
					10	11	12

부록 2 근대성의 두 가지 패러다임

정의

의미론적으로 '근대성'이라는 단어에는 다음 두 가지 의미가 있다.

1) 첫째이자 긍정적인 의미의 '근대성'은 합리적 해방이다. 해방은 비판 과정 같은 이성의 힘으로 미숙함에서 "벗어나는"[1] 것이며, 인류의 발전에서 역사적인 새 장을 열었다.

2) 이와 동시에 둘째이자 부정적이고 '신화적인' 의미의[2] '근대성'은 비이성적인 폭력의 실천을 정당화한다. 이 '신화'는 다음과 같다. ⓐ 근대 문명이 가장 발전하고, 가장 뛰어난 문명이다(이는 유럽중심주의 이데올로기를 무비판적으로 옹호하는 것이다). ⓑ 우월하기 때문에

---

1) Immanuel Kant, *Was ist Aufklärung?*(1784), A 481.
2) 주지하듯이, 호르크하이머와 아도르노는 『계몽의 변증법』(1944)에서 근대성의 신화적 차원을 정의했는데, 하버마스는 이를 받아들이지 않는다(Habermans, *Der philosophische Diskurs der Moderne*, pp.130ss. 참고). 우리가 논하는 근대성의 '신화'는 호르크하이머, 아도르노, 하버마스의 경우처럼 유럽 내부의 차원이 아니라 중심과 주변, 남과 북, 다시 말해서 세계적인 차원에 위치한다.

원시적이고, 조야하고, 야만적인 사람들을 발전시켜야 하며, 이는 도덕적 요청이기도 하다. ⓒ 이러한 발전 과정의 경로는 유럽을 좇아야만 한다(이는 실제로 유럽 식의 단선적인 발전을 의미하며, 또 다시 무비판적으로 '발전주의 오류'를 범하는 것이다). ⓓ 야만인은 문명화 과정에 반대하기 때문에 근대적 실천은 필요하다면 폭력을 동원하여 근대화의 장애물을 제거해야 한다(식민시대의 '정당한 전쟁' 이론). ⓔ 이러한 지배에서 다양한 형태의 희생자가 발생한다. 희생은 불가피한 행위로 해석되며, 유사 희생제의의 의미를 띠기도 한다. 다시 말해서, 문명화의 영웅은 대량학살된 희생자(피식민인, 아프리카 노예, 여자, 생태파괴 등)를 살신성인이라고 포장한다. ⓕ 근대인이 보기에, 야만인은 문명화 과정에 반대하는[3] '잘못'을[4] 저지르고 있다. 그렇다면 근대성은 죄가 없을 뿐만 아니라 야만인(근대성에 희생된 사람들)을 '잘못'에서 '해방'시킨 것이다. ⓖ 마지막으로, 근대성의 '문명화' 성격을 강조한 나머지, 후진(미성숙한)[5] 민족, 노예로 만들 수 있는 인종, 힘없는 성(sexo)의 근대화에는 불가피하게 고통이나 희생(비용)이 따른다고 해석한다.

3) 근대성을 극복하려면(통약불가능성이라는 비합리주의적 관점에서 이성을 비판하는 후근대성이 아니라 타자의 이성을 긍정하고 근대성의 폭력을 비합리적이라고 비판하는 통근대성으로 극복하는 것이다) 근대성 신화가 부정한 것을 부정할 필요가 있다. 이를 위해서는 먼저

---

3) 프란시스코 데 비토리아는 인디오들이 기독교 교리의 설교를 방해한다면 최후 수단으로 선전포고를 할 수 있다고 주장했다. 단지 이런 장애를 제거하려고 전쟁을 할 수 있다는 것이다.
4) Kant, *Was ist Aufklärung?*, A 481. 이 글에서 칸트는 '책임져야 할 미숙함'이라고 얘기한다.
5) 칸트가 말한 'unmündig'(미성숙한, 거친, 교육받지 않은)이다.

근대성으로 희생되고 부정된 '이면'이 '무고하다'고 밝혀야만 한다. 즉, 희생제의의 무고한 희생자라는 것이다. 이처럼 무고하다고 밝혀질 때, 근대성은 희생제의적이고, 원초적으로 정복적이고, 구성적이고, 본질적인 폭력에 책임이 있다는 사실이 드러난다. 근대성의 무고함을 부정할 때, 또 책임져야 할 희생자라고 부정된 타자의 타자성을 인정할 때, 처음으로 근대성의 감춰진 이면, 본질적인 이면이 드러날 수 있다. 주변부 식민세계, 희생된 인디오, 노예가 된 흑인, 억압된 여성, 아동, 소외된 대중문화 등 근대성의 희생자는 비합리적인(근대성 자체의 합리적 이상과 모순되는) 행위의 희생자로 밝혀진다.

4) 폭력을 수반한 '문명화 신화'와 '무고 신화'를 부정할 때만이 유럽 바깥에서(그리고 유럽 내에서) 희생제의적 실천의 부당성을 인식할 수 있으며, '해방 이성'(razón emancipadora)의 본질적인 한계 또한 극복 가능하다. 계몽된 이성의 유럽중심주의가 밝혀지고, 헤게모니적인 근대화 과정의 발전주의 오류가 드러날 때, '해방 이성'(razón emancipadora)은 '해방 이성'(razón liberadora)으로 극복된다. 이것은 계몽된 이성(발전주의적이고 유럽중심적인 의사소통 이성을 넘어선 이성, 당연하지만 전략적 이성, 즉 도구적 이성을 넘어선 이성)으로도 가능하다. 다만 윤리적으로 타자(타문화, 다른 성과 종 등)의 존엄성을 인정해야 한다. 그리고 희생자의 타자성을 긍정하는 관점에서 '외재성'에 존재하는 '자기 자신'으로서, 근대성이 고유의 모순으로 부정한 개인으로서 희생자가 무고하다고 선언해야 한다. 그러면 근대 이성을 넘어설 수 있다. 그렇지만 이성 자체를 부정하는 것이 아니라 폭력적인 이성, 유럽중심적이고, 발전주의적이고, 헤게모니적

인 이성을 부정하는 것이다. 이것이 세계적(mundial) **해방 기획**으로서 통근대성이다(단일하고 보편적인 기획이 아니다. 이런 기획은 유럽의 특수한 이성을, 일방적인 마치스모를, 백인의 인종적 우월성을, 인류보편 문화로서 서유럽 문화를 타자에게 폭력적으로 강제하는 것에 불과하다). **해방 기획**에서 타자는(근대성의 공본질co-esencial이었다) 동등하게 실현된다. 근대성은 가능태(근대성의 가능태)에서 동일자(유럽 근대성)의 행위로 이행한다고 '실현'되지는 않는다. 이제 근대성의 '실현'은 초월적인 이행이 될 것이다. 이 과정에서 근대성과 근대성이 부정한 타자성(희생자들)은 창조적으로 서로를 풍요롭게 만듦으로써 공실현(co-realización)될 것이다. 통근대성 기획은 근대성만으로는 불가능한 것을 공실현하는 것이다. 다시 말해서, 연대의 공실현이다. 필자는 이를 가리켜, 중심/주변, 여성/남성, 다양한 인종, 다양한 종, 다양한 계급, 인간/지구, 서양문명/제3세계 문화 등의 초변증법(아날로지적이고 싱크리티즘적이고 혼종적이고 메스티소적인)이라고[6] 명명했다. 이것은 순수한 부정에 의한 것이 아니라 타자성의 관점에서 포섭(Subsuntion)하는 것이다.[7]

---

6) 초변증법(analéctica)은 엔리케 두셀이 1976년에 출판한 『해방철학』에서 처음 사용한 개념이다. 그리스어 'anó'(~을 초월하여, ~넘어서)와 'logos'의 동사형 'legein'(말하다, 추론하다)를 합성해서 만든 단어이다. 두셀에 따르면, 정반합의 변증법적 운동은 처음부터 타자를 배제하는 반면에, 초변증법은 타자의 간청(interpelación)에 부응하고, 타자의 말을 수용하는 변증법적 사고이다. 따라서 초변증법은 타자의 해방을 위한 철학적 방법론이다. 초변증법에 대한 개론적인 설명은 인터넷에 공개된 다음 책을 참고하라. Enrique Dussel, *Introducción a la Filosofía de la Liberación*, pp.235~236.——옮긴이
7) '포섭'은 헤겔의 '지양'(Aufhebung)을 마르크스가 라틴어 어원을 이용하여 옮긴 개념이다.

그러므로 이러한 기획은 과거의 민속을 긍정하는 전근대적 기획도 아니고, 보수파, 우익, 나치, 파시스트, 포퓰리스트의 반(反)근대적 기획도 아니며, 모든 이성을 비판하고 근대성을 부정함으로써 허무주의적인 비합리성에 빠져 버린 후근대성 기획도 아니다. 근대성의 이성적·해방적 성격과 근대성이 부정한 타자성을 실질적으로 포섭하고, 근대성의 신화적 성격(희생자에 대한 근대성의 무고를 정당화함으로써 비합리적이 되어 버리는 모순)을 부정하는 통근대성 기획이어야 한다(그리고 그때는 통근대성일 것이다). 중세 유럽, 즉 15세기 르네상스 시대의 여러 도시에서 문화가 융성하고, '형식적으로' 근대성이 태동했다. 그러나 1492년이라는 실질적인 기원의 역사적 조건이(경험적인 세계화, 식민세계의 조직화, 실용적이고 경제적인 차원에서 희생자 삶의 용익권) 마련되었을 때, 근대성은 '실제로' 탄생했다. 근대성은 '실제로' 1492년에 탄생했다——이것이 우리 명제이다. 근대성의 실질적인 극복(단순한 지양이 아니라 포섭으로서)은 근대성의 유럽적·합리적·해방적 성격을 포섭하되, 근대성이 부정한 타자성의 **해방**이라는 세계적인 기획으로 '넘어서는' 것이다. 이것이 새로운 정치적·경제적·생태적·관능적·교육적·종교적 **해방 기획**으로서 통근대성이다.

　따라서 다음 두 가지 모순되는 패러다임을 제안하고자 한다. 하나는 오로지 유럽중심적인 근대성이고, 다른 하나는 세계적(mundial) 지평에 포섭된 근대성이다. 세계적 지평에서 첫번째 근대성은 모순적으로 작용한다(한편으로는 해방으로서, 다른 한편으로는 폭력신화의 문화로서). 두번째 패러다임의 실현은 통근대성의 과정이다. 오로지 두번째 패러다임만이 세계적인(mundial) 근대성/타자성을 포함한다. 츠베탕 토도로프는 『우리와 타인들』에서[8] '우리'는 유럽인이고, '타인들'은 주변부 세계의 민중, 바로 우리들이라고 한다. 토도로프는 근대성이 '우리'에게는 해방이라고 정의하면서도 타인들에게는 희생제의적이고 신화적인 성격임을 깨닫지 못했다. 몽테뉴는 이런 점을 깨닫고 있었다.

그러므로 우리 이성의 법칙에 비추어서 그들을 야만인이라고 부를 수는 있지만, 우리와 비교해서 그들을 야만인이라고 부를 수는 없다. 갖가지 야만성에서 우리는 그들을 능가하기 때문이다.[9]

근대성의 두 가지 패러다임

두 가지 패러다임의 이해에 필요한 몇 가지 계기의 도식

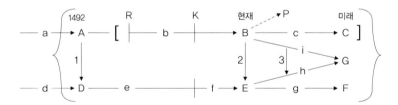

주: A에서 G로, a에서 i로 통시적으로 읽으시오.

I) 핵심 요소

A   '발견'(1492년) 당시의 유럽

B   현재의 근대 유럽

C   근대성 실현(하버마스) 기획

P   후근대성의 허무주의 기획

---

8) Tzvetan Todorov, *Nous et les autres*, Paris: Seuil, 1989.

9) Montaigne, *Oeuvres Complètes*, Paris: Gallimard-Pléiade, 1967, p.208.

D 신대륙 '침략'(후에는 아프리카와 아시아 '침략')

E 현재의 주변부

F 종속적인 '새로운 세계 질서' 내의 기획

G 세계적 해방 기획(통근대성)

R 르네상스와 종교개혁

K 계몽주의(산업자본주의)

II) 방향(화살표) 관계

a 중세 유럽(전근대) 역사

b '근대' 유럽 역사

c C의 실현 실천(praxis)

d 유럽인 도착 이전의 아메리카 원주민 역사(아시아, 아프리카도 동일함)

e 중상주의적 종속, 식민 역사

f 주변부 세계의 산업자본주의 이행 역사

g F(발전주의)의 실현 실천

h G의 실현, 즉 해방 실천

i 중심과 주변부 연대 실천

1,2,3,n 역사적 지배 유형(예를 들어, 상단의 A가→D를 지배)

III) 근대성의 두 가지 패러다임

[ ] 유럽중심적 근대성 패러다임 : [R→K→B→C]

{ } 세계적인 근대성/타자성 패러다임(통근대성 지향) : A/D→B/E→G

부록 3 대서양의 발견(1502년까지)

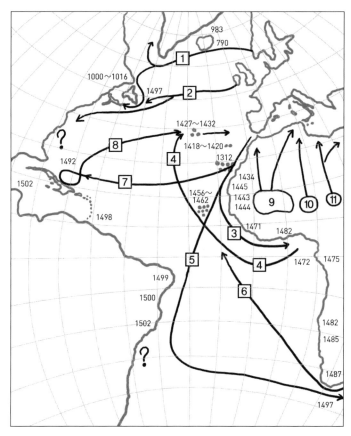

1. 바이킹의 항로
2. 존 캐벗 지휘하의 영국인 탐험 항로
3. 기니 행 항로
4. 기니에서 귀환하는 항로, '볼타 다 미나'(volta da Mina)
5. 1500년에 개설된 인도행 항로
6. 인도에서 귀환하는 항로(적도부터는 4의 항로와 동일하다)
7, 8: 1492년 크리스토퍼 콜럼버스의 제1차 탐험 항로(아프리카 해안 일부와 신세계 해안 일부가 발견된 1502년에 알려진 아메리카 해안 탐험 항로와 포르투갈인이 아프리카에 개설한 두 곳의 상주 상관商館)
9, 10, 11: 사하라 이남 아프리카의 주요 이슬람 왕국과 북행 대상 루트

출처: Guillermo Céspedes del Castillo, *América Hispánica(1492-1898)*, in *Historia de España*, de Manuel Tuñon de Lara, vol.VI, Madrid: Labor, 1983, p.46.

출처: Gustavo Vargas Martínez, *América en un mapa de 1489*, México: Ediciones Taller Abierto, 1996; Paul Gallez, *Cristóbal de Haro: banqueros y pimenteros en busca del estrecho magallánico*, Bahía Blanca: Instituto Patagónico, 1991; Paul Gallez, *La Cola del Dragón: América del sur en los mapas antiguos. medievales y renacentistas*, Bahía Blanca: Instituto Patagónico, 1990.

(앞 지도의 '제4반도' 부분 확대)

출처: Gustavo Vargas Martínez, *América en un mapa de 1489*, México: Ediciones Taller Abierto, 1991.

옮긴이 해제

이 책 『1492년, 타자의 은폐』는 라틴아메리카 '해방철학'의 대표적인 철학자 엔리케 두셀(Enrique Dussel)이 1992년 독일 프랑크푸르트에서 행한 강연 원고를 수정·보완하여 출판한 책이다. 콜럼버스가 신대륙을 '발견'한 때가 1492년이므로, 이른바 '500주년'이 되는 1992년을 전후하여 유럽과 라틴아메리카에서는 콜럼버스에 대한 재평가가 시도되었다. 당시 일각에서는 콜럼버스를 단죄하기도 했는데, 두셀은 콜럼버스라는 개인보다는 1492년으로 상징되는 신대륙의 발견, 정복, 식민화에 초점을 맞춰, 근대성과 타자의 문제를 논한다. 그러나 원래 강연용으로 작성된 원고이므로 전문적인 철학서라기보다는 일반인을 위한 일종의 역사철학서이자 두셀 철학에 대한 입문서라고 할 수 있다.

1. 엔리케 두셀

엔리케 두셀은 1934년 안데스 산맥에 가까운 아르헨티나의 멘도사 주에서 태어났다. 증조부는 독일 출신이며, 증조모는 이탈리아 출신이다. 아버지는 인심을 얻은 시골 의사였고, 어머니는 가톨릭 사회운동에 관여했다. 두셀은 "아버지 아들인 것이 자랑스러웠다"고 말하는 한편, "사회적·정치적 의식과 비판적 정신은 어머니로부터 물려받았다"고 얘기한다.[1] 1957년에는 멘도사의 쿠요 대학교(Universidad Nacional de Cuyo)를 졸업하고 스페인으로 유학을 떠나, 1959년에는 콤플루텐세 대학교(Universidad Complutense de Madrid)에서 철학 박사학위를 취득하였다. 이후 이스라엘로 건너가 2년간 목수로 일하기도 했다.

다시 공부에 뜻을 세운 두셀은 1961년에 프랑스 소르본 대학교에 입학하였다. 1963년에는 독일로 건너가서 뮌스터 대학교에서 공부했으며, 1964년부터 1966년까지 스페인 세비야의 '인디아스 문서고'에서 아메리카 식민시대의 문헌을 연구하였다. 1965년에는 파리 가톨릭 대학교(Institut Catholique de Paris)에서 종교학 석사를 마치고, 1967년에는 라틴아메리카 식민시대의 교회사를 다룬 논문으로 소르본 대학교에서 박사학위를 취득했다. 이러한 학문적 이력에서 알 수 있듯이, 두셀의 관심분야는 철학·종교·역사이고, 사유의 기반은 유럽 철학이다. 두셀은 이렇게 고백한다.

사실 저의 철학은 반(反)유럽 철학이 아닙니다. 우리 라틴아메리카인들은 유럽중심적인 교육을 받아 왔습니다. 저는 유럽 철학을 공부하려고 라틴아메리카를 떠나 1957년에서 1967년까지 유럽에서 10여 년을 보냈습니다. …… 유럽중심주의를 비판한다는 것은 제 자신을, 저를 형성한 모든 것을 비판하는 것과 다름없는 것이었고 …… 새로운 세대라

---

1) Enrique Dussel, "Autopercepción intelectual de un proceso histórico", *Revista Anthropos*, No.180(Sept-Oct. 1998), p.14.

고 할 수 있는 학생들에게 자신만의 고유한 것을 생각하고 그 고유한 것에서 철학을 시작하며, 유럽 철학을 도구로 삼되, 자신의 고유한 전통을 알고 현실을 인식하도록 요구하는 것입니다. 따라서 저는 반(反)유럽주의자가 아니라 반(反)유럽중심주의자입니다.[2]

1967년 유럽에서 공부를 마치고 아르헨티나로 귀국한 두셀은 1968년에는 모교인 쿠요 대학교의 교수로 취임하였다. 1969년에는 아르헨티나 철학자 모임에서 에마뉘엘 레비나스(Emmanuel Levinas)의 『전체성과 무한』을 읽고, 라틴아메리카적인 '타자'의 관점에서 철학할 수 있는 방법을 발견했다. 해방철학이 탄생한 것이다. 이후 두셀과 동료 철학자들은 아르헨티나를 중심으로 적극적인 해방철학 운동을 전개했다.[3]

그러나 당시 아르헨티나의 정치적 현실은 극심한 갈등의 연속이었다. 페론 좌파와 페론 우파는 날이 갈수록 첨예하게 대립했으며, 양측 사이의 테러가 일상화됐다. 1973년 10월 페론 우파는 "무신론과 마르크시즘으로 젊은이들의 정신을 썩게 만든다"는 터무니없는 구실로 두셀 집에 폭탄을 터트렸다.[4] 이에도 굴하지 않던 두셀은 1975년 3월 쿠요 대학교 교수직을 박탈당하는 등 당시 집권 세력인 페론 우파의 정치적 압력이 극심해지자, 대부분의 아르헨티나 지식인들처럼 국외로 망명했다.

---

2) 김창민, 「인터뷰: 엔리케 두셀을 만나다」, 웹진 『트랜스라틴』 4호, 2008년 9/11월, 126쪽.
3) 1973년 '해방 철학 선언문'(A manera de manifiesto)에 서명한 아르헨티나 철학자는 엔리케 두셀을 비롯하여 알베르토 파리시(Alberto Parisi), 오라시오 세루티(Horacio Cerutti), 후안 카를로스 스카노네(Juan Carlos Scannone), 마리오 카사야(Mario Casalla), 아르투로 로이그(Arturo Roig), 안토니오 키넨(Antonio Kinen), 아니발 포르나리(Aníbal Fornari), 카를로스 쿠엔(Carlos Cullen), 훌리오 데 산(Julio de Zan)이다.
4) Dussel, "Autopercepción intelectual de un proceso histórico", p.32.

1975년 멕시코로 망명한 두셀은 1976년 멕시코국립대학교(UNAM) 철학과 교수로 취임하였다. 그리고 함께 망명한 아르헨티나 동료들과 라틴아메리카 전역의 철학자들이 참여하는 해방철학 학술대회를 조직하는데, 이로써 해방철학은 아르헨티나를 벗어나 라틴아메리카 전역으로 확산되었다. 멕시코에 정착한 두셀은 라틴아메리카 사상가들과 논쟁적인 대화를 통해서 해방철학을 심화시켰다. 다년간에 걸쳐 마르크스를 연구했으며, 1989년부터는 리처드 로티, 카를 오토 아펠과 토론을 벌이고, 이른바 '화용론적 전환'을 수용하는 등 부단히 철학적 자기 혁신을 꾀하고 있다.

　　두셀은 1967년 이래 지금까지 매년 한 권의 책을 출판할 정도로 열정적인 학문 활동을 해오고 있다. 또 미국을 포함한 아메리카 대륙, 유럽, 아프리카, 아시아를 넘나들며 세미나와 강연을 하고 있으며, 2008년에는 우리나라에서 개최된 세계철학자대회 참석차 방한하여 해방철학에 대해 강연하기도 하였다. 저서로는 『라틴아메리카 윤리 철학』(*Filosofía ética latinoamericana*, 전 5권, 1973~1980), 『해방철학』(*Filosofía de la liberación*, 1977), 우리나라에 번역된 『공동체 윤리』(*Etica comunitaria*, 1986)[5], 『만년의 마르크스』(*El último Marx*, 1990), 『아펠, 리쾨르, 로티와 해방철학』(*Apel, Ricoeur, Rorty y la filosofía de la liberación*, 1994), 『배제와 지구화 시대의 해방 윤리학』(*Etica de la liberación en la edad de la globalización y de la exclusión*, 1998), 『해방의 정치학』(*Política de la liberación*, 2007) 등이 있다.

---

5) 엔리케 두셀, 『공동체 윤리』, 김수복 옮김, 분도출판사, 1990.

2. 해방철학

해방철학이란, 유럽과 미국이라는 세계체제의 중심에서 전개된 근대 사상의 보편성을 주변부 시각으로 비판함으로써 인식론적 탈식민화(descolonización)를 꾀하는 반대담론(contradiscurso)이자 정치·교육·성(性) 등 갖은 종류의 억압과 가난에 고통받는 타자의 해방을 추구하는 철학이다. 운동으로서 해방철학은 1969년 시작되어 1970년대 후반에 꽃을 피웠다. 1975년부터 1980년까지 멕시코, 온두라스, 콜롬비아에서 개최된 라틴아메리카 철학대회의 주요 논제는 해방철학이었다. 그후로 한동안 소강상태를 맞는 듯하였으나 1990년대에 들어와 아니발 키하노(Anibal Quijano), 월터 미뇰로(Walter Mignolo) 등이 주창하는 탈식민주의(decolonialismo)와 더불어 다시금 주목을 받고 있다.

두셀은 기회가 있을 때마다 해방철학이 탄생한 시대적 배경으로 1968년의 유럽 68운동, 미국 반전운동, 멕시코 학생운동, 1969년 아르헨티나 코르도바에서 발생한 반독재투쟁 등 1960년대 전 세계적으로 전개된 지식인·학생 운동을 언급한다. 이런 시대 상황과 더불어 종속이론, 해방신학, 파울로 프레이리의 해방교육도 중요한 지적 배경으로 꼽을 수있다. 아울러 '라틴아메리카 고유한 철학'를 둘러싼 논쟁도 해방철학 탄생에 기여했다. 사실 라틴아메리카에서는 19세기 독립한 이후부터 탈스페인적·탈유럽적 철학을 지향해 왔다. 이러한 경향은 1960년대에 이르러 학술대회 주제로 빈번하게 논의되었고, 1968년에는 페루의 철학자아우구스토 살라사르 본디(Augusto Salazar Bondy)와 멕시코 철학자 레오폴도 세아(Leopoldo Zea)의 논쟁으로 구체화된다.

살라사르 본디는 1968년에 출판된 『우리 아메리카에 철학은 있는

가?』(*¿Existe una filosofía de nuestra América?*)라는 도전적인 제목의 책에서 라틴아메리카 철학은 정복 이후 제로선상에서 출발하게 되었는데도 예나 지금이나 철학자들은 유럽의 사유를 추수하는 데 열중했을 뿐, 라틴아메리카 현실을 반영한 진정한 철학을 하지 못했다고 비판했다. 이에 대해, 세아는 1969년 『철학으로서 나무랄 데가 없는 아메리카 철학』(*La filosofía americana como filosofía sin más*)에서 라틴아메리카인에게 유럽 철학은 외국 철학이 아닐 뿐만 아니라 이미 오래전부터 유럽 철학을 받아들여 라틴아메리카 현실에 적합한 사상으로 발전시켰으며, 이러한 사상은 유럽에 비해 열등한 것이 아니라 다를 뿐이라고 주장했다. 살라사르 본디와 세아는 표면적으로 상이한 분석을 내놓고 있으나, 두 사람 모두 정복 이후의 라틴아메리카 사유에서 진정한 라틴아메리카 철학의 기초를 발견하고자 노력했다. 반면에, 초기 두셀은 라틴아메리카의 철학적 전통에 기반을 두었다기보다는 레비나스의 철학을 라틴아메리카적으로 전유하여 해방철학을 전개했다.

두셀에게 가장 큰 영향을 준 유대계 철학자 레비나스는 나치 독일의 포로수용소 경험을 통해서, 파시즘과 같은 전체주의를 나와 다른 남을 나와 동일시하거나 아니면 나와 다르다는 이유로 배제해 버리는 유럽 철학의 전체성이 낳은 파국으로 보고, 남은 나로 환원될 수 없는 존재이며, 남은 다름 자체로 인정받고 존경받아야 하는 존재라고 설파했다. 이러한 레비나스의 타자 철학은 두셀의 실존적 경험에 비춰 볼 때 계시적이었다. 일반적으로 아르헨티나의 유럽 이민자 후손은 문화적으로나 정신적으로 유럽인과 동일시하는 경향이 있다. 두셀이라고 예외는 아니었다. 그러나 유럽 유학길에 오른 두셀은 스페인에서(이후 프랑스와 독일에서) 자신이 유럽인이 아니라 후진적인 라틴아메리카인이라는 사실을 절감한다. 이렇게 형성된 유럽 대 라틴아메리카라는 구도는 이후 이스라엘 체류 경험을 통해서 유럽 대 비유럽, 중심 대 주변부라는 구도로 확장된다. 두셀의 말을 들어 보자.

유대인 레비나스는 개인적인 경험에서 유럽 사유 전체를 비판할 수 있는 외재성을 찾았다면 …… 주변부 세계에 있는 우리들, 즉 라틴아메리카인, 아프리카인, 아시아인은 유럽으로부터 고통을 받았으며, 우리들의 기반은 '중심'[유럽]의 외부에 있는 역사이다.[6]

그러나 두셀은 곧 레비나스의 한계를 인식한다. 타자의 문제를 제기하는 방법은 알았으나, 유럽적 사유의 전체성에서 배제된 비유럽적 타자의 해방을 위한 정치적·성애적·교육적·종교적·인종적 기획에는 도움이 되지 못했다고 회고한다.[7] 주변부 세계의 현실을 둘러볼 때, 레비나스의 전체성과 타자성은 추상적이었다. 주변부의 타자는 바로 눈앞에서 '배가 고파요', '나를 죽이지 마세요', '내 사정 좀 봐주세요'라고 호소하는 구체적인 존재였다. 두셀은 이러한 타자의 호소를 받아들이고, 타자를 타자로서 인정하고 수용하는 변증법, 그리하여 타자와 주체가 공히 자기실현을 이룩하는 변증법을 해방철학의 방법론으로 삼고, 이를 초변증법(ana-léctica)이라 부른다. 이 책에서 타자의 해방 기획으로 얘기하는 통근대성도 근대성과 타자성이 함께 성취된다는 점에서 초변증법의 소산이다.

---

6) Enrique Dussel and Daniel Guillot, *Liberacion latinoamericana y Emmanuel Levinas*, Buenos Aires: Editorial Bonum, 1975, p.21.

7) Dussel, "Autopercepción intelectual de un proceso histórico", p.21.

3. 타자와 민중

레비나스의 타자는 두셀의 해방철학에서는 가난하고 억압받는 '민중'
(pueblo)으로 구체화되었다. 민중은 여러 가지 의미가 있으나 처음에는
아르헨티나의 민중주의(populismo) 맥락에서 이 말을 사용했다. 1960
년대 말, 아르헨티나에서는 군부독재에 대한 저항이 거세졌으며, 페론을
지지하는 국민들은 선거를 통해 1973년 페론 3차 정부를 수립했다. 가난
하고 억압받는 타자, 구체적으로 얘기하면 아르헨티나 민중이 정치사회
적 변혁의 주체로서 스스로를 해방시킬 수 있는 가능성을 보여 준 것이
다. 두셀은 정치적인 의미의 민중주의자, 다시 말해서 페론주의자는 아
니었으나 민중을 주체로 삼음으로써 철학적으로 민중주의의 편에 섰다.

그러나 1970년대 아르헨티나의 민중은 보수와 급진 사이의 다양한
스펙트럼으로 분화되는 양상을 띠었을 뿐만 아니라 이론적으로 보더라
도 모호한 개념이었다. 이에 덧붙여, 동료 해방철학자인 아르투로 로이
그(Arturo Roig), 오라시오 세루티(Horacio Cerrutti) 등은 민중을 사회
계급이나 그룹으로 재정식화하여야 한다고 두셀을 비판했다. 두셀로서
도 페론 우파와 같은 "우익 파시스트 입장에 함몰되지 않으려면 '민중'
과 '국민'라는 범주를 명확하게 밝힐 필요가 있었다".[8]

멕시코로 망명한 이후 두셀은 본격적으로 마르크스 원전을 연구하
기 시작한다. 목적은 다음 네 가지였다. 첫째 라틴아메리카 대륙에서 점
증하는 빈곤의 문제를 파악하고, 둘째 빈곤의 원천인 자본주의를 비판하
며, 셋째 해방철학의 정치경제학적 기초를 정립하고, 넷째 현실 사회주

---

8) Dussel, "Autopercepción intelectual de un proceso histórico", p.24.

의의 교조주의를 극복하는 것이었다. 마르크스 원전 독해를 통해서 두셀은 해방철학을 전 지구적인 자본주의라는 틀에서 조망하게 되었으며, 철학적 해방을 넘어서 경제적 해방으로 사유의 지평을 확장하게 되었다.

그러나 민중과 계급의 문제로 좁혀 보면, 두셀이 마르크스에서 발견한 것은 노동자, 프롤레타리아트, 계급보다는 가난한 사람이었다. 사실 두셀에게 가난은 항상 머릿속을 떠나지 않는 화두였다. 고향인 라 파스(La Paz)나 이스라엘에서의 경험을 얘기할 때도 가난을 강조하고, 민중을 얘기할 때도 '억압'보다는 '가난'이 먼저였다. 1986년에 출판된 『공동체 윤리』에서는 성서 구절을 인용하여 "가난한 자를 해방하라는 것이 절대적이고 구체적인 윤리 원칙이다"라고 밝히기도 했다. 이러한 두셀의 마르크스 독법에 대해 오라시오 세루티는 두셀이 마르크스를 신학적으로 수용하고 있다고 비판한다.[9]

다른 한편으로, 라틴아메리카의 역사와 현실을 고려하면 민중과 계급은 매우 아르헨티나적인 문제 설정이다. 두셀은 『해방철학』 첫머리에서 철학의 지정학을 언급하는데, 만약 두셀이 유럽 이민자 후손이 아니라 카리브 해 출신의 아프리카계 에메 세제르(Aimé Césaire)였다면, 멕시코의 사파티스타 원주민이었다면, 페루의 케추아 원주민이었다면 라틴아메리카의 고질적인 병폐인 인종의 문제를 우선 고려했을 것이다. 두셀은 페루 출신 사회학자 아니발 키하노의 지적으로 인종을 민중의 범주에 포함시켰다.

아무튼 이 책 에필로그에서 보듯이 두셀의 민중 범주는 매우 넓다.

9) Horacio Cerutti, *Filosofía de la liberación latinoamericana*, México: Fondo de Cultura Económica, 1992, p.262.

마르크스의 계급, 그람시의 사회블록, 라클라우(Ernesto Laclau)의 민중 이론까지 포괄하여 민중을 철학적으로 규정하려고 시도하는 두셀은 2010년 인터뷰에서 민중을 다음과 같이 정의한다.

> 민중이라는 범주는 계급에 반대되는 것이 아니다. …… 아직까지도 우리에게는 사회운동에 관한 이론이 없다. 어떤 사람들은 그 주체가 계급이라고 하고, 어떤 사람들은 아니라고 한다. 노인, 인종, 성은 계급과 상이한 사회운동이라는 것이다. [내가 보기에는] 이 모든 것이 하나가 되어 집단적 행위자로서 민중을 구성한다. 하지만 이런 민중은 역사를 관통하는 동질적인 실체가 아니라 구성 요소가 부단히 바뀌는 것이다. …… 민중은 시민 같은 개인이 아니라 집단적인 행위자이다.[10]

4. 라틴아메리카 역사와 철학

두셀의 해방철학에 대해 일찍이 제기된 비판 가운데 하나는 라틴아메리카 역사와 사상사를 도외시한다는 것이었다. 이에 대해 두셀은 이 책에서 "필자가 역사를 무시하고 있다는 아르투로 로이그나 레오폴도 세아의 비판은 부당하다"면서 자신은 "라틴아메리카 '역사'를 부정한 적이 없다"고 반론하고 있다. 그러나 공정하게 말하면 세아의 비판은 정당하다. 적어도 초기 두셀의 관심은 아르헨티나에 한정되어 있었으며, 라틴

---

10)Yamandú Acosta y Alejandro Casas, "Ahora, la transmodernidad"(Entrevista a Enrique Dussel, fundador de la filosofía de la liberación), http://www.rebelion.org/noticia. php?id=117026

아메리카를 언급하는 경우에도 아르헨티나의 비유적 확장이었다. 철학적으로도 주로 하이데거, 리쾨르, 레비나스에 의지하여 논의를 전개하기 때문이다.

사실 세아는 두셀에게 가장 큰 논적이다. 1974년 해방철학대회에 처음으로 참석한 세아는 19세기 독립(해방 투쟁) 이래로 라틴아메리카의 참다운 철학은 모두 해방철학이었다고 주장함으로써 두셀의 해방철학을 새로운 것이 없는 철학으로 평가 절하했다. 이 책에서 보듯이, 두셀이 동의어인 'emacipación'(해방)과 'liberación'(해방)을 엄격히 구별하고, 세아의 수입 기획과 자신의 해방 기획 사이의 차이점을 강조하는 이유 가운데 하나도 여기에 있다.

이와 동시에 두셀은 세아의 영향을 많이 받았다. 세아는 일찍이 『역사 속의 아메리카』(*América en la historia*, 1957)를 통해서 라틴아메리카 철학은 서구적 형이상학에서 벗어나 라틴아메리카 현실을 사유해야 하며, 세계사에서 배제된 라틴아메리카에 적절한 위치를 부여해야 한다고 주장했다. 두셀은 세아의 비판 이후 라틴아메리카 역사와 철학을 본격적으로 논했으며, 이 책 『1492년, 타자의 은폐』에서는 헤겔의 『역사철학강의』 비판을 통해서 라틴아메리카를 세계사에 위치시키고 있다.

라틴아메리카 역사와 관련하여, 멕시코의 역사학자 에드문도 오고르만도 잠시 언급하련다. 두셀은 이 책 2강에서 『아메리카의 발명』을 광범위하게 인용하면서 오고르만의 유럽중심주의를 비판한다. 그러나 두셀이 인용한 초판본 구절은 1977년 수정증보판에서는 거의 확인이 불가능할 정도로 수정되었다. 게다가 오고르만은 수정증보판에서 아메리카의 발명은 "헤르더(Johann Gottfried Herder)가 열렬하게 설파한 역사적 유럽중심주의(europeocentrismo)의 기초가 되었으며, 후에 헤겔의 『역사철학강의』에서는 메타역사적 범주로 고양되었다"고 밝히고 있다.[11] 한마디로 말해서, 오고르만은 유럽중심주의에 매몰된 역사가는 아니다. 오히려 발견, 정복, 식민에 관한 두셀의 논의는 오고르만의 선구적인 논의에 빚지고 있으며, 이를 비판적으로 발전시키고 있다고 평가해야 할 것이다.

5. 『1492년, 타자의 은폐』

이 책에서 두셀은 서유럽의 근대성과 타자의 문제를 1492년 콜럼버스의 항해로 시작된 아메리카 정복사와 관련지어 논한다. 이 가운데 서유럽 철학은 우리에게 상대적으로 익숙하고 주변에 참고할 서적도 많은 반면에 16세기 전반의 아메리카 대륙 정복사는 아직은 낯설고 정보도 부족한 경우가 대부분이다. 어떤 경우이든 독자는 이 책 뒤에 실린 부록과 연표부터 읽는다면 본문에 좀더 쉽게 접근할 수 있을 것이다.

　『1492년, 타자의 은폐』는 크게 4부로 나뉜다. 1부는 유럽중심주의와 서유럽 근대성의 탄생, 2부는 근대성을 둘러싼 16세기의 바야돌리드 논쟁, 3부에서는 타자인 아메리카 원주민(indio)의 시각에서 본 16세기 근대성을 다룬다. 이러한 서술 방식은 현재 상식처럼 통용되는 1492년에 대한 유럽의 시각을 한 꺼풀씩 벗겨 내어 그동안 은폐되어 온 원주민의 세계를 생생히 드러내 보이려는 것이다. 에필로그에서 두셀은 근대성의 문제가 단순히 과거의 역사가 아니라 현재까지도 비유럽적 타자를 질곡

---

11) Edmundo O'gorman, *La invención de América*, Mexico: Fondo de Cultura Económica, 1977, p.187.

에 빠뜨리고 있으며, 이를 해방 기획으로 극복해야 한다고 역설한다.

구체적으로 살펴보면, 두셀은 1강에서 헤겔의 『역사철학강의』를 분석하여 유럽중심주의의 허구성을 밝혀내고 있다. 헤겔이 1492년으로 상징되는 스페인과 포르투갈의 역사를 배제하고 마치 유럽이 내적 동력에 의해서만 발전한 것으로 세계사를 기술한 것은 오류라는 것이다. 16세기 스페인과 포르투갈의 역사는 정복의 역사이다. 스페인과 포르투갈을 유럽에서 배제한다는 것은 곧 정복된 타자를 배제한다는 뜻이다. 철학적으로 보면, 두셀은 헤겔의 자기 부정적인 변증법을 비판하고 있으며, 그 대안으로 타자를 변증적 운동의 계기로 수용하는 초변증법을 넌지시 제시하고 있다.

두셀에 의하면, 1492년은 유럽의 근대성이 탄생한 해이다. 일반적으로 철학적 근대성의 기점을 데카르트의 '생각하는 자아'로 보는 데 반해, 두셀은 1492년부터 시작된 신대륙의 발견, 정복, 식민화가 근대성의 기점이라고 주장하고, 콜럼버스, 아메리고 베스푸치, 에르난 코르테스의 사례를 들어 자신의 명제를 증명한다. 이 중에서도 아스테카 제국을 정복한 코르테스는 유럽인 최초로 아메리카의 타자를 대면하고, 정복함으로써 점진적으로 근대 자아를 구성해 나간 대표적인 인물이다. 이러한 코르테스의 '정복하는 자아'(ego conquiro)가 타자 없이는 구성될 수 없다는 점에서 근대성과 타자성은 동전의 양면이다. 그런데도 유럽 근대성은 무력을 동원한 정복과 강압적인 식민화를 통해서 타자를 동일자로 포섭하였으므로, 상징적인 의미의 1492년은 타자의 발견이 아니라 타자의 은폐이다.

2부에서는 16세기 라스 카사스와 세풀베다 사이에 벌어진 바야돌리드 논쟁을 중심으로 근대성 신화를 해부한다. 두 사람의 논쟁의 빌미를 제공한 것 가운데 하나는 아스테카인들이 거행하던 인신 공희였다. 무고한 원주민을 포로로 붙잡아 신전에 산 제물로 바치는 이 풍습을 보고 스페인 정복자들은 아스테카인들이 미개하고 야만적이라고 판단했다. 인문주의자이자 신학자인 세풀베다는 무력을 행사하여 원주민들을 미개와 야만에서 해방시켜야 한다고 주장했고, 라스 카사스 신부는 폭력보다는 가르침과 같은 평화적인 수단을 통해서 원주민들을 구제해야 한다고 주장했다. 그런데 근대성에는 양면이 있다. 하나는 우리가 지향해야 할 합리적이고 해방적인 측면이고, 다른 하나는 우리가 부정하고 극복해야 할 비합리적이고 억압적인 측면이다. 세풀베다는 근대성의 합리적이고 해방적인 측면만을 강조하여 폭력(근대성의 비합리적이고 억압적인 측면)을 정당화함으로써 근대성 신화를 만들어 낸 반면에, 라스 카사스는 근대성의 양면을 모두 인식했으며, 방법론적으로 폭력이 아닌 이성에 호소함으로써 타자성을 파괴하지 않고 인디오의 근대화를 시도했다고 두셀은 평가한다.

이후의 논의는 타자, 즉 원주민의 시각에서 본 발견, 정복, 식민화이다. 두셀의 표현으로는 상징적인 의미의 1492년에 대한 "타자로부터의 해석학"이다. 먼저 아스테카에도 철학이 있었다는 증거로 틀라마티니를 언급하고, 이어 아스테카인들이 코르테스를 역사적이고 신화적인 인물인 케찰코아틀의 출현으로 보았다가 이내 침략자로 규정하고 스페인의 정복자들에게 저항하는 과정을 해석학적으로 면밀하게 분석한다.

8강에서는 이 책이 출판된 1992년 이후에 두셀이 본격적으로 전개할 철학적 관심사가 편린처럼 반짝이고 있다. 앞서 언급했듯이, 두셀은 1989년부터 리처드 로티, 카를 오토 아펠과의 대화를 통해서 이른바 '화용론적 전환'을 전적으로 수용한다. 그러나 두셀은 대화 당사자들이 자유롭고 평등하게 참여하는 하버마스의 이상적 담론 상황에 대비되는 실제적이고 경험적이고 지배적 담론 상황의 실례로 정복 직후에 있었던 스페인 선교사와 아스테카 철학자 사이의 대화를 들어, 담론 윤리의 으뜸 조건은 합리적인 합의의 문제가 아니라 의사소통 공동체 참여의 문제인데도 로티를 포함하여 아펠과 하버마스는 오로지 언어적 계기에만 관심을 기울일 뿐, 타자와 대화 가능성의 조건에 대한 이론을 전개하지 않는다고 비판한다. 이러한 두셀의 비판은 1993년부터 저술하기 시작해서 1998년에 출판된 『배제와 지구화 시대의 해방 윤리』에서는 새로운 해방 윤리로 나타난다. 인간은 합리적이고 대화적인 존재일 뿐만 아니라 육체적이고 감각적이고 물질적이고 생물학적인 존재이므로 의사소통 공동체에서 합의에 이르기 위한 대화의 규칙은 추상적인 합리성의 차원이 아니라 공동체에서 인간 생명의 생산, 재생산, 발전을 담보해 주는 물질적 원리(principio material)에 기반을 두어야 한다고 주장한다. 그런데 자본주의는 산 노동을 죽은 가치로 전화시키고, 환경을 파괴하며, 주변부 세계에서 수많은 희생자를 양산하고 있으므로 이의 극복이 지구화 시대의 새로운 해방 윤리이다. 이런 맥락에서 두셀은 『1492년, 타자의 은폐』를 다음과 같은 말로 실질적인 끝을 맺는다.

근대성의 이성적 핵심은 인류를 문화적·문명적 미숙함의 상태에서 해방시키는 것이다. 그러나 신화로서 근대성은 세계적 지평에서 피착취 희생자로서 주변부 세계, 식민세계(아메리카 인디오가 첫 대상이다)의 남성과 여성을 제물로 바치며, 이들의 희생을 근대화에 수반되는 불가피한 희생, 비용이라는 논리로 은폐한다. 이러한 비합리적인 신화는 해방 행위를 통해 극복해야 할 지평이다(신화를 파괴한다는 점에서는 합리

적인 해방이며, 생태학적 문명, 대중 민주주의, 경제 정의와 같은 일종의 통
근대성으로 자본주의와 근대성을 극복한다는 점에서는 실천적·정치적 해
방이다).

끝으로, 두셀의 책을 조금 더 일찍 소개했더라면 우리나라에서 전개
된 근대성 논의가 한층 더 풍부해질 수 있었으리라는 아쉬움이 남는다.
이 책은 라틴아메리카 탈식민주의(decolonialismo)의 이론서로 평가받
기도 하는데, 두셀의 해방철학은 그보다 훨씬 폭이 넓다. 앞으로 두셀의
주요한 저서가 번역되어 해방철학에 대한 논의가 국내에서도 활성화되
기를 기대한다.

6. 감사의 말

무엇보다도 먼저, 이 책의 번역을 흔쾌히 수락해 준 엔리케 두셀에게 감
사드린다. 2008년 8월, '세계철학자대회' 참석차 방한한 두셀을 만나
얘기 끝에 저작권 문제를 언급했더니, 지금까지의 저술을 디지털화한
DVD를 건네주면서 번역부터 하자고 대답했다. 학문의 수익성보다는
지식의 공공성을 먼저 생각하는 지성인의 풍모였다. 다른 한편으로는,
서유럽 편향적인 지적 관심을 어떻게든 주변부로 돌려 보려는 노철학자
의 간절한 염원이 담겨 있기도 했다.

번역을 하면서 여러 사람의 도움을 받았다. 포르투갈어, 프랑스어,
투피과라니어, 지리학을 비롯하여 의심 나는 부분이 있으면 주변 사람들
에게 자문을 구했다. 그 중에서도 멕시코에서 두셀의 가르침을 받은 서
울대학교 라틴아메리카연구소의 조영현 박사 덕분에 신학 용어에서 오

역을 바로잡을 수 있었다. 고려대학교의 양운덕 박사는 헤겔에서 두셀에게 이르기까지 명쾌한 설명으로, 두껍게 내려앉은 지적 연무를 걷어 주었다. 또 원고를 꼼꼼하게 읽어 준 그린비출판사 김미선 씨의 노고 덕분에 번역의 완성도를 제고할 수 있었다. 이 자리를 빌려 이 책의 번역에 관심을 표명해 주고 도움을 주신 모든 분들께 깊은 감사 인사를 드린다.

이 책은 *1492. El encubrimiento del otro: Hacia el origen del "mito de la Modernidad"* (Bogotá: Ediciones Antropos, 1992)를 옮겼으며, 연대 등 분명한 오류는 역자가 수정했다.

연표

700 멕시코 톨테카 문명의 중심지, 툴라 창건

711 이슬람 세력의 이베리아 반도 정복

718 스페인 북부의 코바동가에서 '재정복' 시작(718~1492년)

900 톨테카 문명의 사제, 케찰코아틀 등장

1398 테노츠티틀란(현재의 멕시코시티)에서 틀라카엘렐 탄생

1415 스페인, 아프리카 북부의 세우타 정복

1441 포르투갈, 최초로 아프리카 노예 매매. 카라벨 선 발명

1460 포르투갈의 항해왕자 엥리케 사망

1485 멕시코의 대신전(Templo Mayor), 우이칠로포츠틀리 신에게 헌납

1487 스페인 말라가에서 무슬림 학살. 희망봉 지나 인도양(Mare-Islamicum) 진출

1489 헨리쿠스 마르텔루스, 로마에서 '제4 아시아 반도' 지도 제작

1492 1월 6일 스페인 가톨릭 양왕, 그라나다 점령. 술탄 보압딜 패배.

대양(Mar Océano)의 여러 섬에 거주하는 '아시아 존재'를 '발명'

1492 10월 12일 콜럼버스는 대양 서쪽의 제도에 도착. 대서양(북해) 탄생

1493 콜럼버스 2차 항해

1497 콜럼버스 3차 항해. 오리노코 강을 "천국의 강"이라고 기술

1502 콜럼버스 4차 항해

1506 콜럼버스, 아메리카를 '발견'하지 못한 채 사망

신세계 '발견'

1502 아메리고 베스푸치, '남대척지'[1] 항해를 마치고 귀환.
     1503년에서 1504년까지 『신세계』 저술

1504 최초의 아프리카 노예, 이스파니올라 섬의 산토도밍고에 도착

---

1) 남미 대륙의 대서양 연안.——옮긴이

1507 마르틴 발트제뮐러, 『우주지 서설』 출판

1511 이스파니올라 섬의 몬테시노스 수사, 인디오 학대 비판. 근대성의 폭력에 대
      한 최초의 비판

1513 발보아, 남해(태평양) 발견

1520 마젤란 탐험대의 생존자 세바스티안 엘카노, 세계 일주. 이로써 '발견의 시대'
      마감

도시문화 '정복'. '신들의 재림'에서 '침략'으로

1519 에르난 코르테스, 아스테카의 수도 테노츠티틀란 도착. 아스테카 정복 시작

1520 5월 22일 코르테스의 부하 페드로 데 알바라도, 아스테카 제국의 전사 학살
      6월 24일 코르테스, 쿠바 총독의 명령을 받고 멕시코에 상륙한 판필로 나르
      바에스 군 격퇴
      6월 30일 아스테카의 전사, 코르테스 군을 공격하여 테노츠티틀란에서 축출.
      이 사건을 가리켜 '슬픈 밤'이라고 함

1521 8월 13일 코르테스, 테노츠티틀란 완전 정복
      스페인에서는 평민(Comunero, 초기 '부르주아') 반란군, 비얄라르에서 패배.

1525 코르테스, 쿠아우테목 암살

1545 알토 페루(현재의 볼리비아)의 포토시(Potosí)에서 은광 발견

1546 멕시코 사카테카스에서 은광 발견

1553 투카펠 요새 전투. 칠레 마푸체족의 추장 라우타로가 이 전투에서 승리함으
      로써 스페인의 남하 저지(도시문화 정복 종결)

'영혼의 정복'. '세상 종말'에서 '여섯번째 태양'으로

1524 프란체스코 수도회의 '12사도', 멕시코에 도착. 멘디에타의 표현을 빌리면,
      인디아스 교회의 '황금 시대'(1524~1564) 시작

1536 바르톨로메 데 라스 카사스, 과테말라에서 『유일한 방법』 저술

1550 스페인 바야돌리드에서 라스 카사스와 세풀베다는 근대성에 대한 철학적·
      신학적 논쟁 시작(일명 바야돌리드 논쟁)

1568 스페인 국왕 펠리페 2세, 대종교회의 소집. 근대 존재론의 원초적 구성 완료

1580 몽테뉴, 『수상록』 집필 시작. 특히 '식인종론' 참고

1637 데카르트, 『방법서설』에서 '생각하는 자아'(ego cogito)라는 표현 사용

찾아보기